Eckart Modrow

Informatik mit Delphi

Band 2

– für Unterricht und Selbststudium –

- Zeiger und dynamische Datenstrukturen
- objektorientierte Programmierung
- abstrakte Datentypen
- Komplexität
- Dateien, Datenbanken, SQL
- Datenschutzfragen
- Simulationen

emu-online Scheden

Zu diesem Buch sind die folgenden Programmlistings als Einzellizenzen (je 15 €) oder Schullizenzen (je 50 €) lieferbar:

- ImD2B-D -E / -S: **Programmlistings des Buches** für Delphi 1
- ImD2B-D3 -E / -S: **Programmlistings des Buches** für Delphi 2..7
- ImD2B-K -E / -S: **Programmlistings des Buches** für Kylix
- ImD2L-D1 -E / -S: **Lösungen zu vielen der Aufgaben** für Delphi 1
- ImD2L-D3 -E / -S: **Lösungen zu vielen der Aufgaben** für Delphi 2..7
- ImD2L-K -E / -S: **Lösungen zu vielen der Aufgaben** für Kylix

Die Dateien können entweder gegen Vorkasse per E-Mail (zum angegebenen Preis) oder auf Diskette bzw. CD gegen Rechnung (zum angegebenen Preis plus Versandkosten) unter der folgenden Adresse bestellt werden: ***www.emu-online.de***

Klassensätze des Buches können ebenfalls dort zu **Sonderpreisen** bestellt werden.

Modrow, Eckart:

Informatik mit Delphi, Band 2

© emu-online Scheden 2003

Alle Rechte vorbehalten

Herstellung: Books on Demand GmbH

ISBN: 3-8311-**4782**-5

Die vorliegende Publikation und seine Teile sind urheberrechtlich geschützt. Jede Verwertung in anderen als den gesetzlich zugelassenen Fällen bedarf deshalb der vorherigen schriftlichen Einwilligung des Autors.

Die in diesem Buch verwendeten Software- und Hardwarebezeichnungen sowie die Markennamen der jeweiligen Firmen unterliegen im Allgemeinen dem waren-, marken- und patentrechtlichen Schutz. Die verwendeten Produktbezeichnungen sind für die jeweiligen Rechteinhaber markenrechtlich geschützt und nicht frei verwendbar. Insbesondere sind die folgenden Bezeichnungen eingetragene Markennamen der Firmen Microsoft, Borland oder MySQL AB: *Microsoft Windows, Visual Basic, Borland Delphi, Borland Kylix, mySQL*.

Die Inhalte dieses Buches bringen ausschließlich Ansichten und Meinungen des Autors zum Ausdruck. Für die korrekte Ausführbarkeit der angegebenen Beispielquelltexte dieses Buches wird keine Garantie übernommen. Auch eine Haftung für Folgeschäden, die sich aus der Anwendung der Quelltexte dieses Buches oder durch eventuelle fehlerhafte Angaben ergeben, wird keine Haftung oder juristische Verantwortung übernommen.

Vorwort

Informatik ist ein Fach, das mehr von seinen Methoden als von seinen sich schnell ändernden Inhalten gerechtfertigt wird. Informatikspezifische Vorgehensweisen werden in der Schule nicht nur „besprochen", sondern realisiert – und sie werden das dann *anhand* der gerade aktuellen Inhalte. Begriffe wie *individuelles Lernen, schülerzentrierter Unterricht, praktisches Lernen* usw. brauchen keine Schlagworte zu sein, sondern sie beschreiben die üblichen Arbeitsformen und geben den aktuelle Bezug zum „echten Leben" da draußen. Wenn also überhaupt eine Disziplin standardmäßig die Erfahrung vermitteln kann, *selbstständig eigene* Probleme anzugehen und nach eigenen Vorstellungen zu lösen, dann ist es die Informatik durch ihr extrem leistungsfähiges Werkzeug Computer und ihre methodischen Möglichkeiten, die Einstiegshürden durch geeignete Vorgaben so niedrig wie gewünscht halten zu können.

Wenn die Lernenden selbstständig an eigenen Problemen arbeiten sollen, dann müssen die Themen „interessant" sein, und es muss Vorlagen geben, von denen man lernen kann, die erweiterbar sind, die zum Verbessern reizen. Selbstständige Arbeit anhand „langweiliger" Themen dürfte ziemlich schwierig sein. Nun interessieren sehr unterschiedliche Themen. Entsprechend vielfältig sollten die Angebote sein, aus denen man „sein" Thema auswählt. Das vorliegende Buch versucht diesen Gesichtspunkten gerecht zu werden, indem es wiederum nicht systematisch die Möglichkeiten von Delphi darstellt, sondern anhand unterschiedlicher Themenkreise nur die zur jeweiligen Lösung erforderlichen Methoden und Inhalte entwickelt. Die erworbenen Kenntnisse werden dann im letzten Teil an einem ziemlich komplexen Beispiel zusammengeführt.

Das erste Kapitel beschäftigt sich mit wesentlichen Themen der objektorientierten Programmierung (OOP) – aber durchaus nicht mit allen. Da Objekte in Delphi als Zeiger realisiert sind, werden diese als Erstes behandelt. Danach folgen die Vereinbarung eigener Klassen bei der Realisierung eines Spiels und dynamische Objektklassen, die typische Eigenschaften abstrakter Datentypen wie Listen, Stapel, Bäume usw. kapseln. Den Abschluss des Kapitels bilden die Speicherverwaltung blockorientierter Sprachen und Komplexitätsuntersuchungen.

Im zweiten Kapitel werden Dateien und Datenbanken behandelt. Da hier eine der großen Stärken von Delphi liegt, wird die traditionelle Dateibearbeitung sehr kurz angesprochen, eigentlich nur soweit, dass Begriffe wie *Datei, Indexdatei, ...* klar werden. Es folgt eine Einführung in das *Entity-Relationship-Modell* und die Umsetzung von Datenbanken in Delphi. Anfragen an die Datenbank werden in *LocalSQL* gestellt. Dieser Abschnitt ist als eine Art „How-To"-Nachschlagewerk gedacht, das Beispiele für eigene Anfragen liefert. Die SQL-spezifischen Teile können statt mit *LocalSQL* auch mit anderen Systemen wie z. B. *mySQL* direkt oder zusammen mit Komponenten wie *TmySQL* eingesetzt werden, die alle im Internet für Schulen kostenfrei zu erhalten sind. Danach wird anhand einiger Fallbeispiele auf Datenschutzfragen und das Bundesdatenschutzgesetz eingegangen.

Im letzten Kapitel werden die erlernten Techniken benutzt, um ein Delphi-Labor mit diversen technischen Geräten zu simulieren. Ebenso wie bei der Mathematik im ersten Band bin ich auch hier nicht der Meinung, dass mathematische oder physikalische Fragestellungen „abschreckend" sind, man sie also tunlichst vermeiden sollte. Im Gegenteil sollte man m. E. diese Gebiete so attraktiv darstellen, dass sie motivieren, sich intensiver mit ihnen zu beschäftigen. Im Beispiel wird auch gar nicht viel Physik betrieben, die gewählten Lösungen sind physikalisch eher fragwürdig. Sie sind aber ziemlich gute Beispiele für die Anwendung von OOP-Techniken und deshalb in jedem Fall für ein Informatikbuch geeignet, sie führen gerade durch die in der Simulation auftretenden Fehler *auf* physikalische Fragestellungen und sie reizen – hoffentlich – „zum Spielen". Sie sollen Spaß machen. Die Vertiefung der auftretenden Fragen ist eine Option, die man annehmen kann – oder auch nicht.

Dieses Buch ist eine stark erweiterte Neuauflage der ersten Version.

Ich wünsche viel Spaß bei der Arbeit.   Göttingen, im Dezember 2002

Eckart Modrow

Inhaltsverzeichnis

Vorwort 3

Inhaltsverzeichnis 5

1. Referenzen und Objekte 9
   1.1 Fensterlisten 9
       1.1.1 Zeiger und Referenztypen 10
       1.1.2 Beispiel: Eine Zahlenliste 15
       1.1.3 Aufgaben 21
       1.1.4 „Fenster" zeichnen 23
       1.1.5 Das Verwalten der Fensterliste 27
       1.1.6 Aufgaben 30
   1.2 Memory 33
       1.2.1 Objekte und Klassen 34
       1.2.2 Die Klasse tKarte und ihre Methoden 38
       1.2.3 Karten als Fensterelemente erzeugen und wieder löschen 40
       1.2.4 Memory spielen 42
       1.2.5 Aufgaben 44
   1.3 Abstrakte Datentypen und dynamische Objektklassen 46
       1.3.1 Abstrakte Datentypen 46
       1.3.2 Generische Klassen 48
       1.3.3 Der ADT Liste 48
       1.3.4 Listenobjekte 49
       1.3.5 Eine Stringliste 53
       1.3.6 Eigene Listenobjekte 54
       1.3.7 Aufgaben 57
       1.3.8 Bäume 58
       1.3.9 Eigene Baumklassen 62
       1.3.10 Beispiel: Ein Zahlenbaum 62
       1.3.11 Aufgaben 66
   1.4 Speicherwaltung bei blockorientierten Sprachen 68
       1.4.1 Blöcke, Werteparameter und der Stack 68
       1.4.2 Referenzparameter und der Stack 71
       1.4.3 Funktionen und der Stack 73
       1.4.4 Mehrfache Aufrufe 73
       1.4.5 Rekursionen 75

1.5 Komplexität von Algorithmen 76
    1.5.1 Quicksort 76
    1.5.2 Aufgaben 80
    1.5.3 Vergleich der Sortierverfahren 82
    1.5.4 Komplexität 84
    1.5.5 Aufgaben 86

2. Dateien und Datenbanken 87

2.1 Der direkte Zugriff auf Dateien 87
    2.1.1 Dateitypen 88
    2.1.2 Einfache Dateibearbeitung 89
    2.1.3 Beispiel: Zufallszahlen speichern 90
    2.1.4 Mit Indexdateien suchen 93
    2.1.5 Aufgaben 98
2.2 Projekttage 100
    2.2.1 Daten und Normalformen 100
    2.2.2 Das Entity-Relationship-Modell 102
    2.2.3 Aufgaben 106
    2.2.4 Datenzugriff und Datensteuerung unter Delphi 109
    2.2.5 Die Teilaufgaben der Projekttage-Verwaltung 111
    2.2.6 Die Datenbankoberfläche 113
    2.2.7 Daten importieren 114
    2.2.8 Tabellen bearbeiten 116
    2.2.9 Tabellen sortieren und filtern 117
    2.2.10 Eine Projekt-Tabelle dynamisch erzeugen 118
    2.2.11 Eine Tabelle mit Indexdateien speichern 118
    2.2.12 Listen drucken 120
    2.2.13 Aufgaben 124
2.3 SQL-Anfragen an die Datenbank 126
    2.3.1 Local-SQL 127
    2.3.2 Kurswahlen 128
    2.3.3 SQL-Anweisungen direkt eingeben 129
    2.3.4 Die Kurswahl-Relationen erzeugen 131
    2.3.5 Weitere DDL-Befehle von Local-SQL 133
    2.3.6 Daten eingeben 134
    2.3.7 Daten verändern oder löschen 134
    2.3.8 Die Datenbank befragen 135
    2.3.9 Geschachtelte Abfragen 139
    2.3.10 Daten, Nachrichten und Informationen 142
    2.3.11 Aufgaben 144

2.4 Datenschutzfragen 146
    2.4.1 Die Organisation einer Arztpraxis 146
    2.4.2 Ein Datenmodell des Patienten 148
    2.4.3 Sichten und Zugriffsrechte 149
    2.4.4 Was darf gespeichert werden? 150
    2.4.5 Datenfluss im Gesundheitswesen 151
    2.4.6 Aufgaben 154
    2.4.7 Persönlichkeitssphäre und Datenschutz 157
    2.4.8 Das Bundesdatenschutzgesetz 159
    2.4.9 Beispiel: Datenverarbeitung in einem Adressenverlag 162
    2.4.10 Beispiel: Personalinformationssysteme 165
    2.4.11 Aufgaben 167
    2.4.12 Technischer Datenschutz 169

3. Das Delphi-Labor 171

3.1 Anforderungen an das Delphi-Labor 171
3.2 Die Klassenhierarchie 173
    3.2.1 Zwei einfache Geräte 173
    3.2.2 UML-Diagramme 174
3.3 Virtuelle Methoden 178
3.4 Die Werkzeugkiste uTools 180
    3.4.1 Die Klasse der Geräte 180
    3.4.2 Die Klasse der Uhren 183
    3.4.3 Die Klasse der Buchsen 184
    3.4.4 Die Klasse der Knöpfe 187
    3.4.5 Die Klasse der Anzeigeelemente 189
    3.4.6 Die Geräteliste 190
    3.4.7 Die Unit uTools 191
3.5 LEDs 193
3.6 Aufgaben 195
3.7 Ein Funktionsgenerator 198
3.8 Versuche mit dem xyt-Schreiber 202
3.9 Wechselstromwiderstände 208
3.10 Aufgaben 211

Anhang: Im Buch benutzte Syntaxdiagramme 213

Literaturverzeichnis 215

Stichwortverzeichnis 216

Das vorliegende Buch ist die Fortsetzung von „Informatik mit Delphi – Band 1", das unter der ISBN 3-8311-**3489**-8 im Buchhandel oder direkt unter www.emu-online.de bestellt werden kann. Probekapitel, zusätzliche Materialien, bekannte Fehler und Hinweise finden sich ebenfalls unter dieser Adresse.

1 Referenzen und Objekte

Um die Arbeitsweise der in Delphi benutzten *Objekte* zu verstehen, benötigt man Kenntnisse über *Zeiger* (oder *Referenzen*). Das sind im Wesentlichen Adressen, die auf eine Speicherzelle verweisen. Mit solchen Größen lassen sich andererseits elegante dynamische Strukturen besonders gut als Objektklassen realisieren. Wir wollen Schwierigkeit bei der Einführung von Objekten umgehen, indem
- zuerst einfache Fensterlisten auf „traditionelle" Art eingeführt werden, also ohne die *objektorientierte Programmierung (OOP)* zu benutzen. Dabei gewinnen wir Kenntnisse über die Erzeugung und Manipulation rechteckiger Bildschirmbereiche („Fenstern"), die wir später noch ausnutzen werden;
- danach eine Einführung in die objektorientierte Programmierung gegeben wird
- und später dynamische Objektklassen eingeführt werden.

1.1 Fensterlisten

Wenn wir am Bildschirm mit der Maus Rechtecke „zeichnen", dann funktioniert das meist, indem zuerst eine Maustaste gedrückt wird, um einen Eckpunkt des Rechtecks zu markieren. Danach wird die Maus bei gedrückter Maustaste bewegt, wodurch der zweite Eckpunkt verändert wird. Bei dieser Bewegung sollte die momentane Ausdehnung des Rechtecks am Bildschirm dargestellt werden. Zuletzt wird die Maustaste wieder losgelassen. Danach „erscheint" das gezeichnete Rechteck am Bildschirm.

Und was geschieht dann?

Wir zeichnen ein weiteres Rechteck, und dann noch eines, und dann noch eines, und niemand weiß vorher, wie viele Rechtecke wir maximal benötigen.

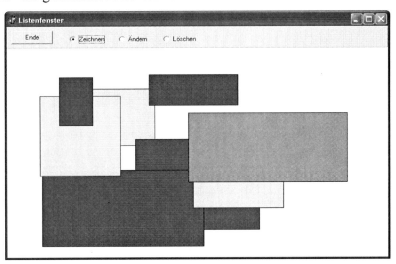

10 1. Referenzen und Objekte

Wenn wir die Rechtecke nur zeichnen und später nicht mehr verändern, so ist diese Unkenntnis kein Problem. Wollen wir aber Rechtecke erzeugen, deren Lage, Größe und/oder Farbe man bei Bedarf ändern kann, dann müssen wir Informationen über die Rechtecke speichern. Wir benötigen also einen Datenspeicher, dessen maximale Größe wir nicht angeben können, weil wir ja die Zahl der benötigten Rechtecke nicht kennen. Natürlich könnten wir ein sehr großes Feld von Rechtecken (ein *Array*) mit den üblichen festen Grenzen definieren. Damit würden wir aber einerseits die Höchstzahl der Rechtecke doch beschränken und andererseits sehr viel Platz verschenken, weil ja immer nur ein Teil dieses Feldes wirklich belegt ist. Viel günstiger wäre eine Speicherform, die sich dynamisch, also zur Laufzeit des Programms, dem aktuellen Bedarf anpasst. Ein solcher dynamischer Datenspeicher kann in Form einer *Liste* gestaltet werden.

1.1.1 Zeiger und Referenztypen

Eine Liste besteht aus Elementen, die neben den zu speichernden Inhalten *Zeiger* (oder *Referenzen*) enthalten, die auf das jeweils nächste Listenelement zeigen. Ein Zeiger enthält also die Adresse einer Speicherzelle, in der die Daten des *referenzierten* Elements beginnen. Die Größe des Speicherbereichs ergibt sich aus dem *Typ* des Zeigers. Benötigt man die eigentlichen Daten, dann muss man den Zeiger *dereferenzieren*, also auf den Bereich umschalten, auf den der Zeiger zeigt. Wir wollen als Beispiel eine *Zahlenliste* einführen.

Ein Listenelement besteht aus zwei Variablen, die den eigentlichen Inhalt *zahl* (hier: 23) und einen *Zeiger* enthalten, also eine Speicheradresse, an der sich ggf. das nächste Listenelement befindet. Diesem Zeiger wird nur bei Bedarf ein freier Speicherbereich zugewiesen. Anfangs zeigt er „ins Leere". Soll ein weiterer Inhalt in der Liste abgelegt werden, dann wird diese verlängert, also ein neues Listenelement angehängt (hier: mit dem Inhalt 5). Kommen weitere Inhalte dazu, dann wächst die Liste *dynamisch* während des Programmlaufs.

Die bisher von uns verwendeten Daten wurden in Variablen gespeichert, für die *symbolische Namen* vergeben wurden. Damit haben wir vermieden, uns direkt mit dem Speichermanagement eines Rechners auseinanderzusetzen. Das Programmentwicklungssystem – hier: Delphi – führt eine Art „Adressbuch", in dem die Zuordnung von Variablennamen zu Speicheradressen vermerkt ist. Bei der Übersetzung des Programms werden die Namen dann weitgehend durch Adressen ersetzt. Variable werden in einem besonders organisierten Speicherbereich – dem *Stack* („Stapel") abgelegt, der eine ziemlich überschaubare Größe hat. Um den nicht zu überfordern, werden hier nur die „kleinen" Datentypen direkt als *statische* Variable gespeichert: die *Simple Types* oder *Primitiven*

Datentypen. Dazu gehören Zahlen, boolesche Werte, Zeichen und in der Länge begrenzte Zeichenketten (z. B. *var Name = string [20];*). Die anderen Datentypen werden gesondert verwaltet: als *Referenztypen*. Auf dem Stack wird nur ein *Zeiger* (eine *Referenz* oder Speicheradresse) abgelegt, der auf einen Speicherbereich an anderer Stelle verweist, die irgendwo im restlichen freien Speicher liegt. Dieser wird als *Heap* (Haufen) organisiert und vor allem für die Speicherung großer Datenmengen genutzt. Zu diesen gehören nicht begrenzte Zeichenketten („Nullterminierte Strings", deren Ende im Speicher durch eine Null gekennzeichnet wird. Z. B. *var Name = string;*), Objekte und eben die dynamischen Datenstrukturen.

Veranschaulichen wir die Speicherzellen durch einzelne Kästchen, dann können die Kästchen des Stacks mithilfe ihres Variablennamens erreicht werden, die Werte auf dem Heap aber nur über die entsprechenden Referenzen. ***Heap-Speicherbereiche haben keine eigenen Namen.***

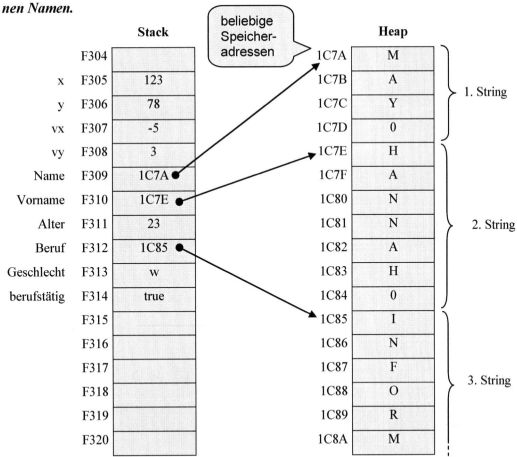

Der Speicherplatz auf dem Heap muss vom laufenden Programm beim Betriebssystem angefordert werden. Dazu muss Delphi die Größe des Speicherbereichs kennen, der zur Speicherung der Daten erforderlich ist. Bei Standard-Objekten und anderen Referenztypen ist die Größe bekannt. Bei Zeigern ergibt sie sich aus dem Typ, auf den der Zeiger zeigt. Den müssen wir jetzt bestimmen.

In unseren Listenelementen bilden der Inhalt und der Zeiger ein Ganzes, obwohl sie von sehr unterschiedlichem Typ sind. Um solche Gebilde zusammenfassen zu können, wurde der *Datentyp Verbund* (*record*) eingeführt. Er wird häufig in der eigentlichen Datenverarbeitung mit Dateien und Datenbanken eingesetzt, in der die Datensätze meist aus sehr verschiedenen Typen wie *Zeichenketten* (Name, Vorname, Wohnort, ...), *Zahlen* (Gehalt, Größe, ...), *Datumsdaten* (geboren am, ...) usw. bestehen, trotzdem aber ein Ganzes, z. B. eine Person beschreiben.

VERBUND:

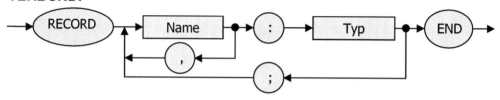

In Delphi vereinbaren wir einen neuen Datentyp wie üblich mithilfe einer Typdeklaration:

```
type tElement = record
     inhalt   : integer;
     naechster: tZeiger
     end;
```

Was aber bedeutet der Datentyp *tZeiger*? Es handelt sich dabei um einen Zeiger, der auf ein Datenelement vom Typ *tElement* zeigt. In Delphi werden Zeiger vereinbart, indem man dem Datentyp, auf den der Zeiger zeigt, ein „Dach" (^) voranstellt:

```
tZeiger = ^tElement;
```

Jetzt hat unser Übersetzerprogramm (der *Compiler*) aber ein Problem mit der Reihenfolge dieser Vereinbarungen: Einerseits wird der Typ *tZeiger* bei der Vereinbarung des Typs *tElement* benutzt, andererseits zeigt der Zeiger auf Elemente des Datentyps *tElement*. Der Übersetzer sollte bei seiner Arbeit aber nur auf Bezeichner stoßen, die *vorher* eingeführt wurden. Zeigerdeklarationen bilden hier eine (scheinbare) Ausnahme: Weil der Compiler „weiß", dass es sich bei Zeigern um Speicheradressen handelt, kennt er auch den benötigten Speicherbedarf für solche Adressen und akzeptiert Zeigervereinbarungen, die auf Datentypen verweisen, die erst *danach* eingeführt werden. Auf diese Weise kann das Reihenfolgeproblem aufgelöst werden:

Zeigertypen werden meist <u>vor</u> den Datentypen vereinbart, auf die sie verweisen!

Stellen wir uns unsere Liste anschaulich vor, dann stellen wir die Elemente als Kästchen, die Zeiger als Pfeile dar.

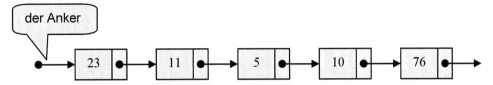

Der letzte Zeiger unserer Liste zeigt ins Leere. Um das zu deutlich zu machen, erhält er einen speziellen Wert, den wir jedem beliebigem Zeigertyp zuweisen können: den Wert *nil* (<u>n</u>othing <u>i</u>n <u>l</u>ist).

Im Unterschied zu den „normalen" Variablen besitzen die Elemente einer dynamischen Liste also keine eigenen Namen, unter denen sie angesprochen werden können. Der einzige Zugang zu ihnen erfolgt über Zeiger, die auf die Elemente verweisen. Ein Zeiger wird *dereferenziert*, indem dem Namen des Zeigers das „Dach" (^) nachgestellt wird. Der Ausdruck *Zeiger^* benennt den Speicherbereich, auf den der Zeiger verweist. Irgendein Zeiger muss aber unter einem eigenen Namen bekannt sein, damit wir den *Anfang der Liste* finden können. Man bezeichnet ihn oft als *Anker*, der als statische „Variable mit Namen" vereinbart und folglich im Stack gespeichert wird. Verliert der Anker den korrekten Wert, dann ist die ganze Liste verloren. Das erste Element der eigentlichen Liste findet sich unter *Anker^* auf dem Heap, ebenso wie die nächsten *dynamisch erzeugten Variablen*, auf die durch weitere Zeiger zugegriffen wird.

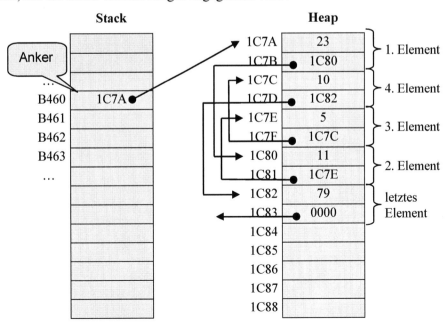

Ein Zeiger kann seinen Wert auf unterschiedliche Art erhalten:

- Er kann den Wert eines anderen Zeigers gleichen Typs zugewiesen bekommen:

    ```
    Zeiger1 := Zeiger2;
    ```

    Es können also durchaus mehrere Zeiger auf den gleichen Bereich des Haufens zeigen. Man benötigt diese Technik oft, wenn man sich einen bestimmten Punkt der Liste „merken" will.

- Er kann auf einen neuen, noch leeren Bereich des Haufens verweisen, dessen Größe sich aus dem Datentyp ergibt, auf den der Zeiger verweist. Da ein Programmierer kaum wissen kann, wo zur Laufzeit des Programms ein entsprechender freier Platz ist, ermittelt man diesen mit der Prozedur *New*. Nach deren Aufruf mit dem Zeiger als Argument hat der Zeiger den gewünschten Wert:

    ```
    New(Zeiger);
    ```

- Er kann auf eine vorhandene statische oder dynamische Variable verweisen, deren Adresse man mithilfe des *Adressoperators* (@) oder der Prozedur *Addr* bestimmt.

    ```
    Zeiger := @Variable;        bzw.
    Zeiger := Addr(Variable);
    ```

- Möchte man einem Zeiger einen neuen leeren Bereich des Haufens zuweisen, der eine bestimmte Größe haben soll, dann geschieht das mithilfe der Prozedur *GetMem*. Sie erhält als Parameter einen Zeiger und die zu reservierende Zahl *n* von Bytes.

    ```
    GetMem(Zeiger,n);
    ```

Reservierte Speicherbereiche des Haufens können zur erneuten Verwendung freigegeben werden. Wurden dynamische Variable mit *New* erzeugt, dann sollte zur Freigabe die *Dispose*-Prozedur benutzt werden, wurde Speicher mit *GetMem* belegt, dann benutzt man zur Freigabe *FreeMem*.

```
Dispose(Zeiger);     bzw.
FreeMem(Zeiger);
```

1.1.2 Beispiel: Eine Zahlenliste

Zur Demonstration des Umgangs mit einfachen Listen wollen wir die Zahlenliste so einführen, dass neue Elemente immer am Kopf der Liste, also dort, wo der Anker hinzeigt, eingefügt oder herausgenommen werden.

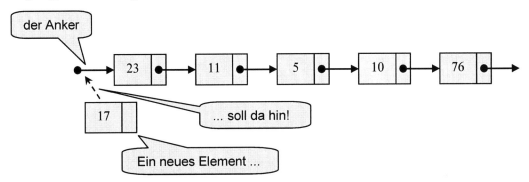

Auch ohne genau zu wissen, wie die einzelnen Operationen zu verwirklichen sind, können wir angeben, welche Operationen mit einer Zahlenliste durchzuführen sind:

- *NeueListe*   erzeugt eine neue leere Liste, wobei eventuell schon benutzte Speicherbereiche wieder freigegeben werden müssen.
- *ZahlRein(z: integer)*   fügt die Zahl *z* in die Liste „vorne" am Ort des Ankers ein.
- *ZahlRaus*   schneidet die erste Zahl „vorne" von der Liste ab.
- *ZahlenDrin*   ermittelt die Anzahl der Zahlen in der Liste.
- *ZeigeListe*   stellt die Liste am Bildschirm dar.

Mit einer einfachen Bildschirmsteuerung könnte ein entsprechendes Delphi-Fenster dann wie abgebildet aussehen, wenn gerade der *Drin*-Button gedrückt wurde.

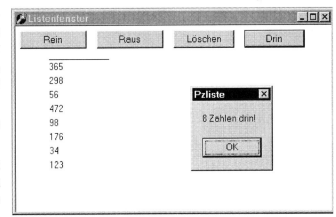

Sehen wir uns einmal die Funktionen genauer an:

Eine neue leere Liste erzeugt man, indem man alle schon vorhandenen Listenelemente löscht. (Eine Liste ist leer, wenn der Anker den Wert *nil* hat.) Wir können also den Anker von Listenelement zu Listenelement weitersetzen und bei jedem Schritt das gerade „verlassene" Element löschen. Da der Anker nach dem Versetzen nicht mehr auf dieses zeigt, benötigen wir einen Hilfszeiger *h*, der nur zum Markieren des zu löschenden Elements dient. (*Vor* dem Weitersetzen des Ankers können wir das Element nicht löschen, da sonst der Wert des Zeigers zum nächsten Listenelement verloren ginge.)

Prozedur NeueListe:

SOLANGE Anker <> nil TUE
h ← Anker
Anker ← Wert des Zeigers auf das nächste Listenelement
Gib den Speicherbereich frei, auf den h zeigt

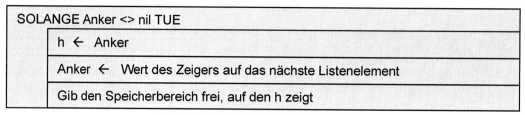

```
procedure NeueListe;
var h: tZeiger;
begin
while Anker <> nil do
   begin
   h := Anker;
   Anker := Anker^.Naechster;
   Dispose(h);
   end;
end;
```

Solange die Liste nicht leer ist:
Merke dir das aktuelle Element, ...
... gehe zum nächsten Element ...
... und lösche das vorhergehende.

Eine Zahl wird in die Liste eingefügt, indem mithilfe eines Hilfszeigers ein neues Element erzeugt wird, das die Zahl aufnimmt. Die alte Liste, auf die der Anker zeigt, wird an dieses Element angehängt. Der Anker zeigt dann auf das neue Element.

Prozedur ZahlRein(z: integer):

ein neues Element erzeugen, auf das h zeigt
die Zahl z in dieses Element einfügen
die alte Liste anhängen
den Anker auf das neue Element zeigen lassen

1.1 Fensterlisten

```
procedure ZahlRein(z: integer);
var h: tZeiger;
begin
new(h);
h^.Inhalt := z;
h^.Naechster := Anker;
Anker := h
end;
```

- Ein neues Element erzeugen, ...
- ... z als Inhalt einfügen, ...
- ... die alte Liste anhängen ...
- ... und den Anker auf das neue Element zeigen lassen.

Entsprechend werden Zahlen „abgeschnitten":

```
function ZahlRaus: integer;
var h: tZeiger;
begin
if Anker <> nil then
  begin
  result := Anker^.Inhalt;
  h := Anker;
  Anker := Anker^.Naechster;
  dispose(h)
  end
  else result := -1;
end;
```

- Die Funktion liefert die "abgeschnittene" Zahl als Ergebnis.
- Wenn Zahlen vorhanden sind, ...
- ... dann liefere die erste Zahl zurück, ...
- ... setze den Anker eins weiter ...
- ... und lösche das erste Element.

Wir können die Anzahl der Listenelemente bestimmen, indem wir beim Weitersetzen eines Hilfszeigers mitzählen:

h ← Anker
i ← 0
SOLANGE h <> nil TUE
h ← Wert des Zeigers auf das nächste Listenelement
i ← i + 1
Das Ergebnis der Funktion ist i

```
function ZahlenDrin: integer;
var h: tZeiger; i: integer;
begin
  i := 0;  h := Anker;
  while h <> nil do
    begin
      i := i + 1;
      h := h^.Naechster
    end;
  result := i
end;
```

Die Funktion liefert die Anzahl der Zahlen als Ergebnis.

Solange Zahlen vorhanden sind, ...

... erhöhe den Zähler um 1 ...

... und setze den Zeiger weiter.

Liefere den Zähler als Ergebnis zurück.

Wir wollen unsere Zahlenlisten im *Implementation-Teil* der Hauptunit unseres Delphi-Programms unterbringen. Dazu geben wir die benötigten Typdeklarationen an und vereinbaren der Übersichtlichkeit halber alle Unterprogramme, die wir im Folgenden einführen wollen. Dies geschieht mithilfe des Schlüsselwortes *forward*, das besagt, dass der eigentliche Unterprogrammcode erst später folgt.

```
unit uZliste;
interface
uses Windows, Messages, SysUtils, Classes, Graphics, Controls,
     Forms, Dialogs, StdCtrls;

type TListenfenster = class(TForm)
    Rein     : TButton;
    Raus     : TButton;
    Loeschen : TButton;
    Drin     : TButton;
    procedure LoeschenClick(Sender: TObject);
    procedure ReinClick(Sender: TObject);
    procedure DrinClick(Sender: TObject);
    procedure RausClick(Sender: TObject);
  end;

var Listenfenster: TListenfenster;

implementation
{$R *.DFM}

type tZeiger  = ^tElement;
     tElement = record
       Inhalt   : integer;
       Naechster: tZeiger
       end;
```

Die zur Erzeugung des Fensters mit den Buttons benötigten Deklarationen werden von Delphi selbst erzeugt.

Typvereinbarungen für die Liste

```
var Anker: tZeiger;

procedure NeueListe; forward;
procedure ZahlRein(z: integer); forward;
function ZahlRaus: integer; forward;
function ZahlenDrin: integer; forward;
procedure ZeigeListe; forward;

procedure NeueListe;              { ... wie angegeben ...}
procedure ZahlRein(z: integer);   { ... wie angegeben ...}
function ZahlRaus: integer;       { ... wie angegeben ...}
function ZahlenDrin: integer;     { ... wie angegeben ...}
procedure ZeigeListe;             { ... selbst schreiben ...}

procedure TListenfenster.LoeschenClick(Sender: TObject);
begin
NeueListe;
ZeigeListe;
end;

procedure TListenfenster.ReinClick(Sender: TObject);
var s: string;
begin
Zahlrein(StrToInt(Inputbox('Zahleneingabe:','','')));
ZeigeListe;
end;

procedure TListenfenster.DrinClick(Sender: TObject);
begin
ShowMessage(IntToStr(ZahlenDrin) + ' Zahlen drin!');
ZeigeListe;
end;

procedure TListenfenster.RausClick(Sender: TObject);
var i: integer;
begin
i := ZahlRaus;
if i >=0 then
   ShowMessage('Die Zahl ist '+ IntToStr(i))
   else ShowMessage('...keine Zahlen da!');
ZeigeListe;
end;

end.
```

forward-Deklarationen der benutzten Unterprogramme

Als Reaktion auf das Drücken des LOESCHEN-Knopfs wird das Unterprogramm *NeueListe* aufgerufen und das Ergebnis angezeigt.

Eine Zahl wird eingegeben und eingefügt.

Die Zahl der Listenelemente wird ausgegeben.

Das erste Listenelement wird abgeschnitten ...

... und angezeigt.

Zusammenfassung:

- Zeiger sind Variable für Speicheradressen. Sie zeigen auf einen Speicherbereich, dessen Größe sich aus ihrem Typ ergibt.

- Zeigertypen werden in einer Typdeklaration durch ein dem Typ **vorangestelltes „Dach"** vereinbart (z. B. `tZeiger = ^tElement`).

- Der von einem Zeiger referenzierte Speicherbereich wird durch ein dem Namen der Zeigervariablen **nachgestelltes „Dach"** angesprochen (z. B. durch `Zeiger^`).

- Zeiger erhalten ihren Wert durch Aufruf von `New`, `@`, `Addr`, `GetMem` oder durch Wertzuweisungen.

- Nicht mehr benötigte Speicherbereiche müssen durch Aufruf von `Dispose` oder `FreeMem` freigegeben werden.

- Der Anfang einer Zeigerkette muss immer durch mindestens eine statische Variable markiert werden, da sonst die dynamischen Variablen nicht erreichbar sind.

- Bei Listenoperationen müssen meist die Sonderfälle *„am Anfang der Liste"*, *„am Ende der Liste"* und *„mitten in der Liste"* unterschieden werden.

- Vor dem Erstellen eines Programmteils mit dynamischen Variablen zeichnet man sich am besten Diagramme mit „Kästchen" und „Pfeilen", um die Arbeitsweise des Programms vollständig zu verstehen. Fehlerhafte Programme mit Zeigern können einen Computer zum Absturz bringen.

1.1.3 Aufgaben

1. Bei Listen unterscheidet man verschiedene Typen je nach Art des Einfügens und Entfernens von Elementen:

Listentyp	Einfügen	Entfernen	Arbeitsprinzip
Stapel	am Anfang	am Anfang	LIFO: last in- first out
Schlange	am Ende	am Anfang	FIFO: first in – first out
sortierte Liste	an der „richtigen" Stelle	beliebig	

   Schreiben Sie die Zugriffsoperationen auf die Zahlenliste so um, dass

   a: sich eine **Zahlenschlange** nach dem FIFO-Prinzip ergibt.

   b: die Zahlen der Größe nach aufsteigend (absteigend) geordnet werden.

   c: eine Zahl nur dann eingeordnet wird, wenn sich noch nicht alle ihre Teiler in der Liste befinden.

   d: Veranschaulichen Sie die Vorgänge durch Skizzen im „Kästchenmodell" des Speichers mit Stack und Heap.

2. Schreiben Sie die Zugriffsoperationen für eine **Namensliste**, die statt Zahlen Zeichenketten enthält. Organisieren Sie die Liste nach dem FIFO-Prinzip. Die Zugriffe auf die Namensliste erfolgen mit den folgenden Methoden:

procedure NeueListe;	erzeugt eine neue, leere Liste. Alte Inhalte werden ggf. gelöscht.
function IstLeer: boolean;	liefert den Wert *TRUE*, falls die Liste leer ist, sonst *FALSE*.
procedure Rein(s: string);	fügt den String *s* in die Liste ein.
function Raus: string;	entfernt den „nächsten" Namen aus der Liste und liefert ihn als Ergebnis.

   a: Vereinbaren Sie geeignete Datentypen und schreiben Sie die Unterprogramme für die Zugriffe auf die Liste. Integrieren Sie diese Methoden in eine Unit, die ein Fenster mit einfachen Bedienelementen zur Ansicht des momentanen Listenzustands enthält.

   b: Schreiben Sie eine Funktion **Zaehle**, die die Anzahl der momentan in der Liste enthaltenen Namen ermittelt. Welche Änderungen müssen an den Zugriffsmethoden vorgenommen werden, wenn die Funktion ausschließlich mit den angegebenen Methoden auskommen soll?

c: Simulieren Sie das **Wartezimmer** eines Arztes mithilfe einer Namensliste. Von den Patienten werden nur die Namen gespeichert. Führen Sie zwei Knöpfe *Neuer-Patient* und *Behandeln* ein, deren Ereignisbehandlungsmethoden geeignete Listenmethoden benutzen.

3. Ein **Zeileneditor** besteht aus „Zeilen", die neben einem String (dem Inhalt der Zeile) einen Zeiger auf die nächste Zeile enthalten. Ein Text besteht dann aus mehreren solcher Zeilen. Die aktuelle Arbeitsposition kann durch einen Zeiger markiert werden, der auf die zuletzt bearbeitete Zeile zeigt.

   a: Geben Sie geeignete Typvereinbarungen für Zeilen und Texte an.

   b: Veranschaulichen Sie die Vorgänge beim Einfügen und Löschen von Zeilen durch Skizzen im „Kästchenmodell" des Speichers mit Stack und Heap.

   c: Schreiben Sie eine Methode *FuegeEin(s: string)*, die eine neue Textzeile in den Text einfügt.

   d: Schreiben Sie eine Methode *Loesche(n: integer)*, die die *n*-te Zeile löscht.

   e: Schreiben Sie eine Methode *Verschiebe(von,nach: integer)*, die die „*von*-te" Zeile zur „*nach*-ten" Position verschiebt.

   f: Schreiben Sie zwei Methoden *Markiere* und *Kopiere*, die den Inhalt der aktuellen Textzeile in eine Zwischenablage für einen String kopieren bzw. an der aktuellen Arbeitsposition einfügen.

4. Wenn man eine elektronische Schaltung simuliert, dann müssen u. a. die Schaltzeiten der einzelnen Bauteile berücksichtigt werden. Das kann in einer **TimePriorityQueue** geschehen, in der neben der *Bauteilnummer* und einer *Aktion* (einer Zeichenkette) auch der *Zeitpunkt* eingetragen wird, zu der die Aktion des eingetragenen Bauteils ausgelöst werden soll. Die Elemente sind in der Schlange nach diesen Zeitpunkten geordnet. (Ein schnell schaltendes Bauteil kann also durchaus eine Aktion vor einem langsameren auslösen, auch wenn es erst nach ihm in die Schlange eingetragen wird.) Entnommen wird der Schlange jeweils das Element mit dem nächsten gespeicherten Zeitpunkt.

   a: Geben Sie geeignete Typvereinbarungen für die Schlange an.

   b: Informieren Sie sich im Delphi-Hilfesystem über den Datentyp *tDateTime* sowie die damit arbeitenden Methoden *DateToStr*, *StrToDate*, *Now*, *Time* usw.

   c: Geben Sie geeignete Zugriffsmethoden (ähnlich wie in Aufgabe 2) auf die Schlange an. Vereinbaren Sie diese so, dass mehrere Zeitschlangen verwaltet werden können. Schreiben Sie die entsprechenden Unterprogramme.

d: Für eine Hardwaresimulation werden die Zeitpunkte, zu denen die Bauteile eine Schaltfunktion beendet haben, zusammen mit der Aktion und der Bauteilnummer in eine TimeQueue eingetragen. Der Platz in der Schlange ergibt sich aus dem aktuellen Zeitpunkt und der Schaltzeit des Bauteils. Schreiben Sie ein Unterprogramm, das das Bauteil unter Benutzung der Zugriffsmethoden richtig in die Zeitschlange einordnet.

e: In einem Terminüberwachungssystem soll ein Unterprogramm *TerminPieper* enthalten sein, das fünf Minuten vor einem Termin einmal kurz piept, exakt am Termin einmal lange. (Die Prozeduren *Piep* und *Piiiiiep* sollen vorhanden sein!) Gehen Sie davon aus, dass eine Variable *TerminKalender* als TimeQueue vorhanden ist. Schreiben Sie das Unterprogramm TerminPieper.

1.1.4 „Fenster" zeichnen

Wir wollen unsere „Fenster" nicht nur zeichnen, sondern auch verschieben, in der Größe ändern und bei Bedarf löschen können. Deshalb benötigen wir zur Speicherung der die Fenster beschreibenden Größen eine Liste der schon bekannten Art, die alle erforderlichen Daten aufnimmt. Wir wollen allerdings den kleinen, aber wichtigen Unterschied einführen, dass ein bestimmtes Fenster durch Anklicken mit der Maus als „aktiv" gekennzeichnet werden kann und damit an den Kopf der Fensterliste gerückt wird. Dieses aktive Fenster wird dann –

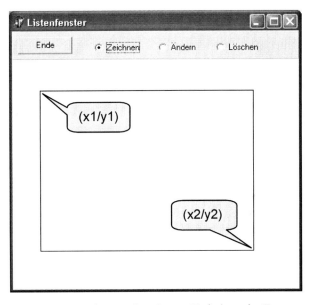

ähnlich wie bei den grafischen Oberflächen – geändert, gelöscht, ... Bei den ein Fenster beschreibenden Daten halten wir uns an die Delphi-Konvention, neben der Farbe und einem Zustand („aktiv" oder „passiv") die Koordinaten der linken oberen Ecke sowie die Breite und die Höhe des Fensters zu speichern. Eine geeignete Typvereinbarung lautet:

```
tFenster = record
  xl,yo,b,h      : integer;
  Farbe, Randfarbe: tColor;
  Zustand        : tZustand;
  end;
```

Beim Benutzen der Maus muss die Reaktion davon abhängen, in welchem Zustand sich das Programm gerade befindet: Sollen Fenster gezeichnet, verändert oder gelöscht werden, wird gerade ein Fenster gezeichnet oder startet der Mausklick das Zeichnen? Ebenso wie der *Fensterzustand* kann ein entsprechender *Zeichenmodus* vereinbart werden, indem man geeignete Bezeichnungen für einen *Aufzählungstyp* so aufschreibt, dass sie von runden Klammern eingeschlossen werden:

Aufzählungstyp: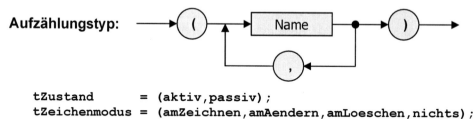

```
tZustand     = (aktiv,passiv);
tZeichenmodus = (amZeichnen,amAendern,amLoeschen,nichts);
```

Für das Erzeugen eines Fensters ist es bequem, sich direkt die Koordinaten der Eckpunkte zu merken und erst zuletzt daraus die für die Datenspeicherung benötigten Werte abzuleiten. Wir benötigen also entsprechende Variable für die Koordinaten, den Zeichenmodus und, wie wir gleich sehen werden, einen booleschen Wahrheitswert *RahmenSichtbar*, der angibt, ob zwischen den Eckpunkten des momentanen Fensters schon ein Rechteck gezeichnet wurde.

```
var x1,y1,x2,y2,Nr: integer;
    Modus         : tZeichenmodus;
    RahmenSichtbar: boolean;
```

Alle Variable sind global, weil sie in mehreren Unterprogrammen benötigt werden.

Setzen wir den Zeichenmodus anfangs (in der Methode *FormCreate*) auf *nichts*, dann startet der Zeichenvorgang, wenn eine Maustaste gedrückt wird. Der entsprechende Bildpunkt soll zum ersten Eckpunkt des Fensters werden. Da wir später noch andere Aktionen mit der Maus auslösen wollen, verzweigt die *Ereignisbehandlungsroutine*, die auf das Ereignis *OnMouseDown* reagiert, in entsprechende Unterprogramme. In unserem Fall ruft sie das Unterprogramm *StarteZeichnen* mit den aktuellen Mauskoordinaten auf.

```
procedure TListenfenster.BildMouseDown(Sender: TObject;
     Button: TMouseButton;  Shift: TShiftState;  X, Y: Integer);
begin
case Modus of
   nichts    : StarteZeichnen(x,y);
   amAendern : StarteAendern(x,y);
   amLoeschen: LoescheFenster(x,y);
   end;
end;
```

hier wird je nach Zeichenmodus verzweigt

Im aufgerufenen Unterprogramm werden die Mauskoordinaten in den Variablen *x1* und *y1* gespeichert; vor allem aber werden die Zeichenobjekte *Pen* und *Brush* der *Canvas* so eingestellt, dass invertierend gezeichnet wird. Damit können wir durch zweimaliges Zeichnen das aktuelle Rechteck kurz anzeigen und wieder löschen, ohne den Hintergrund zu verändern.

```
procedure StarteZeichnen(x,y: integer);
begin
x1 := x;
y1 := y;
with Listenfenster.Bild do
  begin
  canvas.Brush.style := bsClear;
  canvas.Pen.mode    := pmNotXOR;
  canvas.Pen.width   := 1;
  Modus              := amZeichnen;
  end
end;
```

> Das benutzte Fenster heißt *Listenfenster*, die Imagekomponente, auf der gezeichnet wird, *Bild*.

Wird jetzt die Maus bewegt, dann soll ein Rechteck angezeigt werden. Da der Zeichenmodus auf den Wert *amZeichnen* gesetzt wurde, kann beim Ereignis *OnMouseMove* entsprechend reagiert werden.

```
procedure TListenfenster.BildMouseMove(Sender: TObject;
                       Shift: TShiftState; X,Y: Integer);
begin
case Modus of
  amZeichnen: ZeichneInvertiert(x,y);
  amAendern : if amVerschieben then VerschiebeFenster(x,y)
                 else AendereFenster(x,y);
  end;
end;
```

Beim invertierenden Zeichnen muss unterschieden werden, ob der Rahmen (also das Rechteck) gerade sichtbar ist oder nicht.

```
procedure ZeichneInvertiert(x,y: integer);
begin
if Modus <> amZeichnen then exit;
with Listenfenster.Bild.canvas do
  if RahmenSichtbar then
    begin
    rectangle(x1,y1,x2,y2);
    x2 := x; y2 := y;
    RahmenSichtbar := not RahmenSichtbar
    end
```

> Wenn der Rahmen sichtbar ist, ...

> ... dann lösche erst das Rechteck und ändere dann die Koordinaten, ...

26   1. Referenzen und Objekte

```
      else begin
        x2 := x; y2 := y;                      ... sonst umgekehrt.
        rectangle(x1,y1,x2,y2);
        RahmenSichtbar := not RahmenSichtbar
        end
  end;
```

Wird die Maustaste wieder losgelassen, dann ist das Fenster „fertig". Bei Bedarf wird das noch sichtbare Rechteck gelöscht. Danach wird eine Zufallsfarbe bestimmt und das Rechteck farbig ausgefüllt gezeichnet. Vor allem aber werden die Fensterdaten in eine Fensterliste eingefügt.

```
  procedure TListenfenster.BildMouseUp(Sender: TObject;
        Button: TMouseButton; Shift: TShiftState; X, Y: Integer);
    begin
    case Modus of
      amZeichnen: StoppeZeichnen(x,y);
      amAendern : StoppeAendern(x,y);
      end;
    end;

procedure StoppeZeichnen(x,y: integer);
var i: integer;
begin
with Listenfenster.Bild.canvas do
  begin
  if RahmenSichtbar then           noch sichtbares
    begin                          Rechteck löschen
    rectangle(x1,y1,x2,y2);
    RahmenSichtbar := not RahmenSichtbar
    end;
  x2 := x;                         Koordinaten merken
  y2 := y;
  Modus := nichts;
                                   Koordinaten bei Bedarf ordnen
  with Fenster do
    begin
    if x1 > x2 then begin i := x1; x1 := x2; x2 := i end;
    if y1 > y2 then begin i := y1; y1 := y2; y2 := i end;
    xl := x1;
    yo := y1;
    b := x2 - x1;                  Daten für das Fenster
    h := y2 - y1;                  bestimmen
    RandFarbe := clBlack;
    Zustand := aktiv;              Zufallsfarbe bestimmen
    i := Random(16) + 1;
```

```
        case i of
          1: Farbe := clAqua;      2: Farbe := clBlue;
          3: Farbe := clDkGray;    4: Farbe := clFuchsia;
          5: Farbe := clGray;      6: Farbe := clGreen;
          7: Farbe := clLime;      8: Farbe := clLtGray;
          9: Farbe := clMaroon;   10: Farbe := clNavy;
         11: Farbe := clOlive;    12: Farbe := clPurple;
         13: Farbe := clRed;      14: Farbe := clSilver;
         15: Farbe := clTeal;     16: Farbe := clYellow;
        end
      end;
      ZeichneFenster(Fenster);          ◀── Fenster zeichnen lassen ...
      NimmAuf(Fenster);
    end;                                ◀── ... und in die Liste einfügen.
  end;
```

1.1.5 Das Verwalten der Fensterliste

Wir verwalten die Fensterliste genauso wie eine Zahlenliste. Dazu werden wieder Zugriffsmethoden auf Listenelemente vereinbart, die jetzt als Inhalte Fenster statt Zahlen enthalten. Zusätzlich werden die Fenster durchnummeriert.

```
tFenster        = { ... wie angegeben ...}
tZeiger         = ^tElement;

tElement = record
  Inhalt   : tFenster;
  Nummer   : integer;
  Naechster: tZeiger
  end;
procedure NimmAuf(f: tFenster); forward;
function FensterDrin: integer; forward;
function FensterGetroffen(x,y: integer): integer; forward;
function HoleFensterZeiger(n: integer): tZeiger; forward;
procedure ZeichneAlleFenster(MitAktivem: boolean); forward;
```

Der Zugriff auf die Liste erfolgt über zwei statische Zeigervariable namens *Anker* und *Aktuell*:

```
var Fenster         : tFenster;
    Anker, Aktuell: tZeiger;
```

Die Unterprogramme *NimmAuf* und *FensterDrin* arbeiten fast genauso wie die entsprechenden bei Zahlenlisten. *FensterGetroffen* arbeitet etwas komplizierter, denn es sind eine Reihe von Aktionen auszulösen:

- Bevor abgefragt wird, ob ein existierendes Fenster „getroffen", also mit der Maus angeklickt wurde, muss der Zeichenmodus durch „Drücken" eines der Knöpfe *Aendern* oder *Loeschen* gewechselt werden. Danach werden die fertigen Fenster neu gezeichnet, wobei das aktive Fenster besonders hervorgehoben wird. Dessen rechte untere Ecke wird durch ein kleines Rechteck – ein *Handle* – markiert. Wird dieses angeklickt, dann kann man die Größe des Fensters ändern.

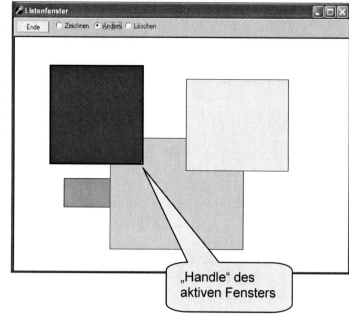

- Innerhalb von *FensterGetroffen* muss anhand der aktuellen Liste festgestellt werden, welches Fenster mit der Maus angeklickt wurde. Dessen Fensternummer wird als Resultat zurückgegeben. Wurde das Handle getroffen, dann erhält die boolesche Variable *amVerschieben* den entsprechenden Wert.

- Wird ein nicht aktives Fenster getroffen, dann muss die Fensterliste so umsortiert werden, dass das getroffene Fenster „oben" liegt.

Das Umsortieren der Fenster erfolgt, indem man einen Zeiger *h2* bestimmt, der auf das Fenster zeigt, *dessen Nachfolger* das getroffene Fenster ist, auf das *h* zeigt. Mit dessen Hilfe können die Zeiger der Liste so umgesetzt werden, dass das getroffene Fenster oben liegt.

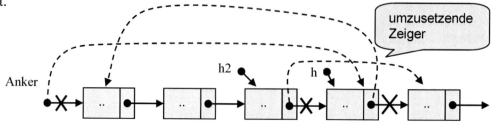

Umsortieren der Fenster (h zeigt auf das „getroffene" Fenster):

wahr	h = Anker	falsch
	h2 ← Anker	
	SOLANGE der Nachfolger des Elements, auf das h2 zeigt, verschieden von h ist, TUE	
	Setze h2 auf den Nachfolger des Elements, auf das h2 zeigt	
	h2.Naechster ← Nachfolger von h	
	h.Naechster ← Anker	
	Anker ← h	

```
function FensterGetroffen(x,y: integer): integer;
var h,h2: tZeiger;

  function treffer(f: tFenster; x,y: integer): boolean;
  begin
  with f do
    result := (x>=xl) and (x<=xl+b) and (y>=yo) and (y<=yo+h)
  end;
begin
result := 0;
if Anker <> nil then
  begin
  h := Anker;
  while h <> nil do
    begin
    if treffer(h^.inhalt,x,y) then
      begin
      result := h^.Nummer;
      with h^.Inhalt do
        amVerschieben := not((x >= xl+b-5) and (x <= xl+b)
                         and (y >= yo+h-5) and (y <= yo+b));
      if h = Anker then exit;
      h2 := Anker;
      while (h2^.Naechster <> h) and (h2 <> nil) do
        h2 := h2^.Naechster;
      h2^.Naechster := h^.Naechster;
      Anker^.Inhalt.Zustand := passiv;
```

- *Wurde das Fenster f getroffen?*
- *am Anker mit dem Suchen beginnen*
- *Fensternummer zurückliefern*
- *falls das Fenster aktiv war, dann fertig ...*

```
            h^.Naechster := Anker;
            Anker := h;
            Anker^.Inhalt.Zustand := aktiv; exit
            end;
         h := h^.Naechster;
         end;
      end
   end;
```
... sonst Fenster nach vorne bringen.

Nach Aufruf dieser Funktion mit den aktuellen Mauskoordinaten ist die Nummer des getroffenen Fensters bekannt, es liegt „oben" auf dem Bildschirm und zeigt einen verstärkten Umriss mit einem Handle. Wir holen uns jetzt noch einen Zeiger auf dieses Fenster, um es dann mit dessen Hilfe verschieben, löschen oder in der Größe ändern zu können.

```
function HoleFensterZeiger(n: integer): tZeiger;
var h: tZeiger;
begin
result := nil;
h := Anker;
while h <> nil do
   begin
   if h^.Nummer = n then
      begin result := h; exit end;
   h := h^.Naechster;
   end
end;
```
Am Anker beginnen ...

... und bei Erfolg den Zeiger zurückgeben.

1.1.6 Aufgaben

1. Vervollständigen Sie das Programm mit **Fensterlisten**:

   a: Schreiben Sie eine Prozedur *ZeichneFenster(f: tFenster)*, die ein Fenster wie in den Bildern angegeben am Bildschirm darstellt. Das aktive Fenster soll mit verstärktem Rand und einem Handle an der rechten unteren Ecke erscheinen.

   b: Schreiben Sie die Prozedur *ZeichneAlleFenster(MitAktivem: boolean)*, die alle Fenster der Liste am Bildschirm darstellt. Der Parameter *MitAktivem* gibt an, ob das aktive Fenster mitgezeichnet werden soll. (Z. B sollten beim Verschieben des aktiven Fensters nur die restlichen Fenster am Bildschirm gezeichnet werden!)

   c: Schreiben Sie die Prozeduren *StarteAendern(x,y: integer)*, *VerschiebeFenster(x,y: integer)*, *AendereFenster(x,y: integer)* und *StoppeAendern(x,y: integer)*, die in Analogie zum Zeichnen der Fenster auf Mausereignisse reagieren. (Die Aufrufe der Unterprogramme sind im Programmtext bei den entsprechenden Ereignisbehandlungsmethoden angegeben worden.) Der Umriss des verschobenen bzw. in der Größe geänderten Fensters soll wie beim Zeichnen durch invertierendes Zeichnen sichtbar gemacht werden.

c: Schreibe Sie das Unterprogramm *LoescheFenster(x,y: integer)*, das das aktive Fenster aus der Liste löscht. Achten Sie darauf, dass dann auch ein neues aktives Fenster bestimmt werden muss!

2. Diese Aufgabe beschäftigt sich mit einer Struktur, die eine begrenzte Anzahl von einzelnen Zeichen aufnehmen kann, die in Form eines **Rings** verwaltet werden. Solche Ringstrukturen werden z. B. benötigt, um „Endlostexte" wie im Vorspann der Fernsehnachrichten oder auf den Anzeigetafeln der Sportstadien zu verwalten, bei denen immer die gleiche Zeichenfolge in Form einer Endlosschleife dargestellt wird. Das zuletzt „bearbeitete" (also z. B. zum Zweck der Darstellung gelesene) Zeichen wird besonders markiert:

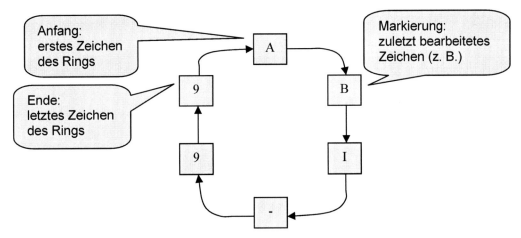

Auf diesen Ring soll mit den folgenden Methoden zugegriffen werden können:

- *Init*   erzeugt einen neuen, leeren Ring
- *IstLeer*   liefert TRUE, falls der Ring leer ist, sonst FALSE
- *FuegeEin*   fügt ein neues Zeichen nach dem letzten Zeichen ein
- *LoescheErstes* löscht das erste Zeichen im Ring
- *HoleNaechstes* holt das nächste nach dem zuletzt bearbeiteten Zeichen (entfernt es aber nicht aus dem Ring) und setzt die Markierung auf dieses Zeichen

a: Erläutern Sie anhand einiger Skizzen, wie nacheinander in einen zunächst leeren Ring die Zeichen <A><B><I> eingefügt werden.

b: Geben Sie eine Implementierung als Zeigerstruktur an.

c: Gesucht ist eine Prozedur *LoescheZiffern*, die alle eventuell im Ring auftretenden Ziffern („0"...,„9") löscht. **Die Prozedur soll nur mit den Zugriffsoperationen arbeiten.** Leider fehlt in der Definition mindestens eine Methode, um das Gewünschte zu erreichen. Beschreiben Sie kurz die Probleme, die beim Schreiben von *LoescheZiffern* auftreten und ergänzen Sie die Zugriffsmethoden geeignet. Schreiben Sie dann *LoescheZiffern* mithilfe der zusätzlichen Methode(n).

3. **Telefonlisten** sollen als Daten nur den Namen und die Telefonnummern (wegen der „führenden Nullen" als Zeichenketten, nicht als Zahlen) der beschriebenen Personen enthalten. In diesen Listen soll einerseits nach Namen, andererseits nach Nummern gesucht werden können. Dazu werden die Listen doppelt verkettet: Eine Zeigerkette ist nach den Namen aufsteigend alphabetisch geordnet, die andere nach den Telefonnummern.

    a: Machen Sie sich anhand von Skizzen klar, wie in eine anfangs leere Liste nacheinander Telefondaten eingetragen und verkettet werden. Beachten Sie dabei die Sonderfälle des Einfügens „*am Anfang*", „*am Ende*", „*in die Mitte*" der Liste.

    b: Definieren Sie geeignete Zugriffsoperationen.

    c: Schreiben Sie die entsprechenden Unterprogramme.

    d: Benutzen Sie die Telefonliste als Basis eines Telefonauskunftsystems.

4. **Polygonzüge** bestehen aus mehreren Punkten, die jeweils durch ihre Koordinaten beschrieben werden. Da die Anzahl der Punkte unterschiedlich ist, können sie effizient als Punktlisten gespeichert werden.

    a: Definieren Sie geeignete Datenstrukturen und Zugriffsoperationen, um Polygonzüge zu beschreiben und zu verwalten. Beachten Sie, dass ein Programm viele Polygone enthalten kann.

    b: Schreiben Sie ein Programm, das eine Liste von Polygonen verwaltet. Die Polygone sollen eingegeben und gezeichnet werden können.

    c: Schreiben Sie ein Unterprogramm, das feststellt, ob (und wenn, welcher) Punkt eines Polygonzuges mit der Maus angeklickt wurde.

    d: Ergänzen Sie ihr Programm um die Möglichkeit, gezeichnete Polygone am Bildschirm zu verändern, indem ihre Punkte sie mit der Maus verschoben werden.

1.2 Memory

Der Umgang mit selbst definierten Objektklassen lässt sich am einfachsten an einem Beispiel verstehen, bei dem auftretende Fehler am Bildschirm direkt zu sehen sind, z. B. dadurch, dass gewünschte Grafiken nicht erscheinen. Wir wollen uns deshalb mit dem bekannten Kinderspiel *Memory* befassen, bei dem man sich an die Position verdeckter Karten erinnern muss, wobei immer zwei paarweise gleiche Karten vorhanden sind. Anfangs sind alle Karten verdeckt. Man deckt zwei frei gewählte Karten auf (die meist verschieden sind) und merkt sich deren Position. Durch wiederholtes Aufdecken (und ein gutes Gedächtnis) steigt die Wahrscheinlichkeit, zwei gleiche Karten zu erwischen. Diese „gewinnt" man dann und entfernt sie vom Spielfeld. Bei Spielende sind keine Karten mehr vorhanden. Der Spieler mit den meisten Karten hat gewonnen.

Wir wollen das Spielfeld auf den Computerbildschirm verlegen und alleine spielen. Dann ist das Spielziel, möglichst wenig Fehler bis zum Abräumen des Spielfeldes zu machen. Nach einigen Zügen könnte der Bildschirm etwa so aussehen:

Für das Spiel benötigen wir also neben den schon bekannten Delphi-Komponenten wie Buttons, Panels, Editierfeldern, ... verschiedene *Spielkarten*, die beim „Anklicken" richtig reagieren und die verschiedene „Kartenseiten" am Bildschirm darstellen können. Damit müssen sie über einige Eigenschaften verfügen, die von unseren schon oft benutzten *Image*-Komponenten her bekannt sind, und über einige neue, die wir hinzufügen. Wir kommen damit zu der üblichen Arbeitsweise in der *objektorientierten Programmierung* (*OOP*), eigene Objektklassen von vorhandenen abzuleiten, so dass einige der benötigten Eigenschaften *vererbt* werden und nur die wirklich neuen selbst zu implementieren sind.

1.2.1 Objekte und Klassen

Bei einer Objektklasse handelt es sich um einen *Typ*, also eine Art Schablone, die angibt, über welche Eigenschaften *Instanzen* der Klasse, die *Objekte*, verfügen. Bei unseren Bällen aus dem ersten Band beschrieb die Klasse *tBall* die Eigenschaften der dort als Variablen erzeugten Objekte *Ball1, Ball2, ...* Ebenso wie die anderen Objektklassen des ersten Bandes hatten unsere Bälle aber (scheinbar) keine direkten Vorfahren, von denen sie Eigenschaften erben konnten.

Eine Objektklasse kann *Datenfelder* und *Methoden* enthalten. (Auf *Eigenschaften* gehen wir nicht weiter ein.) Die Datenfelder enthalten in Analogie zu den Verbunden (*record*) Informationen, die ein bestimmtes Objekt beschreiben: den Namen, das Alter, die Farbe, die Größe,... Sie werden wie beim Verbund mit Angabe eines beliebigen Typs deklariert. Die Methoden sind Funktionen und/oder Prozeduren, die normalerweise mit den Daten des Objekts arbeiten. Sie können aber ohne Einschränkung auch andere Aufgaben übernehmen – wie andere Unterprogramme auch. Programmtechnisch werden Methodendeklarationen wie *forward*-vereinbarte Unterprogramme behandelt. Da der Methodenkopf vollständig angegeben wird, kann der Compiler Aufrufe dieser Methoden auf syntaktische Richtigkeit überprüfen. Der Methodenrumpf wird später an beliebiger Stelle innerhalb des *Implementation*-Teils der benutzten Unit platziert.

Neu bei den Klassentypen sind Informationen, die sich auf die *Sichtbarkeit* von Daten und Methoden beziehen. Auch hier gibt es zahlreiche Möglichkeiten, die Elemente zu unterteilen. Wir werden uns auf die *public*- und *private-Sichtbarkeitszuweisungen* beschränken:

- Als *public* deklarierte Elemente unterliegen keinen Beschränkungen bzgl. ihrer Sichtbarkeit: Jeder andere Programmteil, der Zugriff auf ein Objekt dieser Klasse hat, kann auch auf diese Elemente (Daten und Methoden) zugreifen.

- Als *private* deklarierte Elemente sind für Zugriffe „von außen", also von Programmteilen, die nicht zur selben Unit gehören, unsichtbar. Sie können also nur „von innen", normalerweise von Methoden der eigenen Objektklasse, manipuliert werden.

Wie üblich wird die Syntax einer Klassendeklaration in einem (hier nicht ganz vollständigen) Syntaxdiagramm beschrieben:

KLASSENTYP:

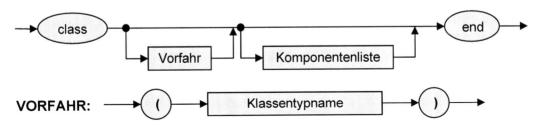

VORFAHR:

KOMPONENTENLISTE:

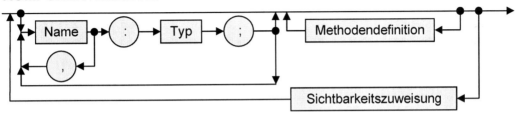

METHODENDEFINITION:

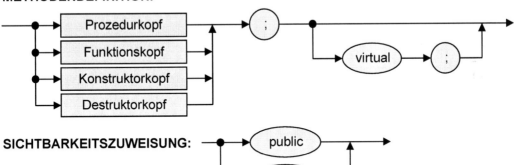

SICHTBARKEITSZUWEISUNG:

Eine Objektklasse erbt von einem Vorfahr alle Datenfelder und Methoden. Werden keine neuen eingeführt, dann sind „Nachkomme" und „Vorfahr" bis auf den Namen identisch. Zusätzlich kann der Nachkomme neue Datenfelder und/oder Methoden einführen. Er kann auch vorhandene Methoden *überschreiben*, also unter dem gleichen Namen eine andere Methode einführen. Da so verschiedene Nachkommen unter dem gleichen Namen unterschiedliche, auf sie angepasste Methoden ausführen können, spricht man von *Polymorphie*. Eine besonders effiziente Art, polymorphe Methoden zu realisieren, sind *virtuelle Methoden*, auf die wir später eingehen.

Delphi-Objekte existieren in der Windows-Umgebung und müssen mit dieser kommunizieren. Insbesondere müssen sie die *Nachrichten* des Windows-Systems wie Mausklicks, Tastendrücke, Ändern der Fenstergröße, ... erhalten und darauf reagieren. Solche *Ereignisse* (*events*) werden in Windows durch eine Fülle von Konstanten übermittelt, auf die jeweils detailliert eingegangen werden muss. Viel einfacher ist es, die *Ereignisbehandlungsroutinen* von Delphi zu benutzen, in denen das Verhalten auf bestimmte Ereignisse „gekapselt" ist. Diese liegen teilweise schon als Methoden der „Urklasse" *tObject* vor, von der alle Klassen abgeleitet werden (auch wenn diese Vererbung nicht explizit angegeben wird). Die „Mutter aller Klassen" reagiert auf zahlreiche Ereignisse – durch Nichtstun. Diese leeren Methoden werden von Tochterklassen bei Bedarf geeignet ersetzt, so dass von diesen nur auf die wirklich benötigte Ereignisse eingegangen werden muss.

Als Beispiel können die anfangs leeren Fensterobjekte von Delphi dienen, die von der Mutterklasse *tForm* abgeleitet werden. Diese Fenster enthalten zwar noch keine Daten und speziellen Methoden, sie können aber sehr viel: man kann sie verkleinern, vergrößern, verschieben und schließen. Sie verfügen über Methoden, die auf Ereignisse reagieren (*OnCreate*, *OnClick*, *OnKeyDown*, ...). Während unserer Arbeit ergänzt die Delphi-Entwicklungsumgebung die automatisch erzeugte Tochterklasse *tForm1* um Datenfelder (Buttons, Panels, ...) und stellt uns bei Bedarf (Doppelklick auf das entsprechende Feld des Objektinspektors) den leeren Rumpf einer Ereignisbehandlungsroutine zur Verfügung, den wir mit Pascal-Anweisungen ausfüllen.

```
type TForm1 = class(TForm)
     private  { Private-Deklarationen}
     public   { Public-Deklarationen}
     end;
var Form1: TForm1;
```

tForm ist Mutterklasse von tForm1

eine Instanz der Klasse tForm1 wird deklariert

Die mithilfe der *var*-Vereinbarung erzeugte Instanz, also das Objekt, ist in Delphi ein *Zeiger* der uns schon bekannten Art. Ein Objekt zeigt also auf einen Speicherbereich, in dem sich die benutzten Datenfelder befinden. Zusätzlich (bei virtuellen Methoden) können sich dort Informationen über die für dieses Objekt gültigen Methoden befinden. Ein neu vereinbartes Objekt enthält wie jeder neue Delphi-Zeiger den Wert *nil* und zeigt deshalb ins Leere. Der Zugriff auf Daten oder Methoden des Objekts muss zu diesem Zeitpunkt scheitern, weil es das gesuchte Objekt noch gar nicht gibt. (Deshalb führt z. B. der Versuch, den Elementen eines Delphi-Fensters im *Initialization*-Teil der Unit Werte zuzuweisen, zu einem Fehler.)

Ein Delphi-Objekt erhält einen konkreten Wert durch den Aufruf einer (oft geerbten) *Konstruktor*-Methode, die einem *new*-Befehl entspricht. Meist heißt dieser Konstruktor *create*. Erst **nach** diesem Aufruf existiert das gesuchte Objekt. (Bei Delphi-Fenstern wird durch die *create*-Methode das *OnCreate*-Ereignis ausgelöst. In der entsprechenden Ereignisbehandlungsmethode haben wir dann Anfangswerte wie Farben etc. der Elemente des Fensters gesetzt.) Im Unterschied zu „normalen" Zeigern braucht man Objekt(zeiger) nicht zu dereferenzieren. Man greift also auf das Objekt einfach über den Objektnamen zu, und nicht über *Objektname^* (mit nachgestelltem *^-Operator*). Der Speicherbereich von nicht mehr benötigten Objekten kann durch den Aufruf der geerbten *free*- oder *destroy*-Methoden wieder freigegeben werden (die einem *dispose*-Aufruf entsprechen).

Vereinbarung einer Klasse:

```
type tBeispiel = class
        Name: string;
        ...
     end;
```

Vereinbarung einer Instanz dieser Klasse:

```
var   Beispiel: tBeispiel;
```
(der Zeiger zeigt ins Leere)

Aufruf des Konstruktors *Create*:

```
Beispiel := tBeispiel.create;
```

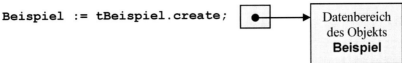

Datenbereich des Objekts **Beispiel**

Zuweisung eines Werts an ein Datenfeld:

```
Beispiel.Name := ´Meier´;
```

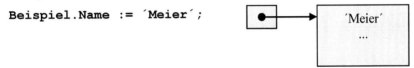

´Meier´
...

Aufruf der *free*-Methode:

```
Beispiel.free;
```
(der Zeiger zeigt wieder ins Leere)

1.2.2 Die Klasse tKarte und ihre Methoden

Die Karten unseres Memory-Spiels sollen unterschiedliche Bilder enthalten, wenn sie „aufgedeckt" sind. Andernfalls zeigen sie alle dieselbe „Rückseite". Bilder und Rückseite können wir mit einem Grafikprogramm erzeugen und als Bitmap-Datei speichern (Dateiendung *BMP*). Decken wir alle Karten auf, dann erhalten wir – je nach Mühe, die wir uns mit den Kartenzeichnungen machen – z. B. das folgende Bild.

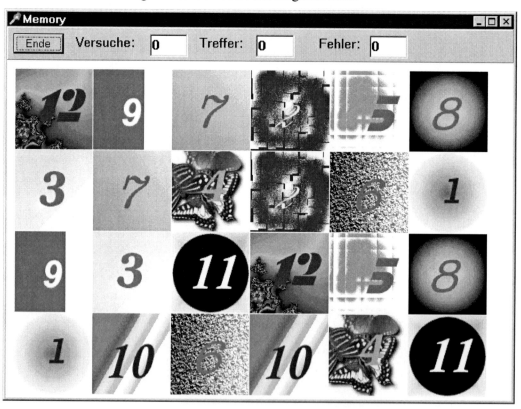

Unsere Karten enthalten als Daten also eine Nummer und die boolesche Größe *verdeckt*, die angibt, mit welcher Seite die Karte „oben" liegt. Zusätzlich wollen wir die Position der Karte durch Angabe der Zeile *ni* und der Spalte *nj* vermerken. Als Methoden der Kartenklasse führen wir *ZeigeDich* ein, die aus der Kartennummer und der Lage das richtige Bild ermittelt und am Bildschirm anzeigt, sowie eine Ereignisbehandlungsroutine *BeiClick*, die auf das *OnClick*-Ereignis reagieren soll. Die Möglichkeit, Bilder zu laden und anzuzeigen, sollen unsere Karten von den *Image*-Komponenten erben. Die Klasse *tImage* wird deshalb als Mutterklasse gewählt.

```
tKarte = class(tImage)
  procedure BeiClick(Sender: tObject);
  public
  Nummer,ni,nj: integer;
  verdeckt    : boolean;
  procedure ZeigeDich;
  end;
```

öffentlich zugängliche Felder und Methoden

Zum Anzeigen des richtigen Bildes benutzen wir die geerbten Fähigkeiten von *tImage*. Dieses enthält eine *Picture*-Komponente, die eine Bitmap-Datei einlesen und auf einer *Canvas* darstellen kann.

```
procedure tKarte.ZeigeDich;
begin
if verdeckt
   then picture.LoadFromFile('rueck.bmp')
   else picture.LoadFromFile(Dateiname(Nummer));
canvas.draw(0,0,picture.graphic);
end;
```

je nach Zustand unterschiedliche Bilder laden ...

... und anzeigen

Mithilfe der Nummer einer Karte lässt sich die richtige Bilddatei leicht finden.

```
function Dateiname(n: integer): string;
begin
case n of
     1: Dateiname := 'eins.bmp';
     2: Dateiname := 'zwei.bmp';
     3: Dateiname := 'drei.bmp';
     4: Dateiname := 'vier.bmp';
     5: Dateiname := 'fuenf.bmp';
     6: Dateiname := 'sechs.bmp';
     7: Dateiname := 'sieben.bmp';
     8: Dateiname := 'acht.bmp';
     9: Dateiname := 'neun.bmp';
    10: Dateiname := 'zehn.bmp';
    11: Dateiname := 'elf.bmp';
    12: Dateiname := 'zwoelf.bmp';
    end
  end;
```

aus der Nummer n den Namen der Bilddatei bestimmen

Es bleibt noch die Ereignisbehandlungsmethode der Kartenklasse zu definieren. In dieser wird (nach den Spielregeln von *Memory*) zwischen dem Ziehen der ersten bzw. der zweiten Karte unterschieden. Wird die erste Karte gezogen, dann wird in ein entsprechendes Unterprogramm verzweigt, das u. a. die Karte anzeigt. Beim Ziehen der zweiten Karte wird auch diese Karte aufgedeckt. Danach wird ein *Timer* gestartet, um das Bild für eine kurze Zeit zu bewahren. In der *Timer-Methode* des Timers wird (nach der Wartezeit) das Unterprogramm zur Behandlung der zweiten Karte aufgerufen. Zu Beginn wird einer Variablen *Karte* vom Typ *tKarte* (also einem Zeiger) für spätere Weiterbearbeitung der Wert der gerade gezogenen Karte zugewiesen. Dieses geschieht mithilfe des *self*-Parameters, über den jede Methode des Objekts verfügt. *Self* liefert einen Zeiger auf das Objekt, das die Methode aufgerufen hat. Über diesen erhält die Methode Zugang zu den Daten des Objekts.

```
procedure tKarte.BeiClick(Sender: tObject);
var i,j: integer;
begin
Karte := self;                               aktuelle Karte mithilfe
                                             von self merken
if ErsteKarte then BehandleErsteKarte
   else begin
        verdeckt := false;
        ZeigeDich;                           Timer aktivieren
        Memory.Timer1.enabled := true;
        end;
end;

procedure TMemory.Timer1Timer(Sender: TObject);
begin
BehandleZweiteKarte;
Timer1.enabled := false;                     Timer deaktivieren
end;
```

1.2.3 Karten als Fensterelemente erzeugen und wieder löschen

Unser Fenster enthält nicht einzelne Karten, sondern ein ganzes Kartenfeld, dessen Dimensionen wir mithilfe von Konstanten festlegen können. In unserem Fall wollen wir vier Zeilen mit jeweils sechs Spalten benutzen.

```
const nMax = 6; mMax = 4;
```

Damit können wir einen geeigneten Feldtyp vereinbaren, ein Feld von Karten:

```
tKarten = array[1..nMax,1..mMax] of tKarte;
```

Nachdem unser Fenster (mit dem Namen *Memory*) erzeugt wurde (also in der Methode, die auf das *OnCreate*-Ereignis des Fensters reagiert), können wir die 24 benötigten Karten instantiieren und anzeigen. Dazu gehen wir in der folgenden Reihenfolge vor:

1. **Das Objekt erzeugen** (mit der *create*-Methode). Dabei wird als „Besitzer" (*owner*) des Objekts das aktuelle Fenster mithilfe des *self*-Parameters angegeben. Der Besitzer kontrolliert u. a. die Existenzdauer eines Objekts: wird er gelöscht, dann wird auch der Speicherbereich des Objekts freigegeben.

```
Karten[i,j] := tKarte.create(self);
```

2. **Die *parent*-Eigenschaft setzen**, und dadurch dem erzeugten Objekt mitteilen, wer das „Elternobjekt" ist, auf dem es angezeigt wird.
   ```
   Karten[i,j].parent := self;
   ```
3. **Den Datenfeldern des Objekts Werte zuweisen**.
   ```
   Karten[i,j].verdeckt := true;
   ```
4. Die (leeren) **Ereignisbehandlungsroutinen** ggf. durch eigene **ersetzen**. (hier: dem *OnClick*-Ereignis die *BeiKlick*-Methode zuweisen.)
   ```
   Karten[i,j].OnClick := BeiClick;
   ```

Insgesamt ergibt sich die *FormCreate*-Methode des Memory-Fensters wie folgt:

```
procedure TMemory.FormCreate(Sender: TObject);
var i,j,n   : integer;
    Nummern: set of 1..24;
begin
nummern := [1..24];
randomize;
Timer1.enabled := false;                  // Timer deaktivieren
for i := 1 to nMax do                     // alle Feldelemente durchlaufen
  for j := 1 to mMax do
    begin
    repeat n := random(24)+1;             // Kartennummern zufällig bestimmen,
    until (n in Nummern);                 // so dass jede zweimal auftritt
    Nummern := Nummern - [n];
    if n > 12 then n := n - 12;
    Karten[i,j] := tKarte.create(self);   // Objekt erzeugen
    with karten[i,j] do
      begin
      parent := self;                     // Eltern bestimmen
      name := 'Karte'+IntToStr(i)+IntToStr(j);
      left := 10+(i-1)*100+i;
      top  := panel1.height+10 + (j-1)*100+j;  // Position und Größe festlegen
      width := 100; height := 100;
      Nummer := n;
      ni := i; nj := j;                   // Position und Nummer merken
      verdeckt := true;
      OnClick := BeiClick;                // Ereignisbehandlungsmethode zuweisen
      ZeigeDich;
      end
    end;
ErsteKarte := True;
v := 0; t := 0; f := 0;                   // Anzahl der Versuche, Fehler und
SchreibeNachricht;                        // Treffer auf Null setzen und anzeigen
end;
```

Beim Schließen des Fensters können wir den Speicherbereich der erzeugten Karten wieder freigeben. Das geschieht innerhalb zweier geschachtelter Schleifen.

```
procedure TMemory.FormClose(Sender: TObject;
                            var Action: TCloseAction);
var i,j: integer;
begin
for i := 1 to nMax do
  for j := 1 to mMax do Karten[i,j].free
end;
```
Speicher freigeben

1.2.4 Memory spielen

Der zeitliche Ablauf des Memoryspiels wird durch die *BeiKlick*-Methode unserer Kartenobjekte festgelegt. Wir müssen jetzt nur noch vereinbaren, was beim „Umdrehen" der Karten zu geschehen hat. Mithilfe der booleschen Variablen *ErsteKarte* merken wir uns, welche Karte gerade „dran" ist. Da die Variable *Karte* einen Zeiger auf die angeklickte Karte enthält, müssen wir uns nur noch die aktuelle Position (für spätere die Bearbeitung) und die Kartennummer merken. Danach wird die Karte „aufgedeckt".

```
procedure BehandleErsteKarte;
begin
if Karte.Nummer = 0 then exit;
i1 := Karte.ni;
j1 := Karte.nj;
N1 := Karte.Nummer;
Karte.verdeckt := false;
Karte.ZeigeDich;
ErsteKarte := false;
end;
```
Karten mit der Nummer „0" sind schon vergeben!
Position und Nummer merken
Karte zeigen
danach kommt die zweite Karte!

Die Behandlung der zweiten Karte ist etwas komplizierter. Das Bild wurde schon gezeigt, und etwas gewartet wurde auch schon. Jetzt muss je nach Kartennummer reagiert werden:

Position und Nummer merken	
Die Kartennummern sind gleich	
wahr	falsch
Beide Karten auf dem Bildschirm löschen und die Kartennummern auf „0" setzen	Beide Karten verdeckt zeigen
ErsteKarte ← TRUE	
Ergebnisse anzeigen	

```
procedure BehandleZweiteKarte;
begin
if Karte.Nummer = 0 then exit;         ← Karten mit der Nummer "0" sind schon vergeben!

i2 := Karte.ni;
j2 := Karte.nj;                        ← Position und Nummer merken
N2 := Karte.Nummer;
v := v + 1;
                                       ← Nummernvergleich
if N1=N2 then
  begin
  with Memory.Karten[i1,j1] do
    begin                              ← erste Karte löschen
    t := t + 1;
    canvas.brush.style := bsSolid;
    canvas.brush.color := clWhite;
    canvas.rectangle(0,0,100,100);
    Nummer := 0;
    end;
  with Memory.Karten[i2,j2] do
    begin                              ← zweite Karte löschen
    canvas.brush.style := bsSolid;
    canvas.brush.color := clWhite;
    canvas.rectangle(0,0,100,100);
    Nummer := 0;
    end;
  end
  else begin
       f := f + 1;
       with Memory.Karten[i1,j1] do
         begin                         ← erste Karte verdecken
         verdeckt := true;
         ZeigeDich
         end;
       with Memory.Karten[i2,j2] do
         begin                         ← zweite Karte verdecken
         verdeckt := true;
         ZeigeDich
         end;
       end;
ErsteKarte := true;                    ← Ergebnisse zeigen
SchreibeNachricht;
end;
```

Wenn wir drei Editierfelder *nVersuche*, *nTreffer* und *nFehler* eingefügt haben, so können wir die Werte der Variablen *v* (Versuche), *t* (Treffer) und *f* (Fehler) wie üblich darstellen.

```
procedure SchreibeNachricht;
begin
with Memory do
  begin
  nVersuche.text := IntToStr(v);
  nTreffer.text  := IntToStr(t);
  nFehler.text   := IntToStr(f);
  end
end;
```

Die gesamte Unit ergibt sich aus den Ergebnissen des am Bildschirm zusammengestellten Fensters mit Knöpfen, Editierfeldern usw. und braucht deshalb nicht extra angegeben zu werden.

1.2.5 Aufgaben

1. Ergänzen Sie das *Memoryspiel* so, dass

   a: nach einem Spiel ein weiteres stattfinden kann.

   b: zwei Spieler spielen können.

   c: „gemogelt" werden kann. Nach Anklicken einer Karte mit der rechten Maustaste erscheint die Rückseite kurz am Bildschirm, ohne dass der Versuch als Fehler gezählt wird.

   d: der Computer „mogelt". Manchmal rückt er heimlich eine Karte an eine andere Stelle.

2. a: Führen Sie *Kartenstapel* ein, in denen die Karten (verdeckt oder offen) in bestimmten Abständen angeordnet werden.

   b: Ändern Sie die Klasse *tKarte* so, dass Karten mit der Maus verschoben werden können. Schiebt man sie auf einen Stapel, dann werden sie in diesen eingeordnet.

   c: Entwickeln Sie mithilfe eines Grafikprogramms einen vollständigen *Satz von Spielkarten*.

   d: Erfinden Sie jetzt Kartenspiele nach dem Vorbild der *Patiencen*. Nach unterschiedlichen Spielregeln werden Karten aufgedeckt und verschoben. Ziel des Spieles ist es meist, die Karten in sortierten Kartenstapeln anzuordnen.

3. a: Scannen Sie eine detailreiche Bildvorlage und bringen Sie das Bild in ein Grafikprogramm. Zerlegen Sie es dort in quadratische Teile, die Sie einzeln abspeichern.

   b: Füllen Sie Karten (nach dem Vorbild des Memoryspiels) mit diesen Teilbildern und stellen Sie die Karten zufällig verteilt am Bildschirm dar.

   c: Fügen Sie aus diesen *Puzzle*-Steinen ein vollständiges Bild zusammen, indem Sie die Karten durch Anklicken von ihrer Position in ein Raster bringen. Dort müssen die Karten natürlich auch noch verschiebbar sein.

4. a: Erzeugen Sie nach dem Vorbild der *elektronischen Bausteinkästen* der Physiksammlung unterschiedliche Karten mit Schaltsymbolen (Widerständen, Transistoren, Leitungen, ...).

   b: Erzeugen Sie verkleinerte Abbilder („Icons") dieser Schaltsymbolkarten am Bildschirm.

   c: Schaffen Sie eine Möglichkeit, durch Anklicken der Icons entsprechende Karten an vorgegebenen Plätzen in einem Raster zu erzeugen. Weshalb sind „Kartenlisten" hierfür geeignet?

   d: Erzeugen Sie auf diese Weise Schaltpläne.

1.3 Abstrakte Datentypen und dynamische Objektklassen

Die Verwaltung einer Liste, eines Baums oder anderer dynamischer Strukturen ist im Vergleich zu den statischen Datenstrukturen aufwändig und vor allem fehlerträchtig, wenn man sie selbst völlig neu einrichten muss. Eigentlich ist diese Eigenarbeit aber gar nicht nötig, wie man an Programmiersprachen sehen kann, die dynamische Klassen als eigenständige Datentypen enthalten. (Auch Delphi enthält in der Unit *Classes* einen Datentyp *tList*.) Listen, Stapel, Bäume usw. enthalten zwar meist unterschiedliche Inhalte. Ihre Struktur und die grundlegenden Operationen dagegen sind immer gleich. Wir wollen die Funktionalität deshalb mit *generischen Klassen* realisieren.

1.3.1 Abstrakte Datentypen

Das Konzept der *abstrakten Datentypen* (ADTs) versucht, die Nutzung eines Datentyps von seiner Implementierung zu trennen. Der Vorteil liegt darin, dass die Implementierung geändert werden kann (z. B. bei der Fehlerbeseitigung oder zur Effizienzsteigerung), ohne alle Anwendungsprogramme mit zu ändern. Solange Anwender nur *Zugriffsoperationen* auf den Datentyp nutzen, also eine definierte Schnittstelle, solange haben sie mit der inneren Struktur des ADTs nichts zu tun. *Konsequenterweise werden ADTs über ihre Zugriffsoperationen definiert.* Die Klassen der OOP sind typische Implementierungen von ADTs, solange nicht direkt auf innere Felder zugegriffen wird.

Zuerst wollen wir das Standardbeispiel für ADTs betrachten: die Datenstruktur *Stapel*.

Was ist ein „Stapel"?

Unabhängig von der tatsächlichen Implementierung benötigen wir eine Vorstellung davon, wie Zugriffsoperationen sich auf einen Stapel auswirken. Wir stellen uns als Modell eine Art „Brausetablettenspender" vor, dem Tabletten nur oben entnommen oder hinzugefügt werden können.

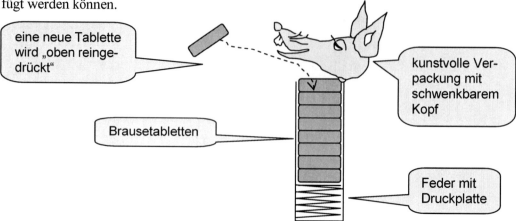

1.3 Abstrakte Datentypen und dynamische Objektklassen

Versuchen wir einmal eine formale Beschreibung der Vorgänge, die unabhängig von der benutzten Programmiersprache ist. Wir setzen voraus, dass die Datentypen *element* (Elemente, die auf dem Stapel abgelegt werden) und *boolean* (boolescher Wahrheitswert) bekannt sind. Dann benötigen wir nur noch den neuen Datentyp *stack* (Stapel). Für diesen definieren wir die folgenden **Operationen**, die denen für die schon bekannte Zahlenliste sehr ähnlich sind. Angegeben sind jeweils vor dem Pfeil der Name der Operation und ggf. die verarbeiteten Datentypen, nach dem Pfeil der gelieferte Datentyp.

neu :	→	*stack*	liefert einen neuen leeren Stapel „aus dem Nichts"
leer : *stack*	→	*boolean*	stellt fest, ob ein Stapel leer ist
push: *stack* x *element*	→	*stack*	legt ein Element auf dem Stapel ab
pull : *stack*	→	*stack*	entfernt das oberste Element vom Stapel
oben: *stack*	→	*element*	liefert das oberste Element des Stapels

Die dritte Operation z. B. bedeutet, dass man wieder einen Stapel erhält, wenn auf einen Stapel ein Element gepackt wird. Als Delphi-Funktion geschrieben lautet sie:

```
function push(s: tStapel; e: tElement): tStapel;
```

Jetzt muss noch die genaue Arbeitsweise der Operationen definiert werden. Das geschieht durch die **Axiome** (*element* wird durch *e*, *stack* durch *s* abgekürzt):

leer(neu)	= *true*	ein neuer Stapel ist leer
leer(push(s,e))	= *false*	ein Stapel, auf den man etwas gepackt hat, ist nicht leer
pull(push(neu,e))	= *neu*	usw.
pull(push(push(s,e1),e2))	= *push(pull(push(s,e2)),e1)*	
oben(push(s,e))	= *e*	
oben(push(push(s,e1),e2))	= *oben(push(s,e2))*	

Mithilfe des Axiomensystems ist die *Bedeutung* der Operationen festgelegt: Abstrakte Datentypen, die wie angegeben arbeiten, *sind* Stapel. Wie die einzelnen Methoden realisiert werden, ist unwesentlich. Die Entscheidung darüber liegt beim Programmierer.

Fassen wir zusammen: Abstrakte Datentypen beschreiben Strukturen,

- die ausschließlich über Zugriffsmethoden (*Operationen*) auf die Daten definiert werden, die sich aus dem Verwendungszweck ergeben. **Axiome** beschreiben deren Verhalten im Detail,
- über deren Arbeitsweise wir eine **Modellvorstellung** besitzen (z. B. den Brausetabletten-Stack), die mit der tatsächlichen Implementierung nichts zu tun haben muß,
- und die auf unterschiedliche Art realisiert werden können.

1.3.2 Generische Klassen

Wenn wir Strukturen aufbauen, die das *Verhalten* bestimmter Datenstrukturen unabhängig von ihren Inhalten realisieren, dann sprechen wir von *generischen* Datenstrukturen. Abstrakte Datentypen sind gut geeignet, genau dieses Verhalten zu beschreiben. Implementieren wir dann diese ADTs durch objektorientierte Methoden, dann erhalten wir *generische Klassen*. Wir wollen als Beispiel mithilfe von einigen kleinen Tricks zuerst eine *generische Listenklasse* **tListe** und dann eine *generische Baumklasse* **tBaum** einführen, die über keinerlei Inhalte verfügen, außer denen, die benötigt werden, um die reinen Listen- bzw. Baumeigenschaften zu implementieren. Sie können dann als Mutterklassen von „echten" Listen oder Bäumen dienen, da sie über alle erforderlichen Methoden verfügen, um davon andere Strukturen abzuleiten, die die erwünschten Inhalte speichern können. Als typische Arbeitsmethode mit diesen Strukturen wird sich die *Rekursion* herausstellen.

1.3.3 Der ADT Liste

Listen sind uns aus den vorangegangenen Abschnitten schon gut bekannt. Wir wollen deren Arbeitsweise deshalb als ADT *liste*, der Elemente vom Typ *element* aufnimmt, formal definieren. Der Datentyp *boolean* wird wie bisher benutzt. Eine von vielen Möglichkeiten dafür wäre die folgende:

Operationen:

neu :	→	liste	liefert eine neue leere Liste
leer : liste	→	boolean	stellt fest, ob eine Liste leer ist
rein : liste x element	→	liste	fügt ein Element in die Liste ein
raus : liste	→	liste	entfernt das erste Element aus der Liste
hole : liste	→	element	liefert das erste Element der Liste

Die Operationen selbst sagen noch nicht, an welcher Stelle die Elemente in die Liste eingefügt werden („vorne", „hinten", „an der richtigen Stelle", ...) oder wo sich das „erste" Element befindet. Deshalb müssen durch **Axiome** die Details geklärt werden. Wir wollen hier der Einfachheit halber Elemente „hinten" in die Liste einfügen und „vorne" wieder entfernen. (*element* wird durch *e*, *liste* durch *l* abgekürzt):

leer(neu)	= true	eine neue Liste ist leer
leer(rein(l,e))	= false	eine Liste, in die man etwas eingefügt hat, ist nicht leer
raus(rein(neu,e))	= neu	
raus(rein(rein(l,e1),e2)	= rein(raus(rein(l,e1)),e2)	hier zeigt sich der Unterschied zum Stapel
hole(rein(rein(neu,e1),e2)	= e1	
hole(rein(rein(l,e1),e2))	= hole(rein(l,e1))	

1.3.4 Listenobjekte

Unsere Listenklasse muss einmal die Zeiger auf nachfolgende Objekte verwalten, andererseits einen Mechanismus bereitstellen, um Daten noch unbekannten Typs und damit unbekannter Größe aufzunehmen. Das erste Problem ist mit den schon bekannten Verfahren der vorherigen Kapitel schnell gelöst. Das zweite ist etwas komplizierter.

Auf Speicherbereiche unbekannten Inhalts können wir mit *generischen Zeigern* verweisen, die zu allen Datentypen kompatibel sind: sie sind vom Typ *POINTER*. Der von ihnen referenzierte Speicherbereich kann mit den Prozeduren *GetMem* und *FreeMem* verwaltet werden. Wie transportiert man dann aber Daten in diesen Bereich herein oder aus diesem heraus? Dafür gibt es einen Standardtrick: Wir interpretieren die zu verschiebenden Daten als ein *Feld von Bytes* und kopieren Byte für Byte in den Bereich, auf den der Pointer verweist - oder umgekehrt. Zu diesem Zweck müssen wir eine *Typumwandlung* durchführen. Wir vereinbaren ein Feld von Bytes als neuen Datentyp:

```
type tBytes = array[0..maxint-1] of byte;
```

Der vom einem Pointer referenzierte Speicherbereich wird dann in eine Größe vom Typ *tBytes* umgewandelt. Heißt unser Pointer Inhalt, dann wird der Speicherbereich durch den folgenden Aufruf als Feld von Bytes interpretiert: `tBytes(Inhalt^)`

Mithilfe des üblichen Zugriffs auf Feldelemente können wir einzelne Bytes dieses Bereichs ansprechen: `tBytes(Inhalt^)[i] := ...`

Jetzt benötigen wir noch einen Zugriff auf die Daten unbekannten Typs, die später einmal in die Liste aufgenommen werden sollen. Dieses Problem lösen wir mithilfe von *typfreien Parametern*. Wir können als *Referenzparameter* „Variablen ohne Typ" benutzen, weil ja bei diesem Parametertyp sowieso nur die *Adresse* des Parameters weitergereicht wird. Verwandeln wir den adressierten Speicherbereich dieser Variablen wieder mithilfe einer Typumwandlung in ein Feld von Bytes, dann können wir die einzelnen Bytes direkt in den vom Pointer referenzierten Speicherbereich verschieben. Heißt unsere typfreie Variable *v*, dann könnte ein entsprechender Kopierbefehl lauten:

```
for i := 0 to Groesse-1 do
    tBytes(Inhalt^) := tBytes(v)[i]
```

Es fehlt jetzt nur noch eine Information über die *Größe* der aufzunehmenden Variablen. Bei der Erzeugung eines Objekts mit einer *create*-Methode wollen wird diese dem erzeugten Objekt mitteilen. Wir schaffen das mithilfe der *SizeOf(...)*-Funktion, die den Platzbedarf eines Datentyps oder einer Variablen ermittelt. Der Aufruf von *SizeOf(integer)* liefert z. B. den Wert 4.

Achtung: Je nach Compilereinstellung verwaltet Delphi Strings unterschiedlich. Wird eine Stringvariable als Zeiger aufgefasst, die auf den Speicherbereich des eigentlichen Strings verweist, dann wird bei diesem Verfahren nur der Zeiger, nicht der String selbst kopiert! Um hier Fehler zu vermeiden, sollte die Länge der Strings beschränkt werden, z. B. durch eine Typvereinbarung wie

```
tName = string[80];
```

Mithilfe dieser neuen „Tricks" können wir eine *generische Listenklasse tListe* einführen:

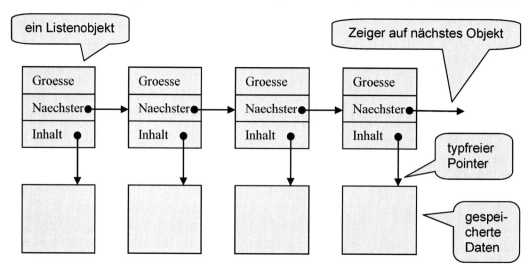

Für die Definition des ADTs war es bequemer, das Entfernen und „Holen" eines Listenelements als zwei Operationen aufzufassen. Für die Praxis empfiehlt sich die Zusammenfassung in einer Methode.

```
tListe = class
   Naechster: tListe;
   Inhalt   : Pointer;
   Groesse  : integer;
   constructor Create(n: integer);
   procedure Rein(var v);
   procedure Raus(var v);
   function Drin: integer;
end;
```

Die Methoden der Liste arbeiten wie schon bekannt. Der Konstruktor *create* ruft als Erstes den geerbten Konstruktor auf, um eventuell erforderliche Organisationsarbeiten durchführen zu lassen. Anschließend vermerkt er die Größe der zu speichernden Daten.

```
constructor tListe.Create(n: integer);
begin
inherited Create;          ← geerbten Konstruktor aufrufen
Groesse := n;
end;                       ← Größe merken
```

Die Methode *Rein*, die Daten in die Liste einfügen soll, arbeitet *rekursiv* in dem Sinne, dass sie bei einem noch freien Listenelement die Daten speichert, andernfalls den Arbeitsauftrag an das nächste Listenelement weitergibt. Wenn das Listenelement noch leer ist, also der Pointer *Inhalt* den Wert *nil* hat, dann wird Platz für die Daten geschaffen und diese werden kopiert. Ist der Inhaltsplatz schon belegt, dann wird bei Bedarf ein neues Listenelement erzeugt. Anschließend wird das „Problem" an dieses weitergereicht.

die rekursive Methode REIN:

das Listenelement ist frei			
wahr	falsch		
dem Zeiger INHALT einen geeignet großen Speicherbereich zuweisen	es gibt ein nächstes Element		
	wahr		falsch
den Wert dort speichern			ein neues Listenelement erzeugen
	die Methode REIN des nächsten Elements aufrufen		

```
procedure tListe.Rein(var v);
var i: integer;
begin
if Inhalt = nil then         ← Platz für Daten schaffen ...
  begin
  GetMem(Inhalt,Groesse);    ← ... und diese speichern.
  for i := 0 to Groesse - 1 do
    tBytes(Inhalt^)[i] := tBytes(v)[i];
  end
else begin
  if Naechster = nil
    then Naechster := tListe.Create(Groesse);   ← Bei Bedarf neues Listenelement erzeugen
  Naechster.Rein(v);         ← rekursiver Aufruf
  end
end;
```

Beim Entfernen von Daten aus der Liste mit *Raus* erfolgt der Datentransport in umgekehrter Richtung. Danach werden der Inhalt des folgenden Listenelements - falls vorhanden - „vorgezogen" und die Zeiger (wie bei den Fensterlisten weiter vorne) so umgesetzt, dass das folgende Listenelement gelöscht werden kann. Dieses etwas umständliche Verfahren ist notwendig, damit nicht eventuell der Anfang der Liste gelöscht wird.

```
procedure tListe.Raus(var v);
var i: integer; h: tListe;
begin
if Inhalt <> nil then
  begin
  for i := 0 to Groesse-1 do                     { Inhalt kopieren
    tBytes(v)[i] := tBytes(Inhalt^)[i];            und freigeben }
  Freemem(Inhalt);
  Inhalt := nil;
  if Naechster <> nil then
    begin                                        { Daten des nächsten Elements
    h := Naechster;                                retten und dieses löschen }
    Inhalt := Naechster.Inhalt;
    Naechster := Naechster.Naechster;
    h.free;
    end
  end;
end;
```

Die Länge der Liste wird durch eine rekursive Funktion *Drin* ermittelt, die bei „gefüllten" Listenelementen *(1+Länge der restlichen Liste)*, sonst *0* zurückgibt. Die Länge der restlichen Liste wird jeweils ermittelt, indem das nächste Listenelement „gefragt" wird, wie viele Elemente denn noch „drin" sind.

```
function tListe.Drin: integer;
begin
if Inhalt = nil
   then result := 0                              { letztes Element }
   else if Naechster = nil
        then result := 1
        else result := 1 + Naechster.drin;       { rekursiver Aufruf }
end;
```

Zuletzt wollen wir unsere Listenobjekte in einer eigenen UNIT verpacken, die wir bei Bedarf in anderen Programmteilen benutzen können. Dazu zählen wir im *INTERFACE*-Abschnitt alle zu exportierenden Größen (hier nur die Objektklasse *tListe*) auf und implementieren deren Methoden im *IMPLEMENTATION*-Teil.

```
unit Listen;

interface
uses dialogs,SysUtils;

type tListe = class                    {... wie angegeben ...}

implementation

type tBytes = array[0..maxint-1] of byte;

constructor tListe.Create(n: integer); {... wie angegeben ...}
procedure tListe.Rein(var v);          {... wie angegeben ...}
procedure tListe.Raus(var v);          {... wie angegeben ...}
function tListe.Drin: integer;         {... wie angegeben ...}
end.
```

1.3.5 Eine Stringliste

Die direkte Benutzung unserer Unit *Listen* ist sehr einfach. Wir müssen dabei nur einige Schritte einhalten:

1. Die Listenunit wird in einer *uses*-Anweisung z. B. am Anfang des *Implementation*-Teils aufgeführt:

   ```
   uses ..., Listen;
   ```

2. Ggf. wird der in der Liste zu speichernde Datentyp vereinbart:

   ```
   type tString= string[80];
   ```

3. Eine Listenvariable wird vereinbart:

   ```
   var SListe: tListe;
   ```

4. Im *Initialization*-Teil wird die entsprechende Variable initialisiert. Dabei wird die Größe des zu speichernden Datentyps als Parameter übergeben:

   ```
   SListe := tListe.create(Sizeof(tString));
   ```

5. An geeigneten Stellen werden die Methodenaufrufe der Liste benutzt. Dabei ist darauf zu achten, dass als Parameter für *Rein* und *Raus* nur Variable übergeben werden.

   ```
   ... SListe.rein(s); ...
   ```

1.3.6 Eigene Listenobjekte

Die Beschränkungen bei der Ein- und Ausgabe von Daten in die Listenobjekte lassen sich aufheben, wenn wir aus der Grundklasse *Liste* eigene Objektklassen ableiten, die die dynamischen Eigenschaften erben. Zur Demonstration wollen wir eine Klasse von Zahlenlisten einführen, bei der die Ein- und Ausgabeoperationen so verändert werden, dass auch Zahlenkonstante gespeichert werden

können. Zu diesem Zweck ergänzen wir die Grundklasse um zwei neue Methoden *ZahlRein* und *ZahlRaus*, die das Gewünschte leisten. Ein neuer Konstruktor *Init* initialisiert die Liste automatisch mit der Größe des Integer-Datentyps.

```
type tZahlenliste = class(tListe)
     constructor Init;
     procedure ZahlRein(i: integer);
     function ZahlRaus: integer;
     end;
```
→ eine Tochterklasse von tListe

Wie funktionieren nun die neuen Methoden? Eigentlich müssen doch nur die geerbten Methoden auf die „richtige" Art aufgerufen werden. *Init* muss also dem *create*-Konstruktor den Platzbedarf einer Integer-Variablen mitteilen:

```
constructor tZahlenliste.Init;
begin
inherited create(sizeof(integer));
end;
```
→ Aufruf des geerbten Konstruktors

Die Zugriffsmethode *ZahlRein* soll nur die Beschränkung der Grundklasse *Rein*, nur Variable (und nicht auch Konstante) speichern zu können, aufheben. Zu diesem Zweck speichert sie den Wert des Werteparameters *i* in einer Hilfsvariablen *h*. *Diese* wird dann der Liste übergeben.

```
procedure tZahlenliste.Zahlrein(i: integer);
var h: integer;
begin
h := i;
rein(h)
end;
```
→ Wert zwischenspeichern und der Liste übergeben

1.3 Abstrakte Datentypen und dynamische Objektklassen

ZahlRaus arbeitet entsprechend als Funktion.

```
function tZahlenliste.ZahlRaus: integer;
var h: integer;
begin
if drin > 0 then
  begin
    raus(h);
    result := h
  end
else result := -1;
end;
```

> ererbte Methoden benutzen

In unserem kleinen Demoprogramm benutzen wir zwei Editierfelder für die Ein- und Ausgabe von Zahlen, sowie zwei Knöpfe, um die entsprechenden Operationen zu veranlassen. Eine Label-Komponente zeigt die Zahl der gespeicherten Werte an. Den dazu erforderlichen Programmtext erzeugt Delphi wie üblich automatisch.

```
unit uZahlenliste;

interface
uses Windows, Messages, SysUtils, Classes, Graphics, Controls,
     Forms, Dialogs, StdCtrls;

type
  TDemoZahlenliste = class(TForm)
    Eingabe: TEdit;
    rein: TButton;
    Ausgabe: TEdit;
    raus: TButton;
    Label1: TLabel;
    procedure reinClick(Sender: TObject);
    procedure rausClick(Sender: TObject);
    procedure FormCreate(Sender: TObject);
  private
    { Private-Deklarationen}
  public
    { Public-Deklarationen}
  end;

var  DemoZahlenliste: TDemoZahlenliste;
```

> von Delphi erzeugte Komponenten und Ereignisbehandlungsroutinen

Interessanter ist der *Implementation*-Teil der Unit, in dem die neue Listenklasse vereinbart und benutzt wird.

```
implementation
uses Listen;
{$R *.DFM}

type
tZahlenliste = class(tListe)                    {... wie angegeben ...}

var zListe: tZahlenliste;
constructor tZahlenliste.Init;                  {... wie angegeben ...}
procedure tZahlenliste.Zahlrein(i: integer);    {... wie angegeben ...}
function tZahlenliste.ZahlRaus: integer;        {... wie angegeben ...}
```

Diese Methoden werden jetzt von den Ereignisbehandlungsroutinen der Unit benutzt. Wird also der *Rein*-Button angeklickt, dann wird versucht, seinem Textfeld eine Zahl zu entnehmen und diese in der Zahlenliste zu speichern. Der *Raus*-Button zeigt die nächste Zahl der Liste im Ausgabefeld an.

```
procedure TDemoZahlenliste.reinClick(Sender: TObject);
begin
try
   ZListe.Zahlrein(StrToInt(Eingabe.text))        Zahl aus dem
except                                            Textfeld fischen
end;                                              und speichern
Eingabe.text := '';
Label1.Caption := IntToStr(ZListe.drin) + ' Zahlen drin';
end;

procedure TDemoZahlenliste.rausClick(Sender: TObject);
begin
Ausgabe.text := IntToStr(ZListe.Zahlraus);
Label1.Caption := IntToStr(ZListe.drin) + ' Zahlen drin';
end;
```

Zahl aus der Liste entfernen und anzeigen

Sobald das Fenster erzeugt wurde, kann die Zahlenliste initialisiert werden.

```
procedure TDemoZahlenliste.FormCreate(Sender: TObject);
begin
ZListe := tZahlenliste.Init          Liste erzeugen
end;

end.
```

1.3.7 Aufgaben

1. Versuchen Sie, eine *aufsteigend geordnete Liste* als abstrakten Datentyp zu formulieren. Formulieren Sie geeignete Operationen und Methoden. (**Achtung:** Der Sinn dieser recht schwierigen Aufgabe liegt weniger im Ergebnis als in der Auseinandersetzung mit den auftauchenden Problemen! Sie müssen also nicht unbedingt eine vollständige Lösung finden.)

2. Definieren Sie einen ADT *BigInteger* für „große ganze Zahlen".

   a: Stellen Sie erst einmal klar, was Sie unter „großen Zahlen" verstehen wollen.

   b: Vereinbaren Sie den ADT so, dass eine *Addition* für BigInteger-Objekte definiert ist. Suchen Sie in Büchern nach einer Möglichkeit, die Addition axiomatisch zu vereinbaren. Ziehen Sie notfalls auch einen Mathematikkundigen zu Rate.

   c: Erweitern Sie Ihren ADT entsprechend um eine Möglichkeit, große Zahlen zu *multiplizieren*.

   d: Implementieren Sie den ADT in einer eigenen Unit.

3. Vereinbaren Sie einen ADT für *Vektoren* mit zwei ganzzahligen Komponenten *a* und *b*, also der Form *(a,b)*. Gehen Sie dazu wie in Aufgabe 2 vor. Definieren Sie eine Addition und eine skalare Multiplikation:

   $$(a,b) + (c,d) = (a+c, b+d) \qquad c \cdot (a,b) = (c \cdot a, c \cdot b)$$

4. a: Leiten Sie aus der generischen Listenklasse einen Klasse *Punktliste* ab, die die Koordinaten von Bildschirmpunkten aufnehmen kann.

   b: Nutzen Sie diese Klasse, um durch Mausklicks *Figuren* auf dem Bildschirm zu definieren, deren Eckpunkte in einer Punktliste gespeichert werden.

   c: Lassen Sie jetzt die gespeicherten Figuren auf unterschiedliche Art *zeichnen*: in verschiedenen Farben, gefüllt, überlappend, in verschiedenen „Ebenen", die sich verschieben lassen, …

   d: Vereinbaren Sie eine *Figurenliste*, die mehrere Figuren (s. o.) aufnehmen kann.

5. Eine *Bibliothek* kann durch Listen der unterschiedlichsten Art beschrieben werden: Es existiert eine Liste der verschiedenen Sparten, die jeweils eine Liste von vorhandenen Büchern enthalten, die, wenn sie entliehen sind, in die Entleihliste der Benutzer eingetragen werden, die wiederum in einer Liste erfasst sind. Geben Sie geeignete Datenstrukturen an, die aus den generischen Listenklassen abgeleitet wurden und realisieren Sie das System teilweise.

1.3.8 Bäume

Da sich alle Baumstrukturen auf *Binärbäume* zurückführen lassen, wollen wir auch nur diesen einfachsten Baumtyp behandeln. Als *Baum* bezeichnet man eine Datenstruktur, die aus *Knoten* (u. a. zur Speicherung der Inhalte) und *Kanten* (Zeiger auf den nächsten Knoten) besteht, wobei von einem Knoten mindestens zwei Kanten abgehen. Zeichnet man solch eine Struktur auf, dann entsteht ein Gebilde, das einem „auf dem Kopf stehenden" Baum ähnelt. Standardbeispiel eines Baums ist ein *Sortierbaum*, in den Namen nacheinander einsortiert werden. Alphabetisch „kleinere" Namen werden „links" vom aktuellen Element eingeordnet, die anderen „rechts". Begonnen wird dieser Sortiervorgang immer an einem festen Ausgangspunkt, der *Wurzel* des Baums (die also eine ähnliche Rolle wie der *Anker* bei Listen spielt).

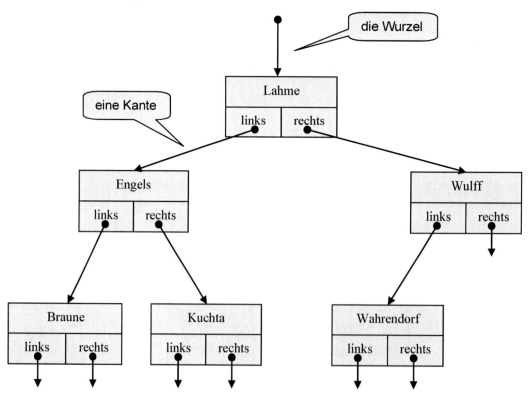

Beim Einfügen neuer Daten in den Baum muss bei jedem Knoten - beginnend bei der Wurzel - entschieden werden, ob die Daten in den „linken" oder „rechten" Teilbaum gehören. Dabei hilft eine Vergleichsfunktion (oder ein Vergleichsoperator), der (oder dem) wir die neuen Daten und den Inhalt des gerade betrachteten Knotens übergeben. Liefert diese Funktion *true*, dann wollen wir „links" weitermachen, sonst „rechts".

1.3 Abstrakte Datentypen und dynamische Objektklassen

rekursives Einfügen in den Baum:

der Knoten ist frei			
wahr			*falsch*
dem Zeiger INHALT einen geeignet großen Speicherbereich zuweisen	die Vergleichsfunktion liefert TRUE		
	wahr		*falsch*
	Bei Bedarf „links" einen neuen Knoten erzeugen und dort einfügen		Bei Bedarf „rechts" einen neuen Knoten erzeugen und dort einfügen
den Wert dort speichern			

Wollen wir von den konkreten Daten abstrahieren, dann benötigen wir eine Referenz auf solch eine Vergleichsfunktion, die zwei Variable vergleicht und als Ergebnis einen booleschen Wert zurückgibt. In Delphi gibt es nun *prozedurale Typen*, die genau dieses ermöglichen: Es wird ein *Funktionstyp* deklariert, indem man beim Kopf einer Funktionsdeklaration einfach den Bezeichner weglässt. Variable dieses Funktionstyps können dann einen Zeiger auf irgendeine Funktion, die in Typ und Anzahl der Parameter sowie im Ergebnistyp mit diesem Funktionstyp übereinstimmt, enthalten. (Wir kennen diesen Mechanismus schon von den Ereignisbehandlungsmethoden, die wir durch selbst geschriebene anderen Namens, aber gleicher Parameterliste ersetzen können.) Vereinbaren wir so eine Funktion, dann kann diese als Vergleichsfunktion unseren Baumobjekten übergeben werden. In unserem Fall lautet eine entsprechende Programmzeile:

```
tVergleichsFunktion = function(var x,y): boolean;
```

Die Parameter müssen typfrei sein, weil die Vergleiche ja ***innerhalb des Baums*** erfolgen, also ohne jede Information über die Art der gespeicherten Daten. Wollen wir z. B. ganze Zahlen vergleichen, dann muss eine geeignete Vergleichsfunktion von einem Programmteil bereitgestellt werden, das Kenntnis vom Typ der gespeicherten Daten hat, also einer Unit, die eine von *tBaum* angeleitete konkrete Baumklasse definiert.

```
function kleiner(var x,y): boolean;
begin
result := integer(x) < integer(y)
end;
```

Bei der Berechnung des Ergebnisses kann wieder nur auf die typfreien Parameter *x* und *y* Bezug genommen werden. Da wir an dieser Stelle aber wissen, dass es sich dabei um ganze Zahlen handelt, können wir ein entsprechende *Typumwandlung* durchführen, die Bytes der Variablen also als Integer-Werte interpretieren. Der Aufruf

```
integer(x) < integer(y)
```
— Typumwandlungen

wandelt die Inhalte der Variablen *x* und *y* in Integer-Werte um und kann diese dann natürlich direkt vergleichen. Wenn wir andere Daten speichern, dann müssten wir entsprechend andere Vergleichsfunktionen schreiben.

Mithilfe dieser Kenntnisse lässt sich jetzt eine generische Baum-Klasse vereinbaren:

```
tBaum = class
   Inhalt        : pointer;
   Groesse       : integer;
   links,rechts: tBaum;
   IstKleiner    : tVergleichsfunktion;
   constructor create(n: integer; f: tVergleichsfunktion);
   procedure fuegeEin(var v);
   function drin: integer;
   end;
```

Im Unterschied zu den Listen enthält ein Baumobjekt zwei Zeiger und zusätzlich eine Vergleichsfunktion. Deren aktuelle Version wird dem Objekt beim Aufruf des *create*-Konstruktors zusammen mit der Größe der gespeicherten Daten übergeben. Das Einfügen der Daten in das Objekt erfolgt genauso durch einen Kopierprozess wie bei den Listen.

Baumobjekte dieser Art werden erzeugt, indem die für Bäume wichtigen Informationen übergeben werden:

```
constructor tBaum.create(n: integer; f: tVergleichsfunktion);
begin
inherited create;
Groesse := n;                    Größe und Vergleichs-
IstKleiner := f                  funktion übergeben ...
          ... und speichern.
end;
```

Mithilfe der jetzt bekannten Vergleichsfunktion lassen sich dann Daten - wie oben im Struktogramm beschrieben - in den Baum einfügen.

```
procedure tBaum.FuegeEin(var v);
var i: integer;
begin                            Bei leerem Knoten Platz
if Inhalt = nil then             beschaffen und Daten kopieren
   begin
   GetMem(Inhalt,Groesse);
   for i := 0 to Groesse -1 do
      tBytes(Inhalt^)[i] := tBytes(v)[i];
   end
else
   if IstKleiner(v,inhalt^) then    Sonst durch einen Vergleich den
      begin                         richtigen Teilbaum bestimmen ...
      if links = nil then
```

```
      links := tBaum.create(Groesse,IstKleiner);
      links.FuegeEin(v)
      end
   else
     begin
     if rechts = nil then
       rechts := tBaum.create(Groesse,IstKleiner);
     rechts.FuegeEin(v)
     end
end;
```

... und entweder links rekursiv einfügen ...

... oder rechts.

Die Anzahl der im Baum enthaltenen Daten ermitteln wir wieder rekursiv, indem wir die Zahlen der linken und rechten Teilbäume addieren.

```
function tBaum.drin: integer;
begin
if Inhalt = nil then result := 0
else
  if links = nil then
    if rechts = nil then result := 1
    else result := 1 + rechts.drin
  else
    if rechts = nil then result := 1 + links.drin
    else result := 1 + links.drin + rechts.drin
end;
```

Entweder ist der (Teil-)Baum leer, ...

... oder die Zahlen der beiden Teilbäume werden addiert, allerdings nur, wenn sie vorhanden sind.

Damit haben wir alle Elemente unserer Baum-Klasse gefunden.

```
unit Baeume;

interface
type tBytes = array[0..maxint-1] of byte;
     tVergleichsFunktion = function(var x,y): boolean;
     tBaum = class
          {... wie angegeben ...}

implementation

constructor tBaum.create(n: integer; f: tVergleichsfunktion);
   {... wie angegeben ...}

procedure tBaum.FuegeEin(var v);
   {... wie angegeben ...}

function tBaum.drin: integer;
   {... wie angegeben ...}

end.
```

1.3.9 Eigene Baumklassen

Die Benutzung unserer Unit *Baeume* zur Definition eigener Baumklassen ist wieder sehr einfach. Wir müssen dabei nur einige Schritte einhalten:

1. Die Baumunit wird in einer *uses*-Anweisung z. B. am Anfang des *Implementation*-Teils aufgeführt:
   ```
   uses ..., Baeume;
   ```

2. Eine eigene Baumklasse wird von *tBaum* abgeleitet. Darin werden ggf. neue Zugriffsmethoden und ein neuer Konstruktor vereinbart. In diesem werden die Größe der Daten und die Vergleichsfunktion an *create* übergeben.
   ```
   tZahlenbaum = class(tBaum)
       constructor Init; ...
   ```

3. Eine Baumvariable wird vereinbart:
   ```
   var ZBaum: tZahlenbaum;
   ```

4. Der Konstruktor, ggf. die Methoden der Klasse und eine Vergleichsfunktion für den zu speichernden Datentyp werden geschrieben.
   ```
   function kleiner(var x,y): boolean; ...
   ```

5. Die Variable wird mit dem neuen Konstruktor initialisiert.
   ```
   ZBaum := tZahlenbaum.Init;
   ```

6. An geeigneten Stellen werden die Methodenaufrufe der Liste benutzt. Dabei ist darauf zu achten, dass als Parameter für *Rein* und *Raus* nur Variable übergeben werden.
   ```
   ... ZBaum.FuegeEin(s); ...
   ```

1.3.10 Beispiel: Ein Zahlenbaum

Das Beispiel aus dem vorigen Abschnitt soll jetzt genauer ausgeführt werden. Wir halten uns dazu an die angegebene Reihenfolge und vereinbaren als Erstes (nach Einbeziehung der Unit *Baeume*) einen neuen Klassentyp:

```
tZahlenbaum = class(tBaum)
    Constructor Init;
    procedure ZahlRein(i: integer);
    procedure ZeigeDich(x,y,b: integer);
  end;
```

Danach vereinbaren wir entsprechende Variable, schreiben eine Vergleichsfunktion und füllen die drei neuen Methoden mit Inhalt.

```
function kleiner(var x,y): boolean;
begin
result := integer(x) < integer(y)
end;

constructor tZahlenbaum.init;
begin
inherited create(SizeOf(integer),kleiner);
end;

procedure tZahlenbaum.ZahlRein(i: integer);
var h: integer;
begin
h := i;
FuegeEin(h)
end;
```

wurde weiter vorne erklärt

geerbten Konstruktor mit den richtigen Werten aufrufen

genau wie bei den Listen

Als kleine Zugabe soll die Baumstruktur am Bildschirm sichtbar gemacht werden - was aus Platzgründen nur in beschränktem Rahmen möglich ist.

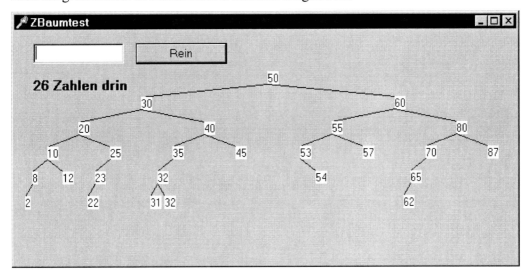

Wir gehen dazu von der oberen Mitte des Bildschirmfensters aus. Dort soll die erste Zahl stehen. Weitere Zahlen werden in den linken bzw. rechten Teilbaum eingefügt, wobei die horizontalen Abstände der Zahlen von Ebene zu Ebene schrumpfen sollen. Beginnen wir mit dem Abstand „1/4 der Fensterbreite", dann können wir diesen von Ebene zu Ebene weiterreichen, wobei er vorher halbiert wird. Ein erster Aufruf erfolgt mit den Anfangswerten, die sich aus den Werten für das Fenster ergeben:

```
ZBaum.ZeigeDich(Width div 2,50,Width div 4);
```

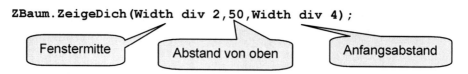

Danach wird - wie immer bei Bäumen rekursiv - in weitere Teilbäume verzweigt.

```
procedure tZahlenbaum.ZeigeDich(x,y,b: integer);
begin
if inhalt <> nil then
  begin
  ZBaumTest.Canvas.TextOut(x,y,IntToStr(integer(inhalt^)));
  if links <> nil then
    tZahlenbaum(links).ZeigeDich(x-b,y+30,b div 2);
  if rechts <> nil then
    tZahlenbaum(rechts).ZeigeDich(x+b,y+30,b div 2);
  end;
end;
```

Für ein Programm, das ein Fenster wie oben angeben erzeugt, benötigen wir ein Eingabefeld, einen Button und eine Label-Komponente. Diese alle werden zusammen mit einer Ereignisbehandlungsroutine für das *OnClick*-Ereignis des Buttons von Delphi erzeugt. In dieser Routine wird versucht, den Text des Eingabefeldes in eine Zahl umzuwandeln, diese in den Baum einzufügen und anzuzeigen.

```
procedure TZBaumtest.ReinClick(Sender: TObject);
var i: integer;
begin
try
  ZBaum.ZahlRein(StrToInt(Eingabe.text));
  ZBaum.ZeigeDich(Width div 2,50,Width div 4);
except
end;
Eingabe.Text := '';
Label1.caption := IntToStr(ZBaum.drin) + ' Zahlen drin';
end;
```

Die gesamte Unit hat dann die folgende Struktur:

```
unit uZahlenbaum;

interface
uses Windows, Messages, SysUtils, Classes, Graphics, Controls,
     Forms, Dialogs, StdCtrls;

type
  TZBaumtest = class(TForm)           wird von Delphi
    Eingabe: TEdit;                   automatisch erzeugt
    Rein: TButton;
    Label1: TLabel;
    procedure FormCreate(Sender: TObject);
    procedure ReinClick(Sender: TObject);
  private
    { Private-Deklarationen}
  public
    { Public-Deklarationen}
  end;

var ZBaumtest: TZBaumtest;

implementation
uses Baeume;         Unit einbinden

{$R *.DFM}

type tZahlenbaum = class(tBaum) {... wie angegeben ...}

var ZBaum: tZahlenbaum;          Baumobjekt vereinbaren

function kleiner(var x,y): boolean; {... wie angegeben ...}

constructor tZahlenbaum.init; {... wie angegeben ...}

procedure tZahlenbaum.ZahlRein(i: integer); {... wie angegeben ...}

procedure TZBaumtest.FormCreate(Sender: TObject);
begin
ZBaum := tZahlenBaum.Init       Konstruktor aufrufen
end;

procedure TZBaumtest.ReinClick(Sender: TObject); {.. wie angegeben ..}

procedure tZahlenbaum.ZeigeDich(x,y,b: integer); {.. wie angegeben ..}

end.
```

1.3.11 Aufgaben

1. a: Führen Sie die generische Listenklasse *GeordneteListe* ein, die ähnlich wie bei Bäumen die Ordnung in einer Liste mithilfe einer Vergleichsfunktion herstellt.

   b: Leiten Sie von dieser Klasse neue Listenklassen ab, die
   - Zahlen der Größe nach geordnet einfügen.
   - Zeichenketten absteigend einfügen.
   - Datumswerte geordnet einfügen.

2. Gesucht ist ein Programm zur *Taxonomie*: Der Benutzer „denkt" sich ein Tier und befragt einen Suchbaum.
   - Je ein Tiername soll zusammen mit einer Frage, mit der diese Tierart von anderen Tieren unterschieden werden kann, in einem Knoten des Baums gespeichert werden.
   - Ist das gesuchte Tier noch nicht vorhanden, dann wird sein Name eingegeben.
   - Ist noch keine passende Frage, die mit JA beantwortet werden muss, vorhanden, dann wird die Frage eingegeben.
   - Bei Bedarf werden neue Knoten des Baums erzeugt.
   - Ein neuer Baum besteht aus einem leeren Knoten.

   Ein Baum - nach einigen Eingaben - könnte dann so aussehen:

   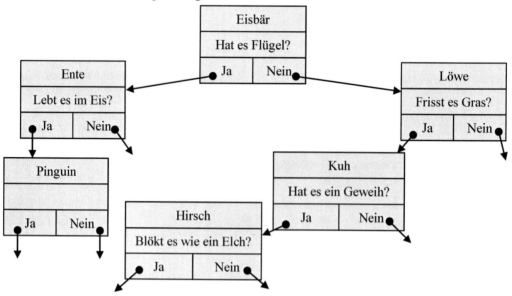

   Deklarieren Sie eine entsprechende Baumklasse, die auch eine Methode *Fragen* enthält, die wie die angegebene arbeitet.

3. Ändern Sie die Methode *ZeigeBaum* der Klasse tZahlenbaum so, dass sie die Zahlen wie auf der Grafik mit Linien verbindet.

4. In einer Memo-Komponente sollen Namen eingegeben werden - jeweils einer pro Zeile. Eine Klasse *SortierBaum* soll diese Namen zeilenweise aus der Memo-Komponenten lesen und der Größe nach geordnet in den Baum einsortieren. Danach wird der Inhalt der Memokomponenten gelöscht und die sortierten Namen werden dort wieder hineingeschrieben. Entwickeln Sie eine Baumklasse, die das Gewünschte leistet.

5. Ein Baum soll befragt werden können, ob er ein bestimmtes Element *enthält*. Erweitern Sie die generische Baumklasse um eine entsprechende Methode.

6. Aus einem Baum sollen Elemente wieder *gelöscht* werden können. Machen Sie sich anhand von Skizzen unterschiedliche Situationen klar und entwickeln Sie zeichnerisch eine Lösung, z. B. durch Umsetzen von Teilbäumen. Erweitern Sie die generische Baumklasse um eine entsprechende Methode.

7. Die Struktur eines Baums hängt sehr von der Reihenfolge der Eingaben ab. Gibt man die Daten z. B. der Größe nach geordnet ein, dann entsteht eine Liste und kein Baum. Dadurch können Suchvorgänge viel länger dauern als eigentlich nötig. Entwickeln Sie eine Methode *Ausbalancieren*, die einen generischen Baum so umordnet, dass die Teilbäume etwa die gleiche Größe haben. Arbeiten Sie auch hier zuerst mit Skizzen, anhand derer Sie Ihre Ideen testen.

8. Ein *Stammbaum* ist ein Standardbeispiel für Baumstrukturen. Entwickeln Sie eine Stammbaumklasse, die es gestattet, die Daten eines Stammbaums aufzunehmen. Führen Sie Möglichkeiten ein, im Stammbaum geeignet zu „blättern", also die direkten Vor- bzw. Nachfahren darzustellen und zwischen den Generationen zu wechseln.

9. Die Klassen von Delphi bilden selbst eine Baumstruktur. Informieren Sie sich in der *Symbolanzeige* von Delphi über die Struktur dieses Baums.

10. Die *Bauteile eines Autos* bilden Komponenten, die zu Modulen zusammengefügt Baugruppen bilden, aus denen das Auto besteht.

    a: Ermitteln Sie die erforderlichen Daten, die zur Beschreibung der Teile erforderlich sind, wenn diese in einem großen Lager aufbewahrt werden sollen.

    b: Mithilfe eines Programms soll nach Auswahl einer Baugruppe o. Ä. die Art und Anzahl der dafür erforderlichen Teile ausgegeben werden.

    c: Entwickeln Sie eine entsprechende Teile-Klasse und die erforderlichen Methoden.

1.4 Speicherwaltung bei blockorientierten Sprachen

Für das Verständnis der in einem Rechner ablaufenden Operationen ist eine Modellvorstellung der Vorgänge erforderlich, die zwar nicht in den Details mit der aktuell verwendeten Technik überein zu stimmen braucht, aber prinzipiell die benutzten Mechanismen enthält. Wir kennen das Modell schon: Es handelt sich um die „Speicherzellenstapel" vom Beginn des Buches, die teilweise als *Stack*, teilweise als *Heap* organisiert sind. Wir wissen inzwischen, dass benannte Variable auf dem Stack abgelegt werden und dass Speicherzellen des Heaps über Referenzen zu erreichen sind. Im Folgenden wenden wir das Modell auf Unterprogrammaufrufe, Rekursionen usw. an - ohne zu vergessen, dass Delphi wesentlich kompliziertere Mechanismen benutzt, die z. B. die Register des Prozessors einbeziehen.

1.4.1 Blöcke, Werteparameter und der Stack

Unterprogramme wie Prozeduren, Funktionen und Methoden brauchen über keine Parameterliste zu verfügen. Benutzen Sie jedoch Parameter, dann werden diese ähnlich wie Variable deklariert, und sie gehören auch zum gleichen *Namensraum* wie die anderen in einem Block deklarierten Größen. Die folgende Befehlsfolge führt wegen des Namenskonflikts deshalb zu einem Fehler:

```
procedure versuch(i: integer);
var i:integer;  {← hier liegt der Fehler!}
begin
...
```

Gültige Unterprogrammköpfe mit Parameterlisten sind:

```
procedure test(i: integer);
procedure auchTest(var i: integer);
```

Im ersten Fall wird ein Werteparameter *i* benutzt, im zweiten ein Referenzparameter. Die Unterschiede zwischen den Verfahren *call by value* und *call by reference* sowie die Abwicklung von Unterprogrammaufrufen wollen wir uns jetzt im Modell ansehen.

Unterprogramme werden über ihren Namen *aufgerufen*. Verfügen sie über eine Parameterliste, dann müssen für alle dort angegebenen Parameter Größen des richtigen Typs in der richtigen Reihenfolge stehen, so dass beim Aufruf die so berechneten Werte an die Parameter übergeben werden können. Bei Werteparametern können sich die Werte durchaus als Resultate von Ausdrücken, Funktionsaufrufen etc. ergeben. Deren Auswertung muss nur ein eindeutiges Ergebnis vom richtigen Typ liefern. Das Unterprogramm *test* kann also z. B. durch *test(1+2+3+round(pi));* aufgerufen werden. Wie kommt das?

Die Namen in der Parameterliste sind rein *symbolische interne* Namen. Sie stellen keinerlei Verbindung zu den Variablen oder Werten dar, mit denen die Methode *von außen* aufgerufen wurde. **Parameter werden also über ihre Reihenfolge in der Parameterliste identifiziert.** Eine Bedeutung haben sie nur innerhalb der Methode. Das aufrufende Programmstück kann deshalb einen Ausdruck auswerten und dessen Ergebnis in die Speicherzelle schreiben, die dem entsprechenden Parameter entspricht: dem ersten, zweiten, .. Innerhalb des Unterprogramms wird dieser Speicherplatz dann unter dem Namen angesprochen, der in der Unterprogrammvereinbarung gewählt wurde. Da er zum gleichen Namensraum wie die lokalen Variablen des Unterprogrammblocks gehört, liegt er auch vor diesen auf dem Stack. Als Beispiel wollen wir ein Unterprogramm *aufruf* betrachten, das ein weiteres namens *test* benutzt. In beiden taucht der Name *i* auf. Die gleich bezeichneten Größen (Parameter bzw. Variable) haben aber nichts miteinander zu tun, da sie zu verschiedenen Namensräumen gehören.

```
procedure test(i: integer);
var h: integer;
begin
h := 2*i;
end;

procedure aufruf;
var i: char;
begin
i := 'A';
test(1+2+ord(i));
{... weitere Befehle ...}
end;
```

Wir betrachten zwei Speicherbereiche:
- den *Programmspeicher*, der den übersetzen Programmcode enthält,
- und den *Stack*, der u. a. die Werte der benutzten Variablen speichert.

Der Einfachheit halber benutzen wir als „Programmcode" Anweisungen, die Delphi-Befehlen ähneln, in denen die Namen durch Adressen auf dem Stack ersetzt wurden. Weiterhin führen wir eine *Rücksprungadresse* ein, die angibt, wo im Programm weitergemacht werden soll, wenn das Unterprogramm verlassen wurde. Bei jedem Unterprogrammaufruf sollen bei uns nun als Erstes die Rücksprungadresse, danach alle Parameter und lokalen Variable des Unterprogramms auf dem Stack in einem eigenen Speicherbereich abgelegt werden. Nach Verlassen des Unterprogramms wird dieser Bereich wieder freigegeben. Änderungen, die an den dort liegenden Speicherzellen vorgenommen wurden, gehen verloren. Werden im Unterprogramm weitere Unterprogramme aufgerufen, dann erhalten auch diese zwischenzeitlich Platz auf dem Stack. Zur Verwaltung der Abläufe benutzen wir einen *Stackpointer SP*, der jeweils auf den nächsten freien Platz des Stacks zeigt. Auf den nächsten auszuführenden Befehl zeigt der *Programcounter PC*.

Da sich die Position des Stackpointers laufend ändert, bezeichnen wird die von ihm momentan adressierte Speicherzelle mit *(SP)*, die nächste mit *(SP+1)* usw. Wollen wir z. B. die Rücksprungadresse *1C81* auf dem Stack ablegen, dann schreiben wir *(SP)* ← *1C81*. Für unser Beispiel erhalten wir die folgende Speicherbelegung *vor* dem Aufruf von *test*. Da das aufrufende Programm die Parameterliste des gerufenen Unterprogramms kennt, setzt es den Stackpointer entsprechend weiter. Beim Verlassen des Unterprogramms gibt dieses den Stackbereich wieder frei. (Programmstart bei *1C7D*. Ausgeführt wurde bisher nur der dort stehende Befehl):

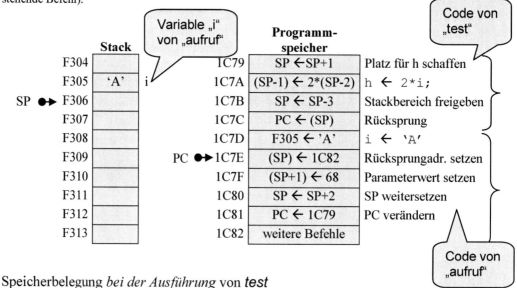

Speicherbelegung *bei der Ausführung* von *test*
(Ausgeführt wurde bisher die Befehle in *1C7D* ... *1C81*, dann *1C79* ... *1C7A*):

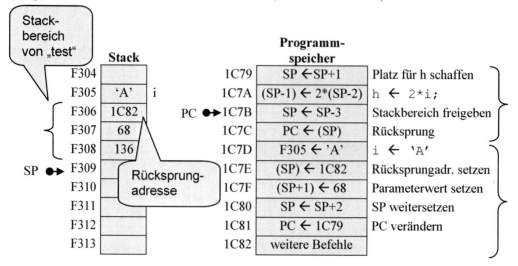

Danach wird der Stackbereich des Unterprogramms wieder freigegeben (*SP* bei *F306* – wie vorher). Das Programm wird bei *1C81* fortgesetzt. Üblicherweise fasst man die Vorgänge beim Aufruf eines Unterprogramms in einem *call*-Befehl zusammen, während das Abräumen des Stacks usw. durch einen *return*-Befehl erfolgt.

1.4.2 Referenzparameter und der Stack

Werden Referenzparameter benutzt, dann wird nicht der *Wert* des Parameters auf dem Stack abgelegt, sondern seine *Adresse* im Speicher – eben eine Referenz auf den Parameter. Wird jetzt im Unterprogramm der Parameter verändert, dann findet diese Änderung *außerhalb* des Stackbereichs des Unterprogramms statt. Nach dessen Beendigung bleiben die Veränderungen erhalten. Auch diesen Fall wollen wir in unserem Modell betrachten. Gegeben seinen die beiden Unterprogramme:

```
procedure test(var a: integer);
begin
a := 2*a
end;

procedure aufruf;
var i: integer;
begin
i := 3;
test(i);
{... weitere Befehle}
end;
```

Wird das Unterprogramm *test* mit dem Parameter *i* aufgerufen, dann ist der symbolische Name für *i* innerhalb des Unterprogramm *a*. In den Befehlsspeichern muss deutlich werden, dass der Inhalt einer Stackzelle (hier *a*) als Adresse zu verstehen ist. Wir wollen das wie schon beim Stackpointer anzeigen, indem wir runde Klammern benutzen: immer wenn ein Referenzparameter benutzt wird, setzen wir seine Adresse in Klammern. Der Befehl *(F307)* ← 25 ist also zu verstehen als „die Speicherzelle, deren Adresse in Zelle *F307* steht, erhält den Wert 25". Der Befehl *((SP-1))* ← 2*((SP-1)) bedeutet „der Wert der Speicherzelle, deren Adresse eine Zelle vor dem Stackpointer steht, wird verdoppelt".

Vor dem Aufruf des Unterprogramms zeigt sich die Speicherbelegung wie folgt:

72 1. Referenzen und Objekte

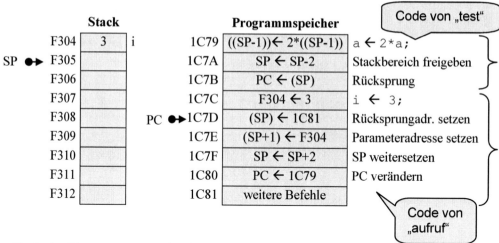

Am Ende des Unterprogramms ist der Wert von i verändert:

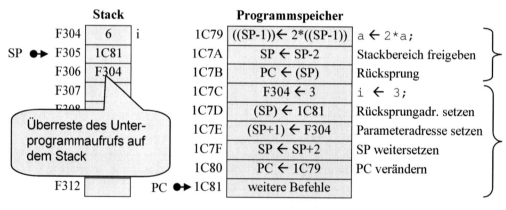

Werden Referenztypen als Parameter benutzt, dann liegen auf dem Stack ihre Adressen, auch wenn Werte übergeben werden. Sie verhalten sich also wie Referenzparameter, auch wenn das nicht ausdrücklich angegeben wird. Dadurch können ziemlich üble Fehler verursacht werden!

1.4.3 Funktionen und der Stack

Funktionen liefern ein Ergebnis, das ebenfalls auf dem Stack abgelegt werden kann. Es muss also zusätzlich Platz für den Rückgabewert gelassen werden. In unserem Modell wollen wir diesen Platz als Erstes freihalten. Alle Parameter einer Funktion werden genauso wie bei anderen Unterprogrammen behandelt. Eine Belegung wäre dann z. B.:

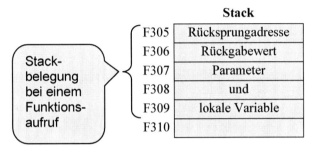

1.4.4 Mehrfache Aufrufe

Die für den aktuellen Aufruf eines Unterprogramms auf dem Stack abgelegten Parameter und Variablen enthalten den aktuellen Satz von Werten, mit denen die Methode gerade arbeitet. Wird eine Methode mehrfach aufgerufen, dann wird bei jedem Aufruf ein vollständiger Satz dieser Werte neu abgelegt. **Unterschiedliche Unterprogrammaufrufe arbeiten deshalb mit unterschiedlichen Parameter- und Variablenwerten!** Wir wollen das an einem einfachen Beispiel veranschaulichen: Gegeben sei die Funktion

```
function summe(a,b: integer): integer;
begin
result := a + b;
end;
```

Wir wollen diese Funktion jetzt aufrufen:

```
x := summe(1,summe(2,3));
```

Was geschieht?

Zuerst muss der Wert des zweiten Parameters bestimmt werden, indem die Funktion *summe* mit den Werten *2* und *3* aufgerufen wird. Diese werden den formalen Parametern *a* und *b* zugeordnet. Zusätzlich werden (in der festgelegten Reihenfolge) die Rücksprungadresse abgelegt und Platz für den Rückgabewert gelassen.

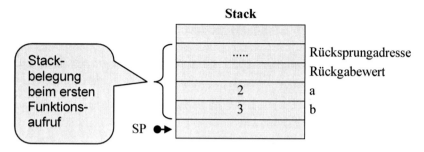

Die Funktion berechnet jetzt die Summe der Parameterwerte und schreibt diesen Wert auf den Platz des Rückgabewerts. Der belegte Stackbereich wird wieder freigegeben durch Rücksetzen des Stackpointers. Das Programm wird an der Rücksprungadresse fortgesetzt. Da es sich um einen Funktionsaufruf handelte, findet sich der Rückgabewert direkt hinter der Zelle, auf die der Stackpointer (in diesem Modell) zeigt.

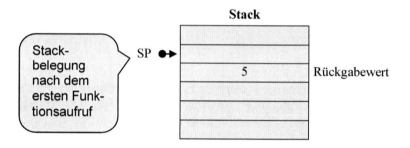

Danach wird beim zweiten Aufruf dem Parameter *a* der Wert *1* und dem Parameter *b* der Rückgabewert des ersten Aufrufs (*5*, darauf zeigt der Stackpointer) zugewiesen, und es geht weiter wie oben. Es wird auch der gleiche Stackbereich neu belegt.

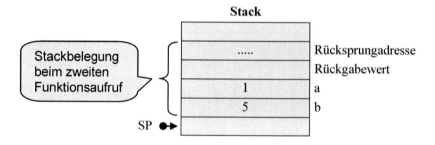

1.4.5 Rekursionen

Die Arbeit mit einem Stapel macht aus Programmen außerordentlich mächtige Maschinen. Eine der Möglichkeiten ist die Fähigkeit von Unterprogrammen, *sich selbst* direkt oder indirekt aufzurufen. Stapelorientierte Sprachen können also Rekursionen abarbeiten.

Das Standardbeispiel für eine rekursive Funktion ist die Berechnung der Fakultät einer natürlichen Zahl: *n! = n*(n-1)*(-2)*...*3*2*1* Die Sonderfälle *0!=1!=1* werden getrennt behandelt. Eine übliche rekursive Berechnungsvorschrift lautet nun: *n! = n*(n-1)!* Die wollen wir implementieren:

```
function nfak(n: integer): integer;
begin
if n<2 then result := 1 else result := n * nfak(n-1);
end;
```

Die Rekursion funktioniert, weil nach jedem Aufruf der Code mit einem neuen Satz von Werten auf dem Stack arbeitet. Wir sehen uns die Belegungen für *x := nfak(3);* an:

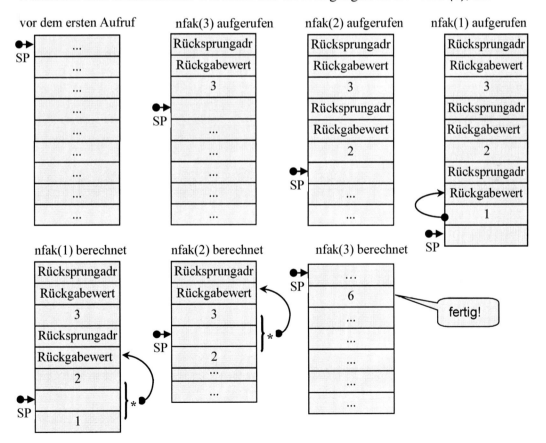

1.5 Komplexität von Algorithmen

Wenn wir uns mit algorithmischen Verfahren beschäftigen, dann stellt sich die Frage nach einer Bewertung, die unabhängig von den Maschinen ist, auf denen die Algorithmen implementiert sind. Da für die Benutzer sowohl die Laufzeit der Verfahren wie der Ressourcenbedarf z. B. an Speicher wichtig sind, werden Algorithmen nach diesen Kriterien beurteilt. Man spricht von *Zeit-* und *Speicherkomplexität*. Als Beispiel wollen wir uns verschiedene Sortierverfahren ansehen, die Zahlen in einem Feld aufsteigend anordnen.

1.5.1 Quicksort

Die Idee ist folgende: Statt in einem Feld jeweils benachbarte Feldelemente zu vertauschen, sollen die Vertauschungen über größere Entfernungen so erfolgen, dass immer ein „großes" und ein „kleines" Element ihre Plätze wechseln. Benutzt man zum Vergleich ein „mittleres" Element, dann entsteht auf diese Weise ein Feld aus zwei meist unterschiedlich großen Teilen, in dem links die „kleinen", rechts die „großen" Elemente stehen. Die Größe der Teile hängt von der relativen Größe des „mittleren" Elements zu den anderen Feldelementen ab. Als „mittleres" Element wählen wir das Element etwa in der Mitte des Feldes, das im folgenden Bild unterstrichen wird. Daraufhin durchsuchen wir das Feld von „links", bis wir ein größeres, dann von „rechts", bis wir ein kleineres Element als das „mittlere" gefunden haben. Diese werden vertauscht. Danach wird weiter gesucht und vertauscht. Die momentanen Plätze, bis zu denen das Feld von links bzw. rechts schon durchsucht wurde, werden durch zwei „Zeiger" gekennzeichnet, die wir als *links* und *rechts* bezeichnen und die im folgenden Bild als kleine Pfeile erscheinen. Die Doppelpfeile verbinden die zu vertauschenden Elemente. Der Prozess bricht ab, wenn sich die Zeiger treffen (nicht, wenn das mittlere Element überschritten wird).

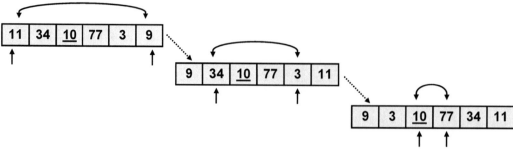

Das Verfahren funktioniert auch, wenn als mittleres Element zufällig der kleinste oder der größte Wert des Feldes gewählt wird.

Natürlich ist das Feld nach einem solchen Durchgang noch nicht vollständig sortiert, denn bisher stehen nur links die Elemente kleiner als das „mittlere", rechts die größeren. Das Feld kann weiterbearbeitet werden, indem die beiden Teile des Feldes wiederum nach dem gleichen Verfahren geteilt und geordnet werden. Als Grenzen für diesen Prozess gelten dann entweder der linke Rand und der Treffpunkt der beiden Zeiger bzw. dieser Treffpunkt und der rechte Rand. Das Sortierverfahren ist also rekursiv zu formulieren, wobei bei jedem neuen Aufruf die aktuellen Grenzen als Parameter *links* und *rechts* übergeben werden:

teileUndOrdneZwischen(links,rechts: integer);

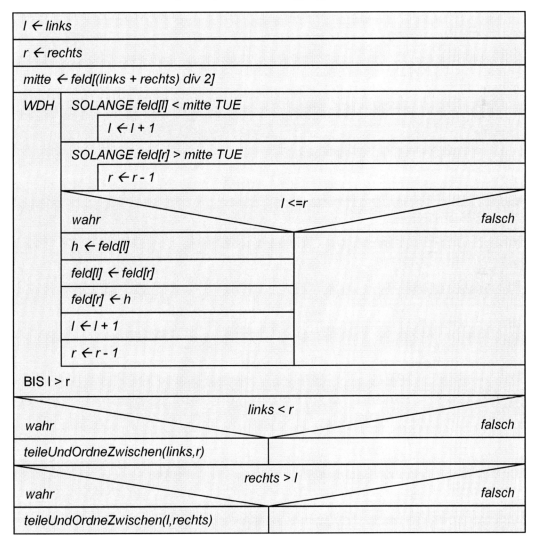

Das Quicksort-Verfahren wird gestartet, indem die *teileUndOrdneZwischen*-Prozedur mit den Grenzen des zu sortierenden Feldes aufgerufen wird:

Quicksort: | teileUndOrdneZwischen(1,laenge) |

Die Umsetzung in Delphi kann direkt erfolgen: Wir wollen zwei Zahlenfelder vereinbaren, von denen das eine unsortierte Zufallszahlen aufnimmt und das andere die sortierten Zahlen.

```
type tFeld = array[1..20] of integer;
var alteZahlen,sortierteZahlen: tFeld;
```

Zur Darstellung der Felder wandeln wir deren Inhalte ggf. in Zeichenketten um:

```
function feldToString(f: tFeld): string;
var i: integer;
    h: string;
begin
h := '[';
for i := 1 to 19 do h := h + intToStr(f[i]) + ',';
h := h + intToStr(f[20]) + ']';
result := h;
end;
```

Jetzt können wir das erste Feld mit Zufallszahlen füllen und in einer *Label*-Komponente namens *unsortiertesFeld* anzeigen.

```
procedure TForm1.neueZahlenClick(Sender: TObject);
var i: integer;
begin
randomize;
for i := 1 to 20 do
  alteZahlen[i] := random(1000);
unsortiertesFeld.caption := feldToString(alteZahlen);
end;
```

Nach diesen Vorbereitungen können wir den Quicksort-Algorithmus implementieren ...

```
procedure teileUndOrdneZwischen(links,rechts: integer);
var l,r,mitte,h: integer;
begin
l := links;
r := rechts;
mitte := sortierteZahlen[(links+rechts) div 2];
repeat
  while sortierteZahlen[l] < mitte do l := l + 1;
  while sortierteZahlen[r] > mitte do r := r - 1;
```

```
    if l<=r then
      begin
        h := sortierteZahlen[l];
        sortierteZahlen[l] := sortierteZahlen[r];
        sortierteZahlen[r] := h;
        l := l + 1;
        r := r - 1;
      end;
  until l > r;
  if links<r then teileUndOrdneZwischen(links,r);
  if rechts>l then teileUndOrdneZwischen(l,rechts);
end;
```

... und bei Bedarf einsetzen:

```
procedure quicksort;
begin
teileUndOrdneZwischen(1,20);
end;
```

Natürlich müssen wir vorher das zweite Zahlenfeld initialisieren und nach dem Sortiervorgang anzeigen:

```
procedure TForm1.sortierenClick(Sender: TObject);
begin
sortierteZahlen := alteZahlen;
quicksort;
sortiertesFeld.caption := feldToString(sortierteZahlen);
end;
```

Das Ergebnis sieht dann z. B. so aus:

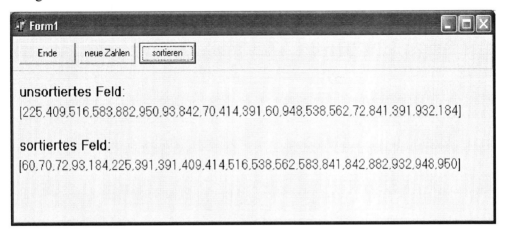

1.5.2 Aufgaben

1. Wenden Sie das Quicksort-Verfahren auf **Felder mit Zeichenketten** an.

2. a: Vereinbaren Sie einen Typ t*Personaldaten*, der unterschiedliche Daten z. B. von Arbeitnehmern enthält.

   b: Leiten Sie aus den Daten ein **Schlüsselfeld** (*key*) ab, das für unterschiedliche Datensätze jeweils eindeutige Schlüsselnummern ergibt.

   c: Ordnen Sie Felder mit Personaldaten mit Quicksort unter Verwendung der *Keys*.

3. Das wohl einfachste Verfahren zum Sortieren eines Feldes ist, jeweils zwei benachbarte Elemente zu vergleichen und bei Bedarf zu vertauschen. Wiederholt man diesen Vorgang mit den nächsten Elementen, dann wandert das kleinste (oder größte) Element wie eine Art Luftblase im Wasser zur entsprechenden Feldgrenze. Nachdem das Feld einmal durchlaufen wurde, befindet sich z. B. das kleinste Element am „linken" Rand. Wir beginnen den Sortiervorgang im folgenden Beispiel bei einem sehr kleinen Feld am rechten Rand. Die Doppelpfeile bezeichnen Elemente, die jeweils verglichen werden. Das Feld wird anschließend im Zustand nach dem Vergleich und eventueller Vertauschung dargestellt.

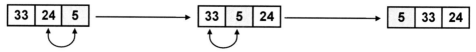

Der Prozess lässt sich beschreiben als **kleinstesElementNachLinks**:

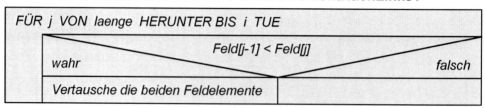

Zum vollständigen Sortieren muss wiederholt das kleinste Element der Restmenge nach links gebracht werden; allerdings kann das vorher erste Element dabei unberücksichtigt bleiben, da es sich schon an der richtigen Stelle befindet. Die linke Sortiergrenze *i* rückt nach jedem Sortiervorgang um eine Stelle nach rechts.

Bubblesort:

Realisieren Sie das Verfahren.

4. Realisieren Sie die folgenden Sortierverfahren für Felder mit *n* Elementen, indem Sie zuerst entsprechend verfeinerte Struktogramme entwickeln, die danach in Programme umgesetzt werden. Schätzen Sie den Zeitbedarf der Verfahren ab.

a: **Sortieren durch direktes Einfügen**:

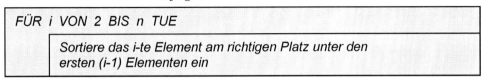

b: **Sortieren durch direktes Auswählen**:

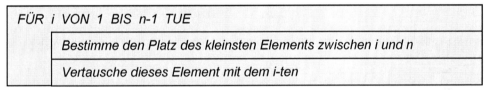

c: **Shakersort** ist eine Abwandlung von Bubblesort, in der die Laufrichtung der „Blasen" von Durchgang zu Durchgang gewechselt wird.

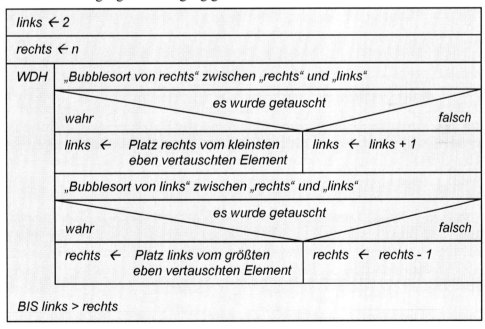

1.5.3 Vergleich der Sortierverfahren

Eigentlich ist es überraschend, dass in der Literatur außerordentlich viele unterschiedliche Sortierverfahren zu finden sind, denn im Laufe der Jahre sollte sich doch das beste Verfahren durchgesetzt haben. Wenn dem nicht so ist, dann gibt es augenscheinlich kein „bestes" Verfahren für alle möglichen Fälle. Die Effizienz der Algorithmen hängt außerordentlich stark von der Art der zu sortierenden Daten ab. Sind etwa wenige neue Daten in einen schon sortierten Bestand einzuordnen, dann kann es günstig sein, diese einfach im Bubblesort-Verfahren von hinten an ihren richtigen Platz laufen zu lassen. Liegen dagegen große Mengen zufällig angeordneter Daten vor, dann ist das Quicksort-Verfahren sicherlich geeigneter. Zusätzlich müssen auch der Platzbedarf der Daten im Rechner (wenn etwa die Daten in ein zweites, gleich großes Feld eingefügt werden sollen), der Zeitbedarf für die verschiedenen Operationen (beim Vertauschen etwa) usw. berücksichtigt werden. Ohne genaue Kenntnisse der speziellen Eigenschaften der zu sortierenden Daten lässt sich das geeignetste Verfahren nicht angeben. Wir gehen deshalb im Folgenden von einer zufällig verteilten Datenmenge aus.

Zuerst wollen wir einen experimentellen Vergleich der Verfahren durchführen. Dazu messen wir einfach die Zeit, die die unterschiedlichen Methoden zur Sortierung derselben Felder aus Zufallszahlen benötigen. Ist diese Zeit sehr kurz, werden mehrere Sortierläufe nacheinander durchgeführt und der Mittelwert berechnet. Von dieser Zeit muss jeweils die Zeit abgezogen werden, die das Rahmenprogramm benötigt, das z. B. die Felder aus Zufallszahlen erzeugt und bereitstellt. Auch diese Zeit wird experimentell ermittelt. Zur Zeitmessung kann die eingebaute Uhr im Rechner benutzt werden. Bei entsprechend vielen Durchgängen und Mittelwertbildung leistet aber auch eine Stoppuhr gute Dienste. Das Ende eines Sortiervorgangs sollte dann durch einen Ton angezeigt werden, da man auf diesen schneller reagiert als auf ein optisches Signal. Die Messwerte für die folgende Grafik wurden mit der Hand gestoppt.

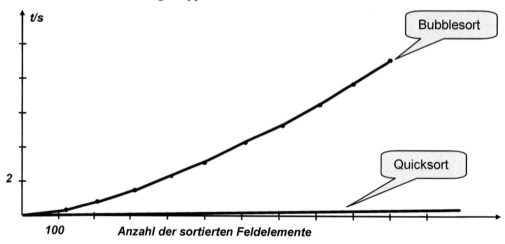

Man sieht, dass Bubblesort für das Sortieren größerer, ungeordneter Datenmengen völlig ungeeignet ist (für das Sortieren sehr kleiner Datenmengen benötigt man keinen Computer) und dass der Zeitbedarf etwa quadratisch mit der Anzahl der zu sortierenden Daten wächst. Der Zeitbedarf von Quicksort scheint im betrachteten Bereich bei dem verwendeten Maßstab eher linear von der Zahl der Datensätze abzuhängen. Versuchen wir also den genauen Zusammenhang herauszufinden.

Bubblesort:

Wir betrachten den ungünstigsten Fall, wenn bei jedem Vergleich auch ein Platztausch der bearbeiteten Elemente erforderlich wird. Dann sind alle Operationen gleichwertig. Hat unser Feld *n* Elementen, dann wird das letzte Element mit *(n-1)* Elementen verglichen, bevor es seinen endgültigen Platz erreicht hat. Das nächste Element wird nur mit *(n-2)* Elementen verglichen, das nächste mit *(n-3)* usw., bis beim letzten nur noch ein einziger Vergleich benötigt wird. Insgesamt sind zum Sortieren

$$(n-1)+(n-2)+(n-3)+\ldots+2+1 = \frac{1}{2}\cdot n \cdot (n-1)$$

Vergleiche nötig. Da alle unsere Vergleiche gleichwertig sind, ergibt sich damit auch eine quadratische Abhängigkeit der Sortierzeit von der Zahl der zu sortierenden Elemente. Doch auch im günstigsten Fall eines schon vorsortierten Feldes, wenn keine Vertauschungen notwendig werden, müssen alle Vergleichsoperationen vollständig durchgeführt werden, so dass die Zeitabhängigkeit quadratisch bleibt, allerdings mit einer anderen Konstanten.

Quicksort:

Nach der Auswahl eines „mittleren" Elements müssen alle anderen Elemente mit diesem verglichen werden: das erfordert *(n-1)* Vergleiche. Die Zahl der Vertauschungen ist erheblich geringer. Falls das „mittlere" Element wirklich den mittleren Wert der zu sortierenden Werte darstellt, werden im ungünstigsten Fall alle Elemente links von ihm mit den rechten Elementen vertauscht: das ergibt maximal *(n/2)* Vertauschungen. Beide Ergebnisse ergeben aber eine lineare Abhängigkeit von n. Damit ist das Feld allerdings noch nicht sortiert, denn der Vorgang muss jetzt für die Teilstücke wiederholt werden. Wird das Feld bei jeder Zerlegung halbiert, dann ergibt sich die Anzahl der Zerlegungen aus *ld(n)*, dem Zweierlogarithmus von *n*, weil umgekehrt das Feld wieder aus 2^n Verdoppelungen der entstandenen Teilstücke entsteht und der Zweierlogarithmus die Umkehrfunktion zur Zweierpotenz ist. Da die Teilstücke nun eine kleinere Länge als *n* haben, ist das Produkt $n \cdot ld(n)$ von *ld(n)* Durchgängen mit je etwa *n* Vergleichen eine obere Abschätzung des Aufwands zum Sortieren des Feldes für diesen Fall. Im ungünstigsten Fall wird das Feld allerdings nicht halbiert, sondern in ein einzelnes Element und den Rest aufgeteilt. Insgesamt ergeben sich dann also etwa *n* Zerlegungen und *(n*n)* Vergleiche. Für ein Feld aus Zufallszahlen ist dieser Fall extrem unwahrscheinlich, so dass der erste Ansatz eine realistische Abschätzung liefert. Will man sicher gehen, dann kann das „mittlere" Element nicht als zufällig in der Mitte stehendes Element, sondern als Ergebnis eines besonderen Prozesses ermittelt werden.

1.5.4 Komplexität

Um unabhängig vom benutzen Rechner und anderen technischen Details die Komplexität von Algorithmen zu beurteilen, versuchen wir Aussagen über die *relative* Zunahme des Ressourcenbedarfs zu machen, wenn die Zahl der bearbeiteten Elemente zunimmt. Wir versuchen also den Bedarf am Zeit und Raum (Speicher) des Verfahrens zu bestimmen. Entsprechend spricht man von **Zeitkomplexität** bzw. **Speicherkomplexität**. Wir erläutern die Methode am Beispiel:

Gegeben seinen drei Methoden *m1*, *m2* und *m3,* die jeweils unterschiedlich viel Rechenzeit beanspruchen. Diese Methoden werden innerhalb einer vierten aufgerufen, und zwar mehrfach:

```
procedure test(n: integer);
var i,j: integer;
begin
m1;
m1;
m1;
for i := 1 to n do
  begin
  m2;
  for j := 1 to n do
    begin
    m3;
    m3
    end
  end
end;
```

Untersuchen wir nun die Zahl der Ausführungen der einzelnen Methoden. Bei jedem Aufruf von *test* wird 3-mal *m1*, n-mal *m2* und $(2 \cdot n \cdot n)$-mal *m3* ausgeführt. Messen wir die Zeit in *tics* und weisen den drei Methoden unterschiedliche Ausführungszeiten zu, also z. B.

> *m1* dauert 100 tics
> *m2* dauert 10 tics
> *m3* dauert 1 tic

dann erfordert die Ausführung von *test* $(3 \cdot 100 + n \cdot 10 + 2n^2 \cdot 1)$ tics.

Die Abhängigkeit dieser Zeit von *n* kann man leicht nachrechnen:

n	Zeit in tics
1	312
10	600
100	21300
1.000	2010300
10.000	200100300
100.000	20001000300
1.000.000	2000010000300
10.000.000	200000100000300

Man sieht, dass für größere Werte von *n* (und nur die sind interessant) der Zeitbedarf praktisch ausschließlich von den Methodenaufrufen bestimmt wird, die mit der höchsten Potenz von n aufgerufen werden. Man sagt, dass die Zeitkomplexität der Methode *test* „von der Größenordnung n^2" sei und schreibt das als $O(n^2)$. In unserem Fall wächst bei Verdoppelung von *n* der Zeitbedarf auf das Vierfache:

$$(neuer\ Wert)\ /\ (alter\ Wert) = (2n)^2/n^2 = 4.$$

Allgemein spricht man von

- *konstanter* Komplexität bei $O(1)$,
- *linearer* Komplexität bei $O(n)$,
- *quadratischer* Komplexität bei $O(n^2)$,
- *logarithmischer* Komplexität bei $O(\log n)$ - oft auch bei $O(n \cdot \log n)$,
- *polynomialer* Komplexität, wenn die Komplexität besser ist als $O(n^k)$
- und *exponentieller* Komplexität, wenn sie noch miserabler ist.

Allgemein gilt für polynomiale Komplexitäten: $\lim\limits_{n\to\infty}\dfrac{f(n)}{n^k}=konst.$

Für unsere *test*-Methode z. B. wg. O(n^2):

$$\lim_{n\to\infty}\frac{f(n)}{n^2}=\lim_{n\to\infty}\frac{2\cdot n^2+10\cdot n+300}{n^2}=\lim_{n\to\infty}(\frac{2\cdot n^2}{n^2}+\frac{10\cdot n}{n^2}+\frac{300}{n^2})=2$$

Als Beispiel wollen wir Fakultäten berechnen, zuerst *iterativ*:

```
function nfak(n: integer): integer;
var h,i: integer;
begin
  h := 1;
  for i := 2 to n do h := h * i;
  result := h
end;
```

Die Zeitkomplexität des Verfahrens ist offensichtlich *O(n)*, der Speicherbedarf beträgt konstant drei Integerplätze.

Jetzt formulieren wir das Verfahren *rekursiv*:

```
function nfak(n: integer): integer;
  begin if n=0 then result := 1 else result := n * nfak(n-1) end;
```

Wieder ist die Zeitkomplexität *O(n)*. Dazu kommt aber eine *Speicherkomplexität*, die ebenfalls *O(n)* ist, weil die für die Abarbeitung der Rekursion notwendigen Daten auf dem Stack abgelegt werden müssen – für jeden Aufruf der Parameter, der Rückgabewert und die Rücksprungadresse.

1.5.5 Aufgaben

1. Bearbeiten Sie die folgenden Aufgaben jeweils, indem Sie
   - ein entsprechendes Delphi-Programm schreiben,
   - die Zeitkomplexität ihrer Lösung ermitteln,
   - Ihr theoretisches Ergebnis durch Messungen überprüfen
   - und die Komplexität Ihrer Lösung mit der bekannter anderer Verfahren, die Sie zahlreich im Internet bzw. in der Literatur finden, vergleichen.

   a: Gegeben sei ein Feld mit gemischt positiven bzw. negativen Zahlen. Gesucht ist die **maximale Teilsumme** dieser Zahlen.

   b: Gegeben sei eine längere Zeichenkette *text* und eine kürzere *muster*. Gesucht ist der Index des ersten Zeichens der längeren Kette, ab der *muster* in ihr enthalten ist. (Bei Misserfolg wird 0 von dieser **Mustererkennung** zurückgeliefert.)

   c: Gegeben sei ein sortierter Binärbaum, der *n* Zufallszahlen enthält. Schreiben Sie eine Methode *suchen*, die feststellt, ob sich eine Zahl im Baum befindet – oder nicht.

   d: Verfahren Sie entsprechend mit den vorgestellten Sortierverfahren.

2 Dateien und Datenbanken

> Die *Verwaltung gespeicherter Daten* gehört zu den Grundaufgaben des Computereinsatzes, und gerade auf diesem Gebiet liegen die großen Stärken von Delphi. Vom hardwarenahen Direktzugriff auf Dateien bis zur komplexen Abfrage entfernter *SQL-Server* reichen die Möglichkeiten. Wir wollen anhand eines umfangreicheren Beispiels - der *Organisation von Projekttagen in der Schule* - die unterschiedlichen Verfahren illustrieren, indem
> - zuerst der einfache Zugriff auf Dateien, deren direkte Manipulation,
> - der Import von Daten anderer Programme
> - sowie der Zugriff auf Tabellen gezeigt wird
> - und die so entstandene Datenbank mithilfe von Local-SQL-Abfragen benutzt wird.
>
> Zuerst wollen wir einige grundlegende Begriffe einführen und uns den „veralteten" Dateizugriff ansehen, denn es ist gut zu wissen, was z. B. beim Indizieren einer Tabelle passiert, auch wenn Delphi solche Operationen selbst erledigen kann.

2.1 Der direkte Zugriff auf Dateien

Die in einem Computer dauerhaft gespeicherten Daten werden (fast) immer zu *Dateien* zusammengefasst, die vom Betriebssystem über einen *Dateinamen* angesprochen werden. Gespeichert werden Bitfolgen, die wir uns als Folgen von Nullen und Einsen vorstellen. Tatsächlich werden aber z. B. bestimmte Bereiche einer Festplatte unterschiedlich magnetisiert oder die Oberfläche einer CD-ROM wird so verändert („gebrannt"), dass das zum Lesen benutzte Laserlicht unterschiedlich reflektiert wird. Es ist Aufgabe der Hardware sowie des Betriebssystems und seiner Teilprogramme (der „Treiber"), die für ein bestimmtes Medium erforderlichen Umsetzungen zwischen den logischen Bits und den tatsächlich benötigten physikalischen Zuständen vorzunehmen. Wir benötigen für die Programmentwicklung also gar keine genauen Kenntnisse der Speichermedien; es genügt, wenn wir ein *Modell* von Dateien kennen lernen, mit dem wir dann weiterarbeiten.

Die heute meist benutzten Betriebssysteme speichern wirklich nur die Bitfolgen. Zusätzliche Informationen über die *Bedeutung* der Daten liegen nicht vor. Wenn wir also eine Datei benutzen, dann müssen wir selbst wissen, welche Informationen dort gespeichert wurden. Als Hilfe sollen bestimmte Dateiendungen („Suffixe") dienen, die auf den Inhalt einer Datei hindeuten. Delphi z. B. benutzt die Dateiendung „*PAS*" zur Kennzeichnung von Unit-Quelltexten und „*DPR*" für Projektdateien. Niemand jedoch kann uns hindern, Dateien anders zu benennen. Wir hätten dann scheinbar z. B. Projektdateien, die etwas ganz anderes beinhalten. (Als Vergleich können beschriftete Büroordner dienen, deren Inhalte mit den Beschriftungen übereinstimmen sollten, dies aber natürlich nicht müssen.) Wir können also Daten mit einem Programm speichern und mit einem anderen lesen, wobei ggf. ganz andere Datentypen zugrunde gelegt werden. Das funktioniert, weil in jedem Fall nur Bitfolgen gelesen oder geschrieben werden. Ob die Bitfolgen für das verarbeitende Programm sinnvoll sind oder vielleicht zu Katastrophen führen, ist eine ganz andere Frage.

2.1.1 Dateitypen

Als Verbindungsglied zwischen den auf Speichermedien befindlichen Bitfolgen und dem Speicherbereich eines Programms im RAM benutzen wir *Dateivariable*, die je nach Verwendungszweck von unterschiedlichem Typ sein können:

- Zur Speicherung von Texten benutzt man Dateivariable vom Typ *TextFile*, die wir schon von den *Lines*-Eigenschaften der *Memo*-Komponenten her kennen. Eine solche Textdatei besteht aus Zeichenketten unterschiedlicher Länge, die durch „Zeilenwechsel" getrennt sind, also durch die Zeichenfolgen <CR><LF>. Sinnvollerweise liest man Textdateien *sequentiell* vom Anfang bis zum Ende. Sprünge zur n-ten Zeile sind nicht möglich, weil sich die Position dieser Zeile wegen der unterschiedlichen Zeilenlängen nicht berechnen lässt. Die Ein- und Ausgabe auf den Textbildschirm wird in Delphi über die internen Textdateien *Input* und *Output* realisiert.

- Zur Speicherung von strukturierten Daten benutzt man **typisierte Dateien**, bei denen man den Typ der zu speichernden Daten direkt angibt. Eine Datei für ganze Zahlen z. B. wäre dann vom Typ *file of integer*. Die Daten-Records („Datensätze") solcher Dateien haben immer die gleiche Länge, deshalb lässt sich die Position des n-ten Records leicht berechnen. Typisierte Dateien gestatten aus diesem Grund einen *wahlfreien Zugriff*. Sie müssen nicht unbedingt sequentiell verarbeitet werden.

- Andere Dateitypen, z. B. *untypisierte Dateien*, werden hier nicht betrachtet, und auf die wichtigen *Tabellen* gehen wir später detaillierter ein.

2.1.2 Einfache Dateibearbeitung

Der direkte Zugriff auf solche einfachen Dateitypen erfolgt immer auf die gleiche Art:

Einer Dateivariablen den Namen einer externen Datei zuordnen
Die Datei zum Lesen (oder zum Schreiben) öffnen
SOLANGE Daten vorhanden sind TUE
Daten lesen (oder schreiben) und ggf. weiter verarbeiten
Datei schließen

Umgesetzt in *Object-Pascal* lauten die Anweisungen dann (am Beispiel einer Textdatei, deren Inhalt in eine *Memo*-Komponente kopiert wird):

1. Eine Dateivariable wird vereinbart:

    ```
    var datei: TextFile;
    ```

2. Mithilfe des Befehls *AssignFile(Dateivariable, Dateiname)* wird die Dateivariable mit einer Datei verknüpft. Der Dateiname muss den Konventionen des benutzten Betriebssystems entsprechen.

    ```
    AssignFile(datei,'c:\Daten\Testtext.txt');
    ```

3. Die Datei wird mit *ReSet(Dateivariable)* zum Lesen oder mit *ReWrite(Dateivariable)* zum Schreiben geöffnet. Dabei ist Vorsicht geboten: **Wird eine Datei mit *ReWrite* zum Schreiben geöffnet, dann werden eventuell schon vorhandene Daten ohne Vorwarnung gelöscht!** (Wie wir später sehen werden, öffnet man typisierte Dateien für den wahlfreien Zugriff immer „zum Lesen", auch wenn einige Datensätze geschrieben werden.)

    ```
    ReSet(datei);    bzw.    ReWrite(datei);
    ```

4. Oft werden alle Datensätze nacheinander bearbeitet, und da man meist nicht weiß, wie viele schon gespeichert wurden, wiederholt man die Datensatzbearbeitung solange, bis das Ende der Datei erreicht wurde. Für diese Abfrage steht die Funktion *eof(Dateivariable)* (<u>e</u>nd <u>o</u>f <u>f</u>ile) bereit, die am Dateiende *true* liefert. Innerhalb einer Schleife, in der *eof* immer wieder abgefragt wird, können dann Daten mit *ReadLn(Dateivariable,...)* oder *WriteLn(Dateivariable,...)* (bei Textdateien) bzw. mit *Read(Dateivariable,Variable)* oder *Write(Dateivariable, Variable)* (bei typisierten Dateien) gelesen bzw. geschrieben werden. *ReadLn* und *WriteLn* sind dabei die „intelligenteren" Methoden. Sie können alle einfachen Datentypen wie Zahlen, Zeichen, Texte und Wahrheitswerte in bunter Reihenfolge verarbeiten. Sie setzen die-

se Größen in Zeichenketten um bzw. umgekehrt. Beide arbeiten immer bis zum Zeilenende: *WriteLn* schreibt die Daten und danach die Zeichenfolge <CR><LF>, *ReadLn* liest bis zu dieser Zeichenfolge. **Um die Trennung der Daten in der Datei aufrecht zu halten, sollten immer nur einzelne Werte geschrieben oder gelesen werden.** Schreibt man mit einem *WriteLn*-Befehl mehrere Daten hintereinander, dann fehlen in der Datei die Trennzeichen zwischen ihnen. *Read* und *Write* können bei typisierten Dateien nur den Datentyp verarbeiten, für den die Datei angelegt wurde. Das folgende Beispiel entspricht in etwa der Wirkung des Methodenaufrufs *Memo1.Lines.LoadFromFile (dateiname);*

```
Memo1.Lines.Clear;
while not EOF(datei) do
  begin
  ReadLn(s);
  Memo1.Lines.Add(s);
  end;
```

5. Wenn die Datei nicht mehr gebraucht wird, muss sie mit *CloseFile(Dateivariable)* geschlossen werden. Danach ist die Dateivariable wieder frei und kann z. B. zur Bearbeitung einer anderen Datei verwandt werden.

```
CloseFile(datei);
```

2.1.3 Beispiel: Zufallszahlen speichern

Als einfaches Beispiel wollen wir Dateien erzeugen und anzeigen, die unterschiedlich viele ganze Zufallszahlen enthalten. Dabei soll u. a. gezeigt werden, wie Fehler beim Öffnen und Schließen abgefangen werden. Wir benötigen dafür einige *Buttons*, eine *Memo*-Komponente zur Anzeige und einen *Open-Dialog*. Als Vorgabe wollen wir den Dateinamen *neu.int* vergeben, und die *Anzahl* der zu speichernden Zufallszahlen wird anfangs auf 20 gesetzt. Da Delphi den *Interface*-Teil der Unit automatisch erzeugt, sehen wir uns nur den *Implementation*-Teil an.

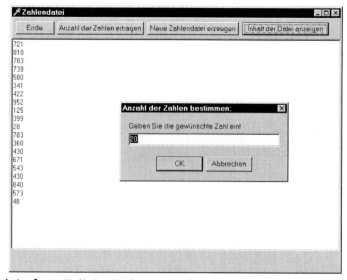

Zuerst vereinbaren wir die erforderlichen Variablen. Der Dateiname, die Dateivariable selbst und die Zahl der zu speichernden Zufallszahlen werden in mehreren Methoden benötigt. Sie müssen also global vereinbart werden. Auch ist es vor Dateizugriffen gut zu wissen, ob überhaupt schon eine Datei angelegt wurde. Die Anfangswerte dieser Größen legen wir in der Fenstermethode *FormCreate* fest, die auf das *OnCreate*-Ereignis reagiert.

```
var Datei     : file of integer;
    Dateiname : string;
    Anzahl    : integer;
    DateiDa   : boolean;

procedure TZahlen.FormCreate(Sender: TObject);
begin
Dateiname := 'neu.int';
Anzahl    := 20;
DateiDa   := false;
end;
```

Etwas komplizierter ist die Erzeugung der Datei. Wir sehen zuerst einmal nach, ob schon eine Datei existiert. Dazu versuchen wir einfach, diese zum Lesen zu öffnen. Wenn das klappt, dann ist die Datei vorhanden, sonst nicht. Bei Bedarf geben wir eine Warnung aus, und nur, wenn es wirklich gewünscht wird, erzeugen wir eine neue Datei.

```
procedure TZahlen.NeuClick(Sender: TObject);
var h : string; i,j: integer;
begin
AssignFile(Datei,Dateiname);          // Dateiname zuweisen
try
  ReSet(Datei);                       // Datei versuchsweise öffnen
  DateiDa := true;
except
  DateiDa := false;                   // Bei Bedarf warnen
  end;
if DateiDa and
  (MessageDlg('Die Datei ist schon vorhanden! Überschreiben?',
              mtWarning,mbYesNoCancel,0) <> mrYes)
    then exit;
Randomize;                            // Neue Datei erzeugen ...
ReWrite(Datei);
for i := 1 to Anzahl do begin
  j := Random(1000);
  write(Datei,j);
  end;
CloseFile(Datei);                     // ... und wieder schließen.
end;
```

2. Dateien und Datenbanken

Vor dem Anzeigen der Datei sehen wir ebenfalls nach, ob eine Datei vorhanden ist. Diesmal tun wir das allerdings mit dem *OpenDialog* von Delphi, damit wir zwischen verschiedenen Dateien wählen können. Bei Erfolg schreiben wir die gespeicherten Zahlen zeilenweise in die *Memo*-Komponente, die sie dann anzeigt.

```
procedure TZahlen.ZeigenClick(Sender: TObject);
var i: integer;
begin
if OpenDialog1.execute then Dateiname := Opendialog1.Filename;
AssignFile(Datei,Dateiname);           Dateinamen wählen ...
try
  ReSet(Datei);           ... und zuweisen.
  DateiDa := true;
except                    Datei versuchs-
  DateiDa := false;       weise öffnen
  end;
if not DateiDa then
   ShowMessage('Die Datei '+Dateiname+' ist nicht vorhanden!')
   else begin
     Memo1.Lines.Clear;
     while not eof(Datei) do begin      Dateiinhalt anzeigen
       Read(Datei,i);
       Memo1.Lines.Add(IntToStr(i));
       end;
     CloseFile(Datei)
     end;
end;
```

Die Zahl der zu speichernden Zufallszahlen wird wie üblich mit einer Inputbox erfragt.

```
procedure TZahlen.FragenClick(Sender: TObject);
var h: string;                              Wert erfragen
begin
h := Inputbox('Anzahl der Zahlen bestimmen:',
              'Geben Sie die gewünschte Zahl ein!','20');
try
  Anzahl := StrToInt(h);
except Anzahl := 20;        bei Fehleingabe Vorgabewert nehmen
  end;
end;
```

2.1.4 Mit Indexdateien suchen

Echte Anwendungsprogramme benutzen meist Dateien, deren Datensätze ziemlich umfangreich sind. Eine Versicherung z. B. wird Namen, Anschrift, persönliche Daten, Daten der einzelnen Verträge, ... speichern. Einige solcher Datensätze können natürlich in den Arbeitsspeicher eines Rechners geladen werden, aber meist nicht alle. Der Zugriff auf Dateien ist ziemlich langsam, wenn diese immer wieder von Anfang an durchsucht werden müssen. Schneller wäre ein wahlfreier Zugriff, bei dem direkt der benötigte Datensatz gelesen wird – doch wo steht der?

Wenn schon nicht die ganze Datei geladen werden kann, dann oft doch ein Teil der Daten. Einige von diesen, z. B. der Name alleine, eine Kombination aus Name, Vorname und Geburtsdatum oder eine extra eingeführte Personalnummer bilden einen eindeutigen *Schlüssel* (*Key*), der für jeden Datensatz verschieden ist. Anhand eines *Keys* lässt sich ein Datensatz also eindeutig identifizieren. Speichern wir solche *Keys* zusammen mit den Datensatznummern in der Datei (deren Zählung immer mit 0 beginnt), dann erhalten wir einen *Index*. Wir können im *Index* nach dem Speicherort der Daten in der Datei suchen und dann direkt darauf zugreifen.

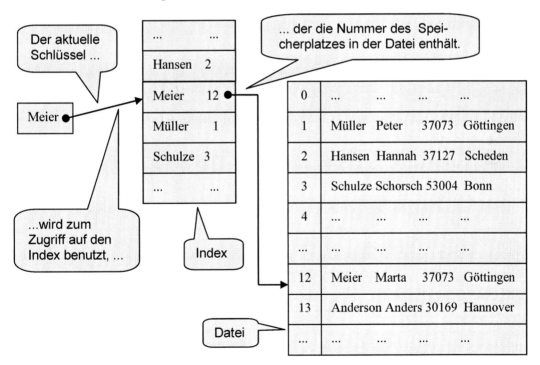

Für eine Datei können durchaus mehrere Indizes angelegt werden, z. B. einer nach Namen, einer nach Telefonnummer, einer nach Alter. Die Indizes werden in Indexdateien zusammen mit der Datendatei gespeichert und bei Bedarf in den Arbeitsspeicher geladen.

Als Beispiel wollen wir eine Datei mit Personendaten anlegen, die *Namen*, *Vornamen* und *Alter* der Personen enthält. Der Name wird als Schlüssel benutzt. Geben wir dann den Namen ein, kann das Programm die restlichen Daten direkt ermitteln, indem es im Index (der hier in ein Feld geladen wird) nachsieht und die Daten lädt. Wir geben wieder nur die relevanten Teile des Programms an.

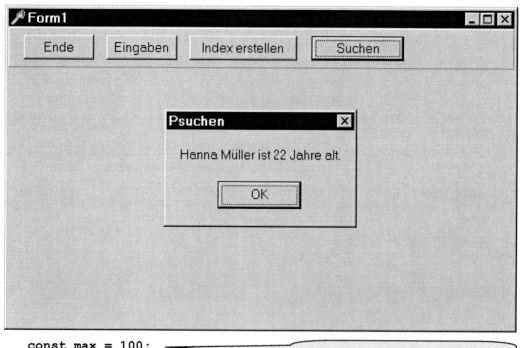

```
const max = 100;
type tName = string[20];
     tDatensatz = record
       Name, Vorname: tName;
       Alter        : integer;
     end;

     tIndexDaten = record
       Name : tName;
       Platz: integer;
     end;

     tIndex = array[0..max] of tIndexDaten;
```

- maximale Anzahl der Datensätze
- Länge der Zeichenketten auf einen Höchstwert begrenzen, damit sie speicherbar sind.
- Datensätze definieren
- Indexdaten definieren

2.1 Der direkte Zugriff auf Dateien

```
var Datei     : file of tDatensatz;
    IndexDatei: file of tIndex;
    Indexfeld : tIndex;
    DateiDa   : boolean;
    IndexDa   : boolean;
    Drin      : integer;
```

Variable bereitstellen

Der Index kann „auf einen Schlag" gespeichert werden.

Nach der Erzeugung des Fensters erhalten alle Variable sinnvolle Anfangswerte.

```
procedure TForm1.FormCreate(Sender: TObject);
begin
AssignFile(Datei,'test.dta');
AssignFile(IndexDatei,'test.idx');
DateiDa := false; IndexDa := false;
end;
```

Sollte es bei der ersten Eingabe noch keine Datei geben, dann wird eine neue, leere Datei erzeugt. Wird ein neuer Datensatz eingegeben, dann werden zuerst die Daten erfragt und dann mithilfe der Prozedur *Seek(Dateivariable,Satznummer)* an die Datei „angehängt". *Seek* setzt den Dateizeiger einer typisierten Datei auf die entsprechende Satznummer. (Die Zählung beginnt bei *0*). Anschließend kann dieser Datensatz entweder gelesen oder geschrieben werden. **Achtung: Bei jedem Dateizugriff wird der Dateizeiger um 1 erhöht. Soll also ein Datensatz zuerst gelesen und dann beschrieben werden, dann muss vor jedem Zugriff Seek aufgerufen werden!** Die Funktion *FileSize(Dateivariable)* ermittelt die Zahl der vorhandenen Datensätze in einer Datei. Da deren Plätze ab 0 gezählt werden, liefert *FileSize* immer den Platz nach dem letzten Datensatz.

```
procedure TForm1.EingabenClick(Sender: TObject);
var h    : string;
    Daten: tDatensatz;
begin

try
  ReSet(Datei);
  DateiDa := true;
except
  ReWrite(Datei);
  CloseFile(Datei);
  ReSet(Datei);
  DateiDa := true;
  end;

Seek(Datei,FileSize(Datei));

h := Inputbox('Dateneingabe:','Name:','');
Daten.Name := h;
```

Ist eine Datei vorhanden?

Falls nicht, erzeuge eine neue.

Setze den Dateizeiger auf das Ende der Datei.

Erfrage die neuen Daten.

```
    h := Inputbox('Dateneingabe:','Vorname:','');
    Daten.Vorname := h;
    h := Inputbox('Dateneingabe:','Alter:','');
    try
      Daten.Alter := StrToInt(h)        ⟵ Prüfe, ob als Alter eine
    except                                  Zahl eingegeben wurde.
      Daten.Alter := 0
    end;
    Write(Datei,Daten);                ⟵ Speichere die Daten
    CloseFile(Datei);                     und schließe die Datei.
  end;
```

Ein Index kann nur erzeugt werden, wenn auch eine Datendatei vorhanden ist. Zuerst werden die Indexfelder gelöscht, also die Platz-Werte auf einen „unsinnigen" Wert gesetzt: hier „–1", weil „0" ja für den ersten Datensatz ein sinnvoller Wert ist. Danach wird die Datendatei sequentiell gelesen und die Namen (als „Key") zusammen mit der Datensatznummer im Indexfeld gespeichert. Die Variable *Drin* speichert die aktuell vorhandene Datensatzzahl. Zuletzt wird das Indexfeld nach einem der bekannten Verfahren sortiert und gespeichert.

```
procedure TForm1.IndexClick(Sender: TObject);
var i,j : integer;
    Daten: tDatensatz;
    h    : tIndexDaten;
begin
  try
    ReSet(Datei); DateiDa := true;      ⟵ Prüfe, ob eine Daten-
  except                                   datei vorhanden ist.
    ShowMessage('Die Datendatei ist nicht vorhanden!');
    exit
  end;
  for i := 1 to max do                  ⟵ Indexfeld löschen
    with Indexfeld[i] do
      begin Name := ''; Platz := -1 end;
  i := 0;
  while not eof(Datei) and (i <= max) do begin
    Read(Datei,Daten);                  ⟵ Schlüssel und
    Indexfeld[i].Name := Daten.Name;       Platznummern
    Indexfeld[i].Platz := i;               in das Index-
    i := i + 1;                            feld einlesen
    end;
  drin := i;                            ⟵ Datensatzzahl merken
```

```
    for i := 0 to drin-2 do
      for j := drin-1 downto i+1 do
        if Indexfeld[j].Name < Indexfeld[j-1].Name then
          begin
            h := Indexfeld[j-1];                    Indexfeld sortieren
            Indexfeld[j-1] := Indexfeld[j];
            Indexfeld[j] := h
          end;
ReWrite(IndexDatei);                                Indexfeld speichern
Write(IndexDatei,Indexfeld);
CloseFile(IndexDatei);
IndexDa := true;
end;
```

Daten werden gesucht, indem der Schlüssel (hier: der Name) erfragt wird. Danach wird der Schlüssel in der Indexdatei gesucht, und bei Erfolg wird der entsprechende Datensatz aus der Datendatei geladen und angezeigt.

```
procedure TForm1.SuchenClick(Sender: TObject);
var n       : tName;
    i       : integer;
    gefunden: boolean;
    Daten   : tDatensatz;
begin                                               Schlüssel erfragen ...
if not IndexDa then exit;

n := Inputbox('Suchen','Welchen Namen suchen Sie?','');
i := 0;
gefunden := false;
while not gefunden and (i <=drin) do begin
  gefunden := Indexfeld[i].Name = n;                ... und im Index suchen.
  if not gefunden then i := i + 1
end;

if not gefunden
  then ShowMessage('Der Name wurde nicht gefunden!')
  else begin
    ReSet(Datei);                                   Datensatz laden ...
    Seek(Datei,Indexfeld[i].Platz);
    Read(Datei,Daten);                              ... und anzeigen.
    CloseFile(Datei);
    Showmessage(Daten.Vorname+' '+Daten.Name+' ist ' +
                         IntToStr(Daten.Alter)+' Jahre alt.');
  end;
end;
```

2.1.5 Aufgaben

1. a: Erzeugen Sie eine Textdatei mit Namen. **Sortieren Sie die Namen** dann alphabetisch in eine andere Datei.

    b: Entwickeln Sie ein Verfahren, alle Worte einer Textdatei alphabetisch sortiert auszugeben – aber jedes nur einmal. Geben Sie zusammen mit den Worten die **Anzahl ihres Vorkommens** in der Datei aus.

    c: Lesen Sie Texte mithilfe eines **Texterkennungsprogramms** in den Computer ein. Schreiben Sie die erkannten Texte in eine Textdatei und wenden Sie die Verfahren aus 1.a und 1.b auf diese Dateien an.

2. a: Stellen Sie über einen DateiÖffnen-Dialog eine Textdatei zum Lesen bereit. Ermitteln Sie dann die **Zeichenhäufigkeit** in dieser Datei absolut („Das ‚e' kommt 317-mal vor, das ‚f' …") und prozentual („12,7% der Zeichen sind ‚e', …").

    b: Stellen Sie Ihre Ergebnisse grafisch dar.

    c: Wiederholen Sie das Verfahren mit Texten unterschiedlicher Sprache, unterschiedlichen Inhalts („wissenschaftlich", „unterhaltend", „aus dem 19. Jahrhundert", ..), unterschiedlicher Autorinnen und Autoren. Versuchen Sie, diese Texte anhand von Merkmalen in der Zeichenhäufigkeit zu unterscheiden.

    d: Schreiben Sie ein Programm, das anhand der Zeichenhäufigkeit einer Datei die Sprache erkennt, in der der enthaltene Text geschrieben wurde.

3. **Verschlüsseln** Sie die Daten einer Datei mithilfe eines Passworts.

4. a: Legen Sie **Datensätze für unterschiedliche Aufgaben** fest, z. B. für die Verwaltung einer Schülerbücherei, ein Schulsekretariat, eine Pkw-Reparaturwerkstatt, ...

    b: Erzeugen Sie für einige Beispiele die entsprechenden Dateien. Entwickeln Sie Verfahren zur **Eingabe und zur Darstellung der Daten**.

    c: Entwickeln Sie **Kontrollverfahren** für die Eingabe, mit deren Hilfe Eingabefehler abgefangen werden.

    d: Führen Sie **Statistiken** über Ihre Dateien. Stellen Sie die Ergebnisse grafisch dar.

5. Wählen Sie eine Aufgabe, für deren Bearbeitung **mehrere Dateien** erforderlich sind, z. B. für ein Schulsekretariat.

   a: Führen Sie verschiedene Indizes ein. Organisieren Sie die Datei entsprechend.

   b: Entwickeln Sie ein Verfahren, über Schlüsselfelder verschiedene **Dateien** zu **verknüpfen**. Z. B. sollen die Daten einer Klasse mit denen des Klassenlehrers zusammengeführt werden.

6. Organisieren Sie eine Datei nicht sequentiell, sondern als **Hash-Datei**. In eine zuerst mit leeren Datensätzen gefüllte Datei werden Daten an Plätze geschrieben, die mithilfe einer Hash-Funktion ermittelt werden. Eine **Hash-Funktion** berechnet aus dem Primärschlüssel eines Datensatzes den Speicherplatz in der Datei. Eine (ziemlich schlechte) Hash-Funktion wäre z. B.

   Speicherplatz ← ((Ordnungszahl des 1. Zeichens des Namens) +
   (Ordnungszahl des 1. Zeichens des Vornamens)) modulo
   (Anzahl der Datensätze in der Datei)

   a: Welche Anforderungen müssen an Hash-Funktionen gestellt werden?

   b: Was passiert, wenn eine **Kollision** auftritt, wenn also zwei Datensätze mit unterschiedlichen Schlüsseln zum gleichen Speicherplatz führen. Geben Sie geeignete **Ausweichverfahren** an.

   c: Geben Sie andere Hash-Funktionen an und beurteilen Sie deren Güte.

   d: Welche Arbeiten sind erforderlich, wenn eine Hash-Datei vergrößert werden soll? Kann sie auch verkleinert werden? Wann sollte die Größe einer Hash-Datei verändert werden?

   e: Vergleichen Sie Vor- und Nachteile der Dateiorganisation über Indexdateien bzw. über Hash-Funktionen. Wann ist welche Form vorzuziehen?

7. Informieren Sie sich im Delphi-Hilfesystem über weitere Möglichkeiten, auf Dateien zuzugreifen. Suchen Sie z. B. nach *Append* oder *IoResult*.

8. Erzeugen Sie eine Datei aus Zufallszahlen. Lesen Sie die Zahlen dieser Datei in einen Sortierbaum ein, in dem die Zahlen der Größe nach geordnet werden. Schreiben Sie die Zahlen geordnet zurück in die Datei.

2.2 Projekttage

Nach der einfachen Dateiverarbeitung wollen wir jetzt die komfortablen Möglichkeiten von Delphi kennen lernen. Dazu wählen wir ein nicht zu kompliziertes Beispiel, anhand dessen wir verschiedene Techniken zeigen.

Projekttage sind ein jährlich wiederkehrendes Ereignis im Schulleben, das einigen organisatorischen Aufwand erfordert. Natürlich sind in erster Linie die Inhalte der Projekte wichtig, aber nebenbei werden auch Listen benötigt, aus denen die Zusammensetzung der Projekte, geordnet nach Teilnehmern, hervorgeht, oder den Klassen muss mitgeteilt werden, welchen Projekten die einzelnen Schülerinnen und Schüler zugeordnet wurden. Während der Projekttage sind Fragen wie „*Wer hat wo Unterricht?*" oder „*Wer hat noch nicht gewählt?*" zu beantworten. Wir wollen die auftauchenden Probleme zusammenfassen und der Reihe nach lösen. Dabei setzen wir nicht in jedem Fall das beste, sondern ein geeignetes Verfahren ein, um unterschiedliche Möglichkeiten kennen zu lernen.

2.2.1 Daten und Normalformen

Zur Organisation der Projekttage sind Informationen über die einzelnen Projekte und über die Wahlen selbst zu verwalten. Schriebe man alles in eine Liste, dann entstände eine große Tabelle mit Schüler- und Projektdaten etwa der folgenden Art (Neben der Projektleitung wird auch das Kürzel einer „Aufsicht" gespeichert, z. B. für den Fall, dass Schülerinnen oder Schüler das Projekt leiten.):

Schüler	Projekt
Meier, Peter, 8a	Projekttagezeitung, Frau Braun, Bn, A17
Müller, Hilde, 7b	Töpfern, Herr Bertram, Be, Ku-A
Krause, Hannah, 13	Rasende Reporter, Fritz Gernold, Tl, B12
Lahme, Ulli, 8b	Töpfern, Herr Bertram, Be, Ku-A
Christen, Christa, 9a	Rasende Reporter, Fritz Gernold, Tl, B12
...	...

Diese Art der Darstellung hat mehrere Nachteile:

- Viele Informationen sind **mehrfach vorhanden**, z. B. sind für Projekte jeweils Leiter, Aufsicht und Raum immer wieder aufgeführt. Das ist nicht nur aufwändig, sondern kann zu Fehlern führen, wenn Daten an einigen Stellen geändert werden („*Das Projekt wird in einen anderen Raum verlegt.*"), an anderen aber nicht.

- Die Tabelle ist **ungeordnet**, aber auch wenn sie z. B. nach den Schülernamen geordnet wäre, dann ließen sich die Projektteilnehmer/innen nur schwer finden.

- Die Tabelle enthält alle Informationen und ist damit **unübersichtlich**, obwohl zur Beantwortung vieler Fragen ein Teil ausreichen würde.
- Die Tabelle enthält in den einzelnen Zellen **mehrere Informationen**, was die Unübersichtlichkeit noch erhöht.

In einem ersten Schritt können wir die Tabelle deshalb in die **1. Normalform** nach *Codd* bringen: Die Daten werden so angeordnet, dass in jeder Tabellenzelle nur noch „atomare" Größen stehen, die nicht mehr zusammengesetzt sind, z. B. einzelne Namen, Zahlen, Datumswerte, ...

Name	Vorname	Klasse	Projektname	Leiter	Aufsicht	Raum
Meier	Peter	8a	Projekttagezeitung	Frau Braun	Bn	A17
Müller	Hilde	7b	Töpfern	Herr Bertram	Be	Ku-A
Krause	Hannah	13	Rasende Reporter	Fritz Gernold	Tl	B12
Lahme	Ulli	8b	Töpfern	Herr Bertram	Be	Ku-A
Christen	Christa	9a	Rasende Reporter	Fritz Gernold	Tl	B12
...	...	...	...	...	...	..

Eine solche Tabelle nennt man üblicherweise eine *Relation*, die Zeilen (die „Datensätze") heißen *Tupel* und die Spalten *Attribute*. Wir haben also in der zweiten Tabellenzeile das Tupel mit Peter Meiers Wahldaten und in der dritten Tabellenspalte das Attribut „Klasse". Der Begriff *Relation* stammt aus der Mathematik und beschreibt eine Teilmenge des *kartesischen Produkts*. Das besteht aus der Menge aller *möglichen* Kombinationen der Attributwerte, also *(alle möglichen Namen) x (alle möglichen Vornamen) x (alle möglichen Klassenbezeichnungen) x ...* und ist oft eine unendliche Menge. Eine Relation besteht aus der Menge der *tatsächlich auftretenden* Kombinationen der Attributwerte – und das sind gerade die, die wirklich in der Tabelle auftauchen.

Das Problem der mehrfach auftretenden Daten ist damit aber noch nicht gelöst. Wir spalten deshalb die Tabelle in zwei Tabellen *Wahlen* und *Projektdaten* auf, wobei eine die Wahlen der Schülerinnen und Schüler und die andere Informationen über die Projekte enthält. Zwischen diesen muss es eine Verknüpfungsmöglichkeit geben, denn die Information, wer welches Projekt gewählt hat, darf nicht verloren gehen. Als Bindeglied zwischen den Tabellen dienen die schon bekannten **Schlüsselfelder**, die Datensätze eindeutig identifizieren. Bei uns kann das für die Wahldaten eine Kombination aus Name und Vorname der Schülerinnen und Schüler sein, und für die Projekte führen wir der Kürze halber eine besondere Projektnummer ein.

Wahlen:			
Name	Vornam.	Klasse	PNr
Meier	Peter	8a	1
Müller	Hilde	7b	2
Krause	Hannah	13	3
Lahme	Ulli	8b	2
Christen	Christa	9a	3
...	...	...	...

Projektdaten:				
PNr	Projektname	Leiter	Aufsicht	Raum
1	Projekttagezeitung	Frau Braun	Bn	A17
2	Töpfern	Herr Bertram	Be	Ku-A
3	Rasende Reporter	Fritz Gernold	Tl	B12
...	...	...	...	..

Die Tabellen sind jetzt in der **2. Normalform**, in der alle Tabellenattribute, die nicht zum Schlüssel gehören, voll funktional von den Schlüsselattributen abhängen. Sie sind also durch die Schlüsselfelder eindeutig bestimmt. (<u>Beispiel</u>: Aus dem Schlüsselfeld *PNR* ergibt sich eindeutig der *Projektname*, der *Leiter* usw.) Unsere Tabellen befinden sich sogar in der **3. Normalform** (und damit im „Endzustand"), weil keine transitiven Abhängigkeiten zwischen den Daten bestehen. (Etwas vereinfacht gesagt kann man das daran sehen, dass keine Daten doppelt auftreten.) Hätten wir als Projektleiter nur Lehrerinnen oder Lehrer zugelassen, dann würde als Aufsicht immer nur deren Kürzel gespeichert. Dieses Kürzel hängt eindeutig von der Lehrkraft und diese wiederum eindeutig vom Projekt ab. Wir hätten also über die Zwischenstufe „Projektleiter" eine Abhängigkeit des Kürzels vom Projekt. (Solche indirekten Abhängigkeiten nennt man transitiv.) In diesem Fall wäre es besser, die Lehrerdaten in einer gesonderten Tabelle zu speichern und die Kürzel als Schlüsselfelder zu benutzen.

Unabhängig vom Ausgangsproblem kommt man auf dem Weg über die Normalformen bei (fast) jeder etwas komplexeren Aufgabe, die sich mit Datenspeicherung befasst, zu einem Satz von Tabellen und Schlüsseln, die alle benötigten Daten in kompakter und gut handhabbarer Form zusammenfassen. (Delphi kann solche Tabellen verwalten.) Diese Tabellen bilden eine **relationale Datenbank**, die praktischerweise in einem eigenen Unterverzeichnis gespeichert wird.

2.2.2 Das Entity-Relationship-Modell

Wir können auf einem etwas systematischeren Weg als bisher zu unseren Relationstabellen kommen, indem wir die für Projekttage wichtigen Größen und die Zusammenhänge zwischen ihnen grafisch darstellen. Wichtig für uns sind Schülerinnen und Schüler, Lehrerinnen und Lehrer sowie Projekte. Diese werden auf **Entities** abgebildet, also Objekte, die durch ihre für das bearbeitete Problem relevanten Attribute eindeutig beschrieben werden. Unsere Entities gehören zu den **Entity-Typen** *Schüler*, *Lehrer* und *Projekt*. Im **Entity-Relationship-(ER)-Modell** symbolisieren wir Entity-Typen durch Rechtecke, die Attribute durch Ovale, die mit dem Entity-Typ durch Kanten (Linien) verbunden sind.

(Der Übersichtlichkeit halber lässt man die Attribute manchmal weg.) In unserem Fall der Projekttage-Organisation erhalten wir dann folgende Typen:

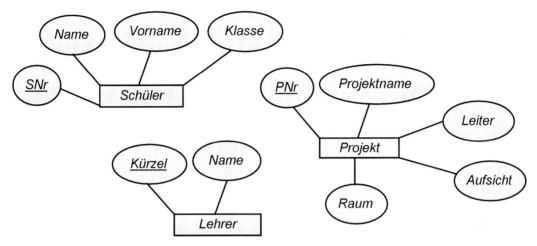

Eine Teilmenge der Attributmenge, die ein Entity eindeutig identifiziert, bildet den *Schlüssel*. Notfalls bildet die Gesamtheit der Attribute einen Schlüssel; meist jedoch wird ein bestimmtes Attribut extra zu diesem Zweck eingeführt: z. B. eine Projektnummer, Schülernummer, ... Im Diagramm werden die Attribute des Schlüssels unterstrichen.

Die Beziehungen (Relationen) zwischen den Entity-Typen stellt man in ER-Diagrammen als Rauten dar, die mit den beteiligten Entity-Typen durch Kanten verbunden sind. (In manchen Fällen ist es praktisch, auch den Relationen Attribute zuzuordnen.) Man unterscheidet bei Relationen die Anzahl der beteiligten Entity-Typen.

- n:1-Relationen (*many-one-relations*) beschreiben Beziehungen zwischen *zwei* Entity-Typen, wobei den Entities des einen Entity-Typs **höchstens ein** Entity des anderen Typs zugeordnet wird. Als Kanten für diesen Sonderfall wählt man entweder Pfeile, oder die Anzahl der beteiligten Entities wird an den Kanten notiert. In unserem Fall wählen Schüler z. B. genau ein Projekt.

oder

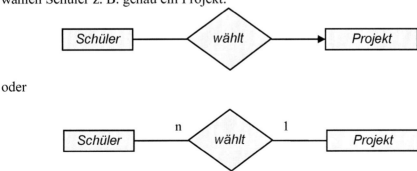

- Umgekehrt ist es bei den 1:m-Relationen (*one-many-relations*). „Jedes Projekt wird von genau einem Lehrer beaufsichtigt."

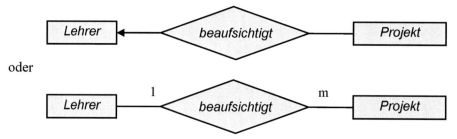

oder

- Bei m:n-Relationen ist die Zahl der beteiligten Entities eines Typs nicht auf „höchstens eins" beschränkt. Z. B. gehören jeweils mehrere Schüler unterschiedlichen Arbeitsgemeinschaften an.

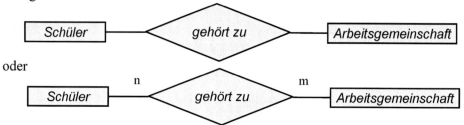

oder

- Und natürlich gibt es auch Relationen, an denen mehr als zwei Entity-Typen beteiligt sind.

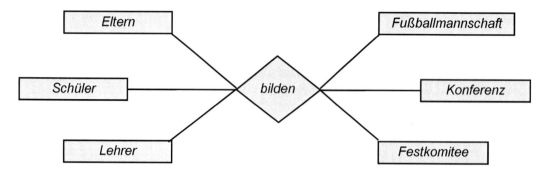

Unsere Projekttage-Organisation lässt sich also wie folgt im ER-Modell darstellen:

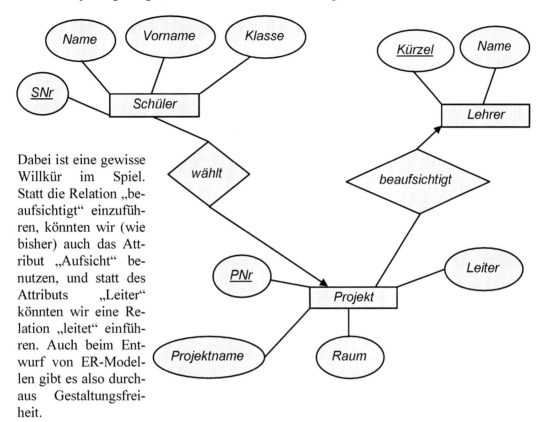

Dabei ist eine gewisse Willkür im Spiel. Statt die Relation „beaufsichtigt" einzuführen, könnten wir (wie bisher) auch das Attribut „Aufsicht" benutzen, und statt des Attributs „Leiter" könnten wir eine Relation „leitet" einführen. Auch beim Entwurf von ER-Modellen gibt es also durchaus Gestaltungsfreiheit.

Die Umsetzung der Entity-Typen in Relationen erfolgt auf natürliche Weise: Wir bilden Tabellen, deren Attribute (Spalten) genau den Attributen des entsprechenden Entity-Typs entsprechen. Ein Tupel (eine Zeile) der Tabelle entspricht dann einem Entity. Unser ER-Modell der Projekttage liefert damit drei Relationen:

Schüler:			
SNr	**Name**	**Vornam.**	**Klasse**
1	Meier	Peter	8a
2	Müller	Hilde	7b
3	Krause	Hannah	13
4	Lahme	Ulli	8b
5	Christen	Christa	9a
6	Gernold	Fritz	11a
...	...	...	...

Projekt:			
PNr	**Projektname**	**Leit.**	**Raum**
1	Projekttagezeitung	Bn	A17
2	Töpfern	Be	Ku-A
3	Rasende Reporter	6	B12
...	...	...	...

Lehrer:	
Kzl	**Name**
Bn	Braun
Be	Bertram
Tl	Tolle
...	...

Wie aber stellen wir die Beziehungen (Relationen) zwischen den Entity-Typen in Tabellenform dar? **Achtung: Der Begriff „Relation" wird im ER-Modell für eine „Beziehung", bei relationalen Datenbanken für eine „Tabelle" benutzt!**

Eine ER-Relation bildet eine Verknüpfung zwischen Entities, die durch ihre Schlüsselattribute eindeutig bestimmt sind. Listen wir also diese Verknüpfung in Tabellenform auf, dann haben wir die ER-Relation auf eine Datenbank-Relation abgebildet, in der nur Schlüsselattribute vorkommen. Unser Projekttage-ER-Modell liefert damit zwei zusätzliche Datenbank-Relationen:

wählt:	
SNr	PNr
1	11
2	3
3	5
4	3
5	11
6	2
...	...

beaufsichtigt:	
Kürzel	PNr
Bn	1
Be	2
Tl	3

Das ER-Modell hat somit zu einer anderen Datenbank geführt als unser erster Ansatz, und auch im ER-Modell hätten wir zu einer anderen Lösung kommen können. Welche wir wählen, hängt von unseren Vorlieben und praktischen Erwägungen ab.

2.2.3 Aufgaben

1. a: Beschreiben Sie eine **Schule** in einem vereinfachten ER-Modell.

    b: Suchen Sie Stellen, an denen alternativ Attribute durch Relationen (oder umgekehrt) ersetzt werden könnten. Begründen Sie Ihre Entscheidung für eine bestimmte Wahl.

2. Im **Supermarkt** findet man Waren, ein Lager, Kunden und Verkäufer, Lieferanten, Rechnungen, eine Personalabteilung, ...

    a: Beschreiben Sie Teile des Systems durch ein ER-Modell.

    b: Setzen Sie das System in eine relationale Datenbank um.

    c: Überprüfen Sie, ob alle Relationen in der 3. Normalform nach Codd sind. Spalten Sie andernfalls die Relationen weiter auf.

3. a: Weshalb kann man sagen, dass jede Relation einen möglicherweise aus verschiedenen Attributen zusammengesetzten Schlüssel hat?

   b: In der Bundesrepublik wurde einige Zeit lang sehr kontrovers über die Einführung eines einheitlichen **Personenkennzeichens** diskutiert, das in allen personenbezogenen Dokumenten benutzt werden sollte. Erörtern Sie Vor- und Nachteile eines solchen Kennzeichens.

   c: Weshalb lassen sich dieselben Effekte aus heutiger Sicht auch ohne solch ein Kennzeichen erreichen?

4. *Sportvereine* bestehen aus *Personen*, die durch eine Personalnummer *PNr* und ihren *Namen* gekennzeichnet sind. Personen treten als *Sportler*, *Trainer* oder *Präsidenten* auf. Sie gehören zu *Mannschaften* (mit Mannschaftsnummer *MNr* und *Mannschaftsnamen*), die von genau einem Trainer trainiert werden. Mannschaften bilden *Vereine*, die durch eine Vereinsnummer *VNr*, den *Vereinsnamen* und den *Vereinsort* beschrieben und von genau einem Präsidenten geleitet werden. Die Mannschaften tragen Spiele (durch Spielnummer *SNr*, *Datum* und *Ergebnis* beschrieben) aus.

   a: Beschreiben Sie diese Zusammenhänge durch ein Entity-Relationship-Diagramm.

   b: Setzen Sie das ER-Diagramm in Relationen einer Datenbank um, indem Sie jeweils die Attribute der benötigten Relationen angeben. Schlüsselattribute sollen unterstrichen werden.

   c: Wie können Zusatzinformationen, z. B.
   - in welcher Sportart Trainer eine Mannschaft trainieren
   - über welche Qualifikation Trainer verfügen

   im ER-Modell untergebracht werden?

5. An der **Börse** gibt es Aktien, Käufer, Verkäufer, Händler, ...

   a: Beschreiben Sie die Börse durch ein vereinfachtes ER-Modell.

   b: Setzen Sie Entity-Typen und ER-Relationen in die Relationen einer Datenbank um.

6. Setzen Sie das folgende ER-Diagramm in eine relationale Datenbank um. (Schlüsselattribute sind unterstrichen).

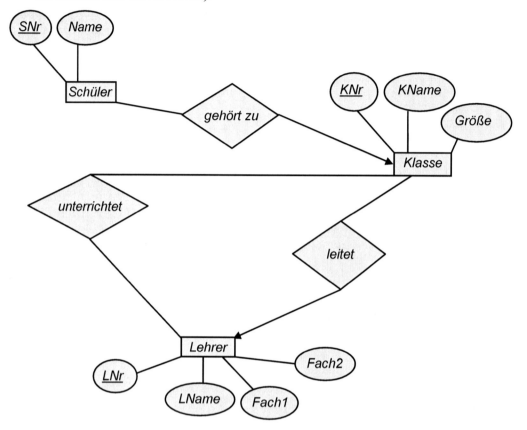

2.2.4 Datenzugriff und Datensteuerung unter Delphi

Der Zugriff auf relationale Datenbanken gehört zu den großen Stärken von Delphi. Die verschiedenen Versionen (Standard, Professional, Enterprise) unterscheiden sich dann auch im Wesentlichen durch ihre Möglichkeiten in diesem Bereich. Ab Version 4 sind die Datenzugriffs- und Steuerungskomponenten nur noch in den kommerziellen Versionen enthalten. Hat man diese nicht, dann findet man im Internet zahlreiche freie alternative Lösungen, die z. B. in der für Privatpersonen kostenlosen Personal-Version von Delphi statt der hier beschriebenen Standardkomponenten benutzt werden können. Zusätzlich findet man freie Komponenten, mit denen man z. B. auf das ebenfalls kostenlose relationale Datenbanksystem *mySQL* zugreifen kann. Da sich das jeweils verfügbare freie Angebot sehr schnell ändert, wird diese Möglichkeit hier nicht detailliert beschrieben.

Delphi realisiert den Zugriff auf Datenbanken durch ein mehrstufiges Modell mit Komponenten unterschiedlichster Ausstattung:

- **Datenzugriffs-Komponenten** sind zur Laufzeit eines Programms unsichtbar, erscheinen aber als Symbole im Entwurfsmodus auf den Formularen. Zu diesen gehören
  - **Tabellen** vom Typ *tTable*, die als Statthalter echter Relationen dienen, die im Format unterschiedlicher Datenbanksysteme (Paradox, dBase, ...) vorliegen können.
  - **Abfragen** vom Typ *tQuery*, die zur SQL-Abfrage von Datenbanken dienen.
  - **Datenquellen** vom Typ *tDataSource*, die Tabellen und/oder Abfragen mit den sichtbaren Komponenten zur Darstellung der Daten verbinden. Datenquellen werden jeweils Tabellen oder Abfragen zugeordnet.
  - Andere Komponenten (**Datenbanken** vom Typ *tDataBase*), ..., auf die wir in diesem Buch nicht eingehen.

- **Datensteuerungs-Komponenten** sind auch (und gerade) zur Laufzeit eines Programms sichtbar. Sie werden an eine Datenquelle gebunden und stellen die Daten der dieser zugeordneten Komponente am Bildschirm dar. Änderungen am Satzzeiger wirken sich direkt auf Datensteuerungs-Komponenten aus, so dass man mit ihrer Hilfe z. B. in einer Tabelle „blättern" kann.
  - Das **Steuerelement** vom Typ *tDBNavigator* vereinfacht die Navigation in einer Datenquelle durch Versetzen des Satzzeigers um eine Stelle und/oder zum Anfang/Ende einer Datei. Weiterhin werden Einfüge- und Löschoperationen ermöglicht.
  - Das **Datengitter** vom Typ *tDBGrid* entspricht der Grid-Komponente, die wir schon kennen. Es stellt den Inhalt einer Datenquelle kompakt dar.
  - **Eingabefelder** vom Typ *tDBEdit* entsprechen den Feldern vom Typ tEdit. Sie sind aber einem Attribut einer Datenquelle zugeordnet.

110 2. Dateien und Datenbanken

- **Anzeigefelder** vom Typ *tDBText* entsprechen Label-Komponenten.
- Darüber hinaus gibt es zahlreiche DB-Komponenten, die meist in ihrer Funktion einer Standard-Komponente entsprechen (wie *tDBEdit* und *tDBText* auch). Zu diesen gehören *tDBImage* (für die Bearbeitung gespeicherter Grafiken), *tDBListbox* und andere.

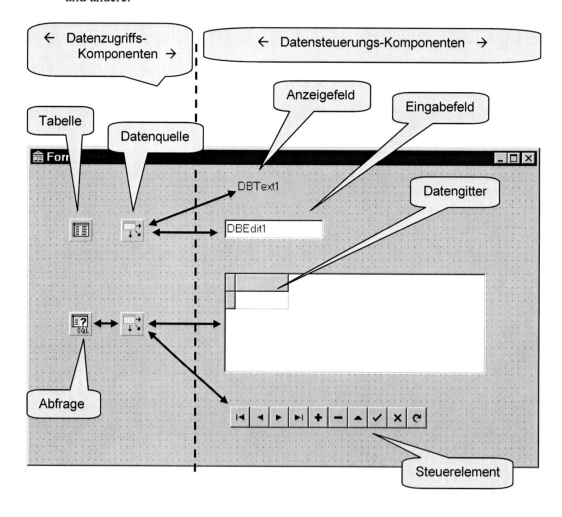

Unter einer **Datenbank** verstehen wir im Folgenden ein (Unter-)Verzeichnis, in dem sich mindestens eine Relation (Tabelle) befindet, die entweder von Delphi selbst oder von einem der den Delphi-Tabellen bekannten Datenbanksysteme erzeugt wurde. Der Zugriff auf eine Datenbank geschieht in den folgenden Schritten:

1. **Tabellen werden mit jeweils einer Relation aus einer Datenbank verbunden.**
   Dazu wird zuerst unter der Tabelleneigenschaft *DatabaseName* das gewünschte Verzeichnis angegeben. Danach erscheint bei Doppelklick auf die Eigenschaft *TableName* eine Liste der zur Verfügung stehenden Relationen. Eine von diesen wird gewählt. Die Eigenschaft *Active* sollte auf *false* stehen.
2. **Jeder Datenquelle wird jeweils eine Tabelle zugeordnet.**
   Dazu wird auf die Datasource-Eigenschaft *DataSet* doppelgeklickt. Es erscheint eine Auswahl der vorhandenen Tabellen (bzw. Abfragen). Eine davon wird ausgewählt.
3. **Datensteuerungskomponenten werden mit der Datenquelle verbunden.**
   Dazu wird zuerst unter der Komponenteneigenschaft *DataSource* eine der vorhandenen Datenquellen ausgewählt. Bei Bedarf (z. B. bei Eingabefeldern) wird dann ein Datenfeld der Datenquelle – wie üblich durch Auswahl – gewählt.
4. **Die Eigenschaft *Active* der Tabellen wird auf *true* gesetzt.**
   Danach sollten die Inhalte der Relationen schon im Entwurfsmodus – und selbstverständlich zur Laufzeit des Programms - sichtbar sein.

Die Anordnung der Komponenten im Fenster erfolgt wie üblich durch manuelles Anpassen im Entwurfsmodus oder durch Setzen der *Align*-Eigenschaft. Besonders das Steuerelement *DBNavigator* „klebt" man besser an den unteren Rand des Fensters.

2.2.5 Die Teilaufgaben der Projekttage-Verwaltung

Mit den gewonnenen Kenntnissen können wir die Anforderungen an unser Projekttage-Verwaltungsprogramm genauer formulieren. Wir wählen das vereinfachte Modell aus dem Kapitel 2.2.1 und gehen davon aus, dass im Sekretariat der Schule die erforderlichen Schülerdaten vorhanden sind, gespeichert von einem der üblichen Schulverwaltungsprogramme. Da wir nicht alle Daten neu eingeben wollen, soll der vorhandene Datenbestand genutzt werden. Dabei ergibt sich die Frage, ob die für Verwaltungszwecke gespeicherten Daten überhaupt für die Projekttageorganisation benutzt werden dürfen. Dieser Fall ist u. a. in speziellen Datenschutzvorschriften für Schulen geregelt. Zusätzlich gelten die Vorschriften des Bundesdatenschutzgesetzes BDSG sowie das Datenschutzgesetz des jeweiligen Bundeslandes. Beide sind im Internet leicht zugänglich, z. B. durch Eingabe des Suchbegriffs *BDSG* in einer der Suchmaschinen. **Es ist unbedingt erforderlich, sich vor der Verwendung „echter" Daten darüber zu informieren, ob ihre Verarbeitung für den vorgesehenen Zweck zulässig ist!**

- Wir werden eine Relation *Wahlen* verwalten, die Schülerdaten (*Name, Vorname, Klasse, Projekt*) enthält. Die ersten drei Attribute werden aus einem Schulverwaltungsprogramm **importiert**, die Projektwahl wird am Bildschirm eingegeben. Die Relation soll nach Namen, Klassen oder Projekten **sortiert** dargestellt werden können.

112 2. Dateien und Datenbanken

Weiterhin sollen die Daten nach unterschiedlichen Kriterien **gefiltert** werden. Als Ergebnis werden dann z. B. nur die Schülerinnen einer bestimmten Klasse angezeigt.

- Eine Relation *Projektdaten* soll die beschreibenden Daten der Projekte enthalten. Diese werden bei Bedarf in die **gedruckten Listen** eingefügt.
- Die Ergebnisse der Projekttage-Wahlen sollen auf unterschiedliche Art gedruckt werden können. **Projektlisten** enthalten die Namen der Teilnehmenden an den Projekten. **Klassenlisten** enthalten die Wahlergebnisse der Schülerinnen und Schüler. Eine **Gesamtliste** enthält die Wahlen alphabetisch nach den Schülernamen sortiert.
- Zur **Datensicherung** werden die Dateien an unterschiedlichen Stellen gespeichert.
- Ein **Menüsystem** soll den komfortablen Zugriff auf die Programmteile gestatten.

Um die Daten in einem gemeinsamen Verzeichnis zu halten, soll immer die Wahl-Relation als Erstes geöffnet werden. Die restlichen Dateien werden dann in deren Verzeichnis angelegt.

Stellen wir die erforderlichen Größen im Entwurfsmodus von Delphi zusammen, dann erhalten wir ein Ergebnis, das dem folgenden Bild ähneln sollte:

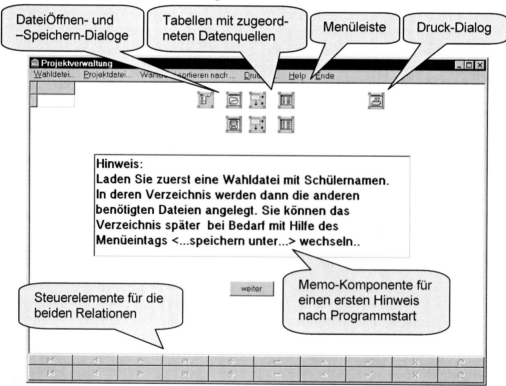

2.2.6 Die Datenbankoberfläche

Delphi enthält unter dem Menüpunkt *Tools* je nach Version meist ein Teilprogramm *Datenbankoberfläche* (das auch direkt gestartet werden kann). Mit diesem kann man sehr einfach Tabellen unterschiedlicher Datenbankformate erzeugen, ändern und mit Daten füllen. (Stattdessen können natürlich auch andere Datenbanksysteme benutzt werden.) Wir wollen das Programm benutzen, um unsere *Wahlen*-Relation zu erstellen und verschiedene Indexdateien dafür anzulegen. Wir wählen dazu aus dem Menüpunkt *Neu* den Unterpunkt *Tabelle anlegen*. Als Dateiformat wählen wir *Paradox* aus. Danach können wir die Attribute durch deren *Namen*, *Typ*, *Länge* und *Index* beschreiben.

Da wir später die Tabelle nach unterschiedlichen Kriterien sortieren wollen, legen wir entsprechende Sekundärindizes an. Einer davon sortiert die Tabelle geordnet nach Name und Vorname, einer nach Klasse, einer nach Projekten. Wir wählen dazu jeweils unter *Tabelleneigenschaften* den Unterpunkt *SekundärIndizes* aus, schieben geeignete Attribute in den Bereich *Indizierte Felder* und speichern Index und Tabelle danach unter geeigneten Namen.

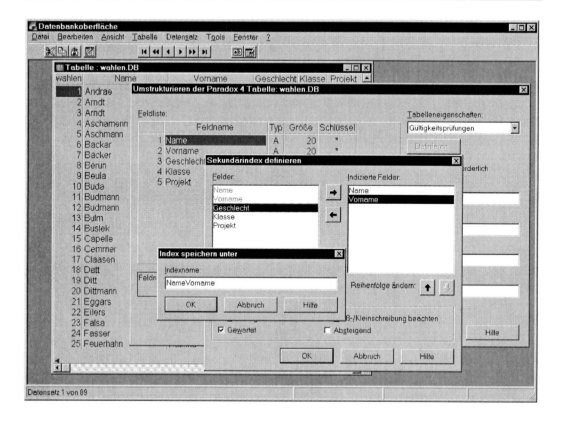

2.2.7 Daten importieren

Das Schulverwaltungsprogramm der Schule sollte in der Lage sein, Teile der gespeicherten Daten zu exportieren. Im günstigen Fall geschieht das in einem der gängigen Datenbankformate. Wir können dann die exportierte Relation direkt unter Delphi als Tabelle öffnen. Im ungünstigen Fall liegen die Daten als einfache Textdatei vor. Wir gehen hier davon aus, dass die Datensätze pro Textzeile den Namen, Vornamen, das Geschlecht und die Klasse eines Schülers als Zeichenketten, getrennt durch Kommata, enthalten:

```
Meier,Peter,m,8f1
Müller,Hannah,w,7b
Hansen, Petra,w,9a
...
```

Eine solche Datei versuchen wir mithilfe der *DateiÖffnen*-Dialogkomponente zum Lesen zu öffnen. Gelingt dieses, dann lesen wir die Daten aus den einzelnen Textzeilen aus und hängen den gewonnenen Datensatz mit *AppendRecord* an die *Wahlen*-Tabelle an. Diese muss natürlich geöffnet sein.

```
procedure DatenImportieren;
var d: Textfile;
    s, Name, Vorname, Klasse: string;
    Geschlecht               : char;
    Projekt                  : short;
begin
Projektverwaltung.Opendialog1.Filename := '*.txt';
if Projektverwaltung.Opendialog1.execute
   then s := Projektverwaltung.opendialog1.filename;
AssignFile(d,s);

try
   Reset(d);
except
   Showmessage('Datei nicht gefunden!'); exit
end;

while not EOF(d) do
   begin
   Readln(d,s);
   Name := copy(s,1,pos(',',s)-1);
   delete(s,1,pos(',',s));
   Vorname := copy(s,1,pos(',',s)-1);
   delete(s,1,pos(',',s));
   Geschlecht := s[1];
   delete(s,1,pos(',',s));
   Geschlecht := s[1];
   Klasse := s;
   Projekt := 0;
   Projektverwaltung.Wahlen.AppendRecord
                 ([Name,Vorname,Geschlecht,Klasse,Projekt]);
   end;
Closefile(d);
WahlenDa := true;
end;
```

- Textdateien mit der Endung TXT anzeigen und eine davon ggf. öffnen.
- Textzeile s lesen
- Daten jeweils bis zum Komma lesen und in s löschen
- Projektnummer auf Null setzen
- Datensatz an die Tabelle anhängen

2.2.8 Tabellen bearbeiten

Eine vorhandene Tabelle können wir in Delphi sehr einfach öffnen, indem wir eine Datei mithilfe des Dialogs wählen, Verzeichnis und Dateinamen trennen und der Tabelle zuweisen. Diese muss vorher „deaktiviert" und danach wieder „aktiviert" werden,

```
procedure TProjektverwaltung.WOeffnenClick(Sender: TObject);
var s: string;
begin
Opendialog1.Filename := '*.db';                    Datei wählen
if Opendialog1.execute
   then s := opendialog1.filename
   else exit;                                      Verzeichnis und Da-
                                                   teinamen extrahieren
path := ExtractFilepath(s);
filename := ExtractFileName(s);

with Wahlen do
   begin
   Active := false;                                Werte der Ta-
   DatabaseName := path;                           belle zuweisen
   TableName := filename;
   Active := true;
   end;

WahlenDa := true;
ZeigeWahlen
end;
```

Bei Bedarf können die Tabelleninhalte mit *Delete* auch wieder gelöscht werden! *RecordCount* gibt die Zahl der vorhandenen Datensätze an. Da die Zählung mit dem Datensatz Nr. 0 beginnt, hat der letzte die Nummer *RecordCount-1*.

```
for i := 0 to Wahlen.Recordcount-1 do
    Wahlen.Delete;
```

Wir wollen die gewählten Projektnummern eingeben, indem wir im Datengitter auf den entsprechenden Datensatz „doppelklicken". Danach erfragen wir die Projektnummer und ändern das richtige Tabellenfeld. Mit der Methode *FieldByName(Attributname)* können wir gezielt Felder des aktuellen Datensatzes auswählen. Die Eigenschaft *AsString* interpretiert die gefundenen Daten als Zeichenkette. Andere Eigenschaften wie *AsInteger*, *AsFloat*, *AsDateTime*, ... existieren ebenfalls. Informieren Sie sich im Hilfesystem unter dem Stichwort *tField* darüber! Die Tabelle kann nur im Editiermodus geändert werden, in den sie durch Aufruf der Methode *Edit* kommt. Nach Änderung der Daten sollte die Tabelle mit *Post* aktualisiert werden.

```
procedure TProjektverwaltung.WDBGridDblClick(Sender: TObject);
var s: string; i: integer;
begin
s := Inputbox('Wahl für '+Wahlen.FieldByName('Name').AsString +
    ', ' + Wahlen.FieldByName('Vorname').AsString,
    'Eingabe der Projektnummer:','');
try i := StrToInt(s);        ← String in eine Zahl verwandeln      Zugriff auf Felder
except
  Showmessage('falsche Zahleneingabe!'); exit
end;
                              Tabelle in den Editiermodus versetzen
Wahlen.Edit;
Wahlen.FieldByName('Projekt').AsInteger := i;
Wahlen.Post;                                  Daten zuweisen
end;        Tabelle aktualisieren
```

2.2.9 Tabellen sortieren und filtern

Bei der Anlage der Tabelle haben wir schon die benötigten Indizes angelegt. Das Sortieren der Tabelle ist deshalb extrem einfach. Wenn wir der Tabelleneigenschaft *IndexName* den richtigen Wert zuweisen, ist die Tabelle sofort entsprechend sortiert.

```
Wahlen.Indexname := 'NachName';     ... sortiert die Tabelle nach Namen
Wahlen.Indexname := 'NachKlasse'    ... sortiert die Tabelle nach Klassen
Wahlen.Indexname := 'NachProjekt';  ... sortiert die Tabelle nach Projekten
```

Etwas komplizierter ist das Filtern der Daten. Wollen wir z. B. nur eine bestimmte Klasse auswählen, dann erfragen wir den entsprechenden Klassennamen, wählen den zugehörigen Index und wählen den gewünschten Bereich mit *SetRange* aus.

```
procedure TProjektverwaltung.WFilternClick(Sender: TObject);
var s: string;
begin                                    Filterbedingung erfragen
s := Inputbox('Filterbedingung:',
              'Geben Sie einen Klassennamen ein (z.B. 7a)','');
if s <> '' then
  begin
  Wahlen.Indexname := 'NachKlasse'; Wahlen.SetRange([s],[s]);
  end
else begin                                        Bereich auswählen
  Wahlen.Indexname := '';
  Wahlen.filtered := false;
  end;              Bei Eingabefehlern alles zeigen
end;
```

2.2.10 Eine Projekt-Tabelle dynamisch erzeugen

Obwohl wir unsere Tabellen leicht mit der Datenbankoberfläche erzeugen können, besteht genauso die Möglichkeit, dieses dynamisch im Programm zu veranlassen. Wir müssen nur diejenigen Schritte, die wir in der Datenbankoberfläche unternehmen, durch Methodenaufrufe wie *Create* oder *FieldDefs.Add* ersetzen. Die Konstanten *ftSmallInt*, *ftString*, ... entsprechen den Datentypen der Paradox-Relation.

```
procedure TProjektverwaltung.PNeueDateiClick(Sender: TObject);
begin
ProjektDaten := TTable.Create(self);           ◁ Tabelle erzeugen, ...
ProjektDaten.DatabaseName := Wahlen.DatabaseName;
ProjektDaten.TableName := 'Projekte.db';
ProjektDaten.TableType := ttParadox;           ... Eigenschaften setzen, ...
with ProjektDaten.FieldDefs do begin
  Add('Projektnummer',ftSmallInt,0,false);
  Add('Projektname',ftString,40,false);
  Add('Leiter',ftString,20,false);             ... Attribute hinzufügen, ...
  Add('Raum',ftString,5,false);
  Add('Aufsicht',ftString,5,false);
  end;
ProjektDaten.CreateTable;                      ... und auf die Festplatte schreiben.
ProjektDaten.Active := true;
end;
```

2.2.11 Eine Tabelle mit Indexdateien speichern

Eine Tabelle kann mithilfe des *DateiSichern*-Dialogs leicht an beliebiger Stelle gespeichert werden, indem den Eigenschaften *DataBaseName* und *TableName* die richtigen Werte zugewiesen werden. Was aber geschieht mit den eventuell vorhandenen Index-dateien? Wir wissen von diesen nur, dass sie mit unterschiedlichen Namenszusätzen ebenfalls den Namen der Tabelle tragen. Es wäre also am einfachsten, einfach alle entsprechenden Dateien mit einem DOS-Kopierbefehl in das richtige Verzeichnis zu schreiben, z. B. durch „*copy c:\daten\wahlen.* a:reserve.**". Zu diesem Zweck müssen wir den Befehlsprozessor *COMMAND.COM* aufrufen und diesem das DOS-Kommando übergeben. Dafür ist der Parameter „*/C*" vorgesehen, der dem DOS-Befehl vorangestellt wird.

Die Ausführung externer Programme kann mit dem Befehl *ShellExecute* ausgelöst werden, der sich in der Unit *ShellAPI* befindet. Diese muss vorher mit *uses ShellAPI* eingebunden werden.

`ShellExecute(handle,nil,Programm,Parameter,Verzeichnis,Option)`

Zum Kopieren extrahieren wir die Dateinamen (ohne Suffix) aus dem Tabellennamen und dem mit einem *DateiSpeichern*-Dialog gewonnenen Dateinamen. Beiden stellen wir das jeweils richtige Verzeichnis voran und hängen den Suffix „.*" an. Danach wird *Shell-Execute* aufgerufen. (Fehler werden in diesem Fall nicht abgefangen!)

```
procedure TProjektverwaltung.WSpeichernClick(Sender: TObject);
var s,s1,s2: string; h: integer;
begin                                          Datei wählen
Savedialog1.Filename := '*.db';
Savedialog1.DefaultExt := 'db';
if Savedialog1.execute
  then s := Savedialog1.filename
  else exit;

path := ExtractFilepath(s);                    Verzeichnis und Da-
filename := ExtractFileName(s);                teinamen extrahieren

s := Wahlen.Tablename;                         Quelle festlegen
if pos('.',s) = 0 then s1 := s
  else s1 := copy(s,1,pos('.',s)-1);
s1 := Wahlen.Databasename+s1+'.*';

s := filename;                                 Ziel festlegen
if pos('.',s) = 0 then s2 := s
  else s2 := copy(s,1,pos('.',s)-1);
s2 := path+s2+'.*';

shellexecute(handle,nil,'command.com',
             PChar('/C'+'copy ' + s1 + ' ' + s2),'',h);
end;
```

2.2.12 Listen drucken

Listen kann man drucken, indem auf die *Canvas*-Eigenschaft des Printer-Objekts gezeichnet wird – genauso wie auf den Grafikbildschirm.

Albert-Einstein-Gymnasium Göttingen

Projektlisten, geordnet nach Projekten , Stand: 15.08.99

Projekt Nr.1: Malen bei Meyer in Raum Ku-B

Name, Vorname

 1: Andrae, Domenico
 2: Aschamenn, Stefanie
 3: Bäcker, Andreas
 4: Berun, Stefan
 5: Beula, Frank
 6: Buda, Kathrin
 7: Budmann, Felicitas
 8: Buslek, Sascha
 9: Cemmer, Thomas
10: Datt, Simon
11: Dittmann, Março
12: Eilers, Othwin
13: Feuerhahn, Katinka
14: Friedrich, Andreas

Mit *uses printers* binden wird den Drucker in unser Programm ein. Wir benötigen aber einige zusätzliche Befehle, um z. B. den Seitenvorschub des Druckers zu steuern.

Gedruckt wird also, indem

1. die Anweisung *uses printers* an den Anfang des *Implementation*-Teils der Unit gesetzt wird.
2. mit *BeginDoc* und *EndDoc* der Druckablauf gesteuert wird.
3. mit *NewPage* ggf. ein Seitenvorschub ausgelöst wird.
4. mit den bekannten Zeichenbefehlen auf der *Canvas* des Druckers gezeichnet wird.

Eine Druck-Prozedur enthält damit einen Anweisungsblock der Form:

```
with Printer do begin
  BeginDoc;
  ...
  with Printer.Canvas do begin ... end;
  EndDoc
  end;
```

Wir wollen hier Projektlisten drucken. Dazu benötigen wir die Daten des Projekts, von dem wir nur die Nummer aus der Wahldatei kennen. Wir durchsuchen also die Projektdatei „per Hand" nach diesen Informationen. Dazu setzen wir den Satzzeiger auf den ersten Datensatz (mit der Methode *First*) und bewegen ihn durch die Tabelle (mit *Next*) bis zum Ende der Relation, das wir mit *EOF* abfragen.

```
procedure HoleProjektdaten(nr: integer;
                           var Titel, Leiter, Raum: string);
  var i       : integer;
      gefunden: boolean;
  begin
  Projektdaten.first;           ← Satzzeiger auf das erste Tupel setzen
  gefunden := false;
                                ← Solange Daten da sind tue ...
  while not Projektdaten.EOF and not gefunden do
    begin
    i := Projektdaten.FieldByName('Projektnummer').AsInteger;
    if i <> nr                  ← ... Projektnummer prüfen
      then Projektdaten.next
      else begin                ← ... Satzzeiger weiterrücken
        gefunden := true;
        Titel   := Projektdaten.FieldByName('Projektname').
                                                        AsString;
        Leiter  := Projektdaten.FieldByName('Leiter').AsString;
        Raum    := Projektdaten.FieldByName('Raum').AsString;
        end
    end;                        ← ... Daten extrahieren
  if not gefunden then
    begin
    Titel := '-'; Leiter := '-'; Raum := '-'
    end;
  end;
```

2. Dateien und Datenbanken

Mit dieser Hilfe können wir jetzt die Wahltabelle durchlaufen, die wir vorher nach Projekten ordnen. Immer dann, wenn die Projektnummer wechselt, fängt eine neue Seite an.

mit dem PRINTER tue
Vorbereitungsschritte wie: PNr ← 0, Wahldaten-Satzzeiger auf das erste Element setzen, ...
SOLANGE Wahldaten vorhanden sind TUE
Informationen zusammensuchen
bei Bedarf neue Seite anfangen
Informationen drucken
Satzzeiger weiterrücken
Nachbereitungsschritte

```
procedure TProjektverwaltung.Listendruck;
var Name, Vorname, Klasse, Raum, Titel, Leiter, h: string;
    x,y, seite, n, PNr, i                         : integer;
    Seitenwechsel                                 : boolean;
begin
if PrintDialog1.Execute then             ── Drucker wählen
  begin
  Wahlen.Indexname := 'NachProjekt';
                                         ── nach Projekten sortieren
  with Printer do begin
    BeginDoc;
    seite         := 0;
    n             := 0;
    Seitenwechsel := false;

    with Printer.Canvas do begin         ── Schrift einstellen
      Font.Height := 60;
      Font.Name := 'Times New Roman';
      x := 150; y := 0;
      PNr := 0;

      Wahlen.first;

      while not Wahlen.EOF do begin
        i := Wahlen.FieldByName('Projekt').AsInteger;
        Seitenwechsel := PNr <> i;       ── neues Projekt?
```

```
            if Seitenwechsel then
              begin
                PNr := i;
                HoleProjektdaten(PNr,Titel,Leiter,Raum)
              end;
            if Seitenwechsel or ( y > 2760) then
              begin
                seite := seite + 1;
                if seite > 1 then NewPage;          ⟵ bei Bedarf neue Seite
                Font.Height := 70;
   Über-       TextOut(x,50,'Albert-Einstein-Gymnasium Göttingen');
   schrift     Font.Height := 100;
                TextOut(x,150,'Projektlisten,
                 geordnet nach Projekten, Stand: '+ DateToStr(date));
                Font.height := 60;
                TextOut(x,300,'Projekt Nr.'+IntToStr(PNr)+': '+Titel+
                                  ' bei '+Leiter+' in Raum '+Raum);
                y := 450;
                Font.Height := 60;
                Textout(x+120,y,'Name, Vorname');
                MoveTo(x,y+65); LineTo(x+2000,y+65);
                y := y + 80; n := 0;
              end;
                                                  Schülernamen drucken
            n := n + 1;
            Name    := Wahlen.FieldByName('Name').AsString;
            Vorname := Wahlen.FieldByName('Vorname').AsString;
            PNr     := Wahlen.FieldByName('Projekt').AsInteger;
            if n < 10  then h := '  '+h;
            if n < 100 then h := ' '+h;
            TextOut(x,y,h+':'); Textout(x+120,y,Name+', '+Vorname);
            y := y + 75;
            Wahlen.Next;  ⟵ Satzzeiger weiterrücken
          end;
        end;
      EndDoc
    end
  end
end;
```

Als Ergebnis erhalten wir die gewünschte Liste.

2.2.13 Aufgaben

1. Benutzen Sie das **Steuerelement**, um die Projektdaten einzugeben bzw. zu ändern.

2. Schreiben Sie eine Methode, die eine **Eingabemaske für Projektdaten** verwaltet.

   a: Erzeugen Sie ein zweites Formular *Maske* und verstecken Sie es gleich. Sichtbar wird das entsprechende Fenster nur nach Aufruf der Eingabemaske.

   b: Koppeln Sie auf einem zweiten Formular Eingabefelder mit der Projektdaten-Tabelle.

   c: Überprüfen Sie, wann die Daten der Tabelle nach Änderungen in den Eingabefeldern aktualisiert werden.

3. a: Erzeugen Sie die Wahldaten-Tabelle **dynamisch** vom Programm her.

   b: Erstellen Sie die benötigten Indizes mithilfe der Tabellenmethode *AddIndex*. Informieren Sie sich im Delphi-Hilfesystem über deren Benutzung.

4. **Kopieren** Sie die Wahldatentabelle und deren Indexdateien, indem Sie

   a: eine zweite Tabelle mithilfe der Tabellenmethode *CreateTable* im gewählten Verzeichnis erzeugen,

   b: danach die Wahldatensätze mithilfe der Tabellenmethode *AppendRecord* in die neue Tabelle einfügen

   c: und zuletzt die Indexdateien mithilfe der Tabellenmethode *AddIndex* erzeugen.

5. Schreiben Sie Methoden, um die noch fehlenden **Listenarten** zu drucken:

   a: Drucken Sie die Daten geordnet nach Klassen. Für jeden Schüler werden der gewählte Projektname, der Projektleiter und der Unterrichtsraum ausgedruckt.

   b: Drucken Sie eine alphabetisch geordnete Gesamtliste. Für jeden Schüler werden der gewählte Projektname, der Projektleiter und der Unterrichtsraum ausgedruckt.

6. Führen Sie weitere Möglichkeiten ein, die Wahldaten zu **filtern**.

   a: Zeigen Sie nur Namen in einem bestimmten Bereich an (z. B. alle Namen zwischen ‚Meier' und ‚Müller').

   b: Zeigen Sie alle Schülerinnen und Schüler an, die in einem bestimmten Raum (bei einem bestimmten Lehrer) Unterricht haben.

c: Zeigen Sie alle Schülerinnen und Schüler mit einem bestimmten Begriff im Projektnamen („Töpfern").

7. Verwalten Sie ein **Sportfest** (die Bundesjugendspiele) Ihrer Schule als **Gruppenarbeit**.

   a: Beschreiben Sie das System im ER-Modell.

   b: Leiten Sie daraus die Struktur der benötigten Datenbank (Relationen, Schlüssel, ...) ab.

   c: Beschreiben Sie detailliert die zu bearbeitenden Teilaufgaben. Schätzen Sie den Zeitbedarf zu deren Lösung ab.

   d: Stellen Sie Abhängigkeiten zwischen den Teilaufgaben fest („Wer benötigt was für die Bearbeitung seiner Aufgabe?"). Definieren Sie bei Bedarf Spieldaten, mit deren Hilfe Aufgabenteile auch früher bearbeitet werden können. Stellen Sie einen Zeitplan für die Gesamtlösung auf. Vereinbaren Sie Zeitpunkte, zu denen der aktuelle Zustand mit dem Zeitplan verglichen wird. Spielen Sie „Katastrophensituationen" durch („Was passiert, wenn das schief geht?"). Verteilen Sie die Aufgaben an die Gruppenmitglieder.

   e: Schreiben Sie ein möglichst einfaches Rahmenprogramm, ggf. mit Spieldaten, unter dem die Teilaufgaben möglichst unabhängig von einander bearbeitet werden können.

   f: Schreiben Sie die benötigten Teilprogramme.

   g: Fügen Sie die Teillösungen zusammen. Testen Sie das Programm und vergleichen Sie Ihr Ergebnis mit den anfänglichen Anforderungen.

8. Bearbeiten Sie ähnlich wie in Aufgabe 7:

   a: die Organisation einer **Schulbibliothek**. Es gibt Bücher, Entleiher, Leihkarten, Mahnungen, Mahnlisten, Bestandslisten, eine Kasse, ...

   b: die Organisation eines **Pizza-Bringdienstes**. Es gibt Rezepte, Zutaten, Pizzen, Kunden, Lieferanten, Angestellte, Rechnungen, Lieferscheine, ...

   c: die Organisation einer **Schulband**. Es gibt Noten, Musikanten, Dirigenten, Auftritte, Programme, Übungstermine,...

2.3 SQL-Anfragen an die Datenbank

Größere Datenbanken befinden sich meist nicht auf einem Arbeitsplatzrechner, sondern sie werden an einer zentralen Stelle, einem *Server*, gehalten. Auch kleinere Datenbanken speichert man besser dort, denn dann können unterschiedliche Benutzer sehr viel leichter auf den gleichen Datenbestand zugreifen. Im Internet läuft so ein Zugriff meist über viele Stellen, und alle erforderlichen Daten müssen alle diese Zwischenrechner passieren. Es ist deshalb eine wichtige Aufgabe, die übermittelten Daten auf das Notwendige zu beschränken. Ein Arbeitsplatzrechner sollte dem Server möglichst präzise mitteilen können, welche Daten er benötigt und was er ggf. mit diesen Daten anstellen will. Die eigentliche Arbeit kann dann auf dem Server erledigt werden, der nur noch die Ergebnisse zurück liefert. Diese stellen dann das *Ergebnis einer Anfrage an die Datenbank* dar. U. a. wird auf diesem Wege auch der Arbeitsplatzrechner von Arbeiten entlastet, für die der Server meist besser geeignet ist.

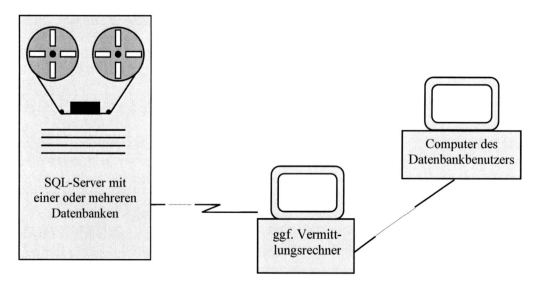

Da Computer menschliche Sprache (noch) nicht verstehen, müssen Anfragen ähnlich wie Programme in einer formalen Sprache formuliert werden, die der Server *interpretieren* und ausführen kann. Standard auf diesem Gebiet ist für relationale Datenbanken die *Structured Query Language* SQL, die wir hier benutzen wollen.

Im Gegensatz zur direkten Manipulation von Relationen durch Programme beschreiben SQL-Anweisungen *was zu tun ist*, und nicht, *wie es getan werden soll*, denn das ist Aufgabe des SQL-Servers. SQL ist eine *deklarative Sprache*. Da die Anweisungen zeichenweise von einem SQL-Interpreter verarbeitet werden, ist es auch gleichgültig, wie diese Zeichenfolgen generiert werden. Es ist eine Frage der Nützlichkeit, ob SQL-Anweisungen in Programmteile „verpackt" werden, die dann auf anderem Wege - z. B. über das Anklicken eines Buttons - aufgerufen werden, oder ob ein menschlicher Benutzer die Befehle direkt eingibt. Als vollständige Datenbank-Manipulationssprache ermöglicht SQL alle Operationen, die zur Verwaltung und Nutzung von Datenbanken erforderlich sind, und da SQL-Anweisungen Teile eines Programms sein können, bietet SQL eine alternative Möglichkeit, Tabellen zu erzeugen, zu verändern und deren Inhalte zu verknüpfen, ohne direkt auf diese Daten zugreifen zu müssen. (Nebenbei ist anzumerken, dass die Benutzung von SQL-Befehlen meist zu sehr viel effizienteren Lösungen führt als „selbst gestrickte" Programme.)

2.3.1 Local-SQL

Delphi gestattet nicht nur den Zugriff auf „echte" SQL-Server, sondern es kann auch SQL-Zugriffe auf Relationen bekannter Datenbanksysteme *simulieren*, indem es eine für unsere Zwecke völlig ausreichende Teilmenge der genormten SQL-Anweisungen (*Local-SQL*) in geeignete Borland-Database-Engine-(*BDE*)-Befehle umsetzt. Wir können also auf die „normalen" Tabellen einer Datenbank SQL-Anweisungen anwenden, ohne über einen SQL-Server zu verfügen.

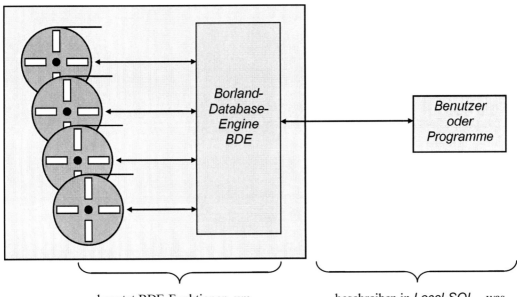

benutzt BDE-Funktionen, um durch Zugriffe auf die Relationen der Datenbank das Entsprechende „zu tun"

beschreiben in *Local-SQL*, „was zu tun ist", und erhalten ggf. das Ergebnis zurück

2. Dateien und Datenbanken

Die Anweisungen von Local-SQL kann man zu zwei Gruppen zusammenfassen:

- Die *Data-Definition-Language DDL* enthält relativ wenige Befehle, um Tabellen und Indizes zu erzeugen, zu verändern oder zu löschen.

- Die *Data-Manipulation-Language DML* enthält sehr viele Befehle, um mit den eigentlichen Inhalten der Datenbank umzugehen, sie also einzufügen, zu löschen, zu verändern und (vor allem) auszuwerten.

Wir werden einen Teil der möglichen Anweisungen anhand eines Beispiels genauer beschreiben und uns vor allem um die Auswertung der Daten kümmern.

2.3.2 Kurswahlen

Als Beispiel für eine Datenbank, aus der man „interessante" Daten herauslesen kann, wollen wir das stark vereinfachte Modell eines Oberstufen-Kurssystems benutzen – wie üblich in der ER-Darstellung. Es soll darin die Entities *Schüler*, *Lehrer*, *Kurse* und *Ergebnisse* geben, verknüpft über die Relationen *wählt*, *erzielt*, *istTutor* und *leitet*.

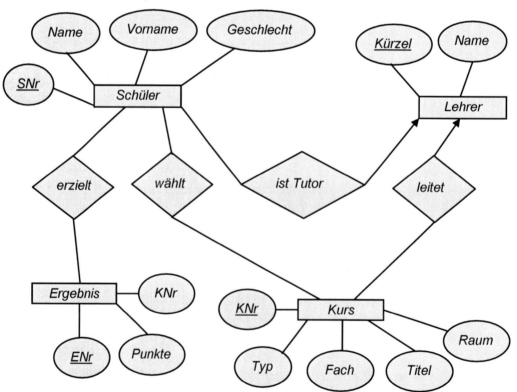

Die entsprechenden Relationen einer Datenbank können wir dann

- entweder mit der Datenbankoberfläche
- oder mit Komponenten vom Typ *tTable* unter Delphi
- oder durch SQL-Anweisungen

erzeugen und mit Inhalten füllen.

In diesem Fall wollen wir den dritten Weg gehen.

2.3.3 SQL-Anweisungen direkt eingeben

SQL-Anweisungen werden unter Delphi von Datenzugriffskomponenten des Typs *tQuery* verarbeitet. Diese entsprechen funktional einer Tabellenkomponente, ohne (bei uns) mit einer existierenden Relation verbunden zu sein. Stattdessen nehmen sie eine SQL-Anweisung entgegen und führen diese aus. Bei Anfragen stellen sie die zurückgegebenen Daten als Tabelle zur Verfügung. Man verbindet *Query*-Komponenten genau wie Tabellen über eine *Datasource*-Komponente mit den Datensteuerungskomponenten, die die vorhandenen Daten anzeigen.

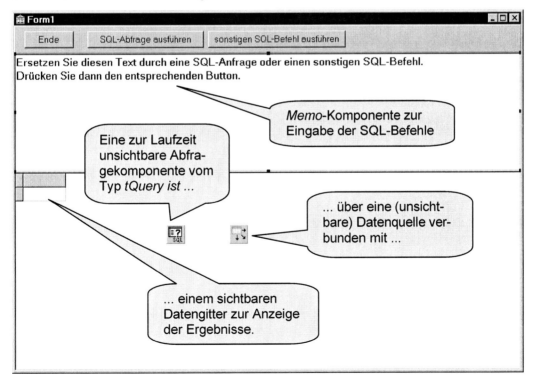

Die SQL-Anweisungen werden einer *Query*-Komponente über deren *SQL-Eigenschaft* vom Typ *tLines* mitgeteilt. (Es werden also Textzeilen ausgefüllt.) Da diese vom gleichen Typ ist wie der Inhalt einer *Memo*-Komponenten, können wir in eine solche einfach SQL-Anweisungen eingeben und das Ergebnis z. B. beim Anklicken eines Buttons der SQL-Eigenschaft zuweisen. Schon haben wir einen SQL-Befehl zur Ausführung bereitgestellt. Erzeugen wir im selben Fenster eine Datensteuerungskomponente vom Typ *tDBGrid*, dann können wir das Ergebnis direkt ansehen.

Anfragen an eine Datenbank unterscheiden sich von den anderen SQL-Befehlen dadurch, dass sie Daten zurückliefern. Sie werden deshalb auch anders behandelt. Die Methode *Open* der Query-Komponente führt Anfragen durch, die Methode *ExecSQL* die anderen Befehle. In unserem Fall fügen wir zwei Buttons ein, deren Ereignisbehandlungsroutinen diesen Unterschied berücksichtigen. Beide müssen also die eingegebenen Befehle in die SQL-Eigenschaft der Abfrage kopieren und den Befehl ausführen.

| Abfrage schließen |
| Inhalt der SQL-Eigenschaft löschen |
| Inhalt der Memo-Komponenten kopieren |
| entweder die Methode OPEN oder ExecSQL ausführen |

```
procedure TForm1.AbfrageClick(Sender: TObject);
begin
Query1.Close;
Query1.SQL.Clear;
Query1.SQL := Memo1.Lines;
Query1.Open;
end;
```
Datenbankabfrage durchführen

```
procedure TForm1.StartSQLClick(Sender: TObject);
begin
Query1.Close;
Query1.SQL.Clear;
Query1.SQL := Memo1.Lines;
Query1.ExecSQL;
end;
```
sonstigen SQL-Befehl ausführen

2.3.4 Die Kurswahl-Relationen erzeugen

Die bisherigen Ausführungen waren spezifisch für *LocalSQL*, weil sie die besonderen Eigenschaften der Delphi-Komponenten berücksichtigten. Die jetzt folgenden eigentlichen SQL-Anweisungen dagegen sind unabhängig davon und können in jedem beliebigen SQL-System eingesetzt werden, z. B. indem sie direkt an eines der für Schulen freien Datenbanksysteme wie (derzeit) *mySQL* gesendet werden. Zu beachten sind dabei ggf. individuelle Besonderheiten wie z. B. die, jeden Befehl mit einem Semikolon zu beenden.

Für unsere Kurswahlverwaltung benötigen wir zuerst einmal leere Relationen mit den erforderlichen Attributen. Diese können wir mit dem DDL-Befehl *CREATE TABLE* erzeugen. (Im Folgenden werden optionale Befehlsteile - also Teile, die man einsetzen darf, aber nicht muss - in eckige Klammern gesetzt. Deren Inhalt kann dann keinmal oder beliebig oft wiederholt werden. SQL-Schlüsselworte schreibt man üblicherweise groß. Als Tabellentyp werden Paradox-Tabellen mit dem Suffix „db" gewählt.) Die Syntax des Befehls lautet:

CREATE TABLE tabellenname
(
  Attribut-Definition [, Attributdefinition]
  [, PRIMARY KEY (Attributmenge)]
)

Bei den Tabellennamen und Attributdefinitionen sind einige Besonderheiten zu beachten.

- Standard-SQL lässt keine Sonderzeichen außer dem Unterstrich in Namen zu. LocalSQL ermöglicht die Nutzung der üblichen Betriebssystem-Namenskonventionen für Dateien mit Pfadnamen und Leerzeichen. Macht man davon Gebrauch, dann muss man die Namen in „Anführungsstriche" setzen. Obwohl sowohl Hochkommas als auch „Gänsefüßchen" zugelassen sind, sollte man nur eine Art benutzen.

- Die Anführungszeichen sind auch dann wichtig, wenn reservierte SQL-Worte als Namen benutzt werden – und davon gibt es viele, z. B. „Alter". Hat ein Attribut einen Namen mit „Gänsefüßchen", dann muss der Relationsname bei der Definition vorangestellt werden.

- Die Attributdefinitionen bestehen jeweils aus Attributnamen und Attributtyp.

- Die Attributtypen hängen vom gewählten Tabellenformat ab. Einige oft gebrauchte sind:
    - AUTOINC   Zählerattribute
    - BOOLEAN   logische Attribute
    - CHAR(Länge)   Zeichenketten
    - DATE   Datumsattribute

- FLOAT(Stellen,Genauigkeit)   Gleitpunktzahlen
- INTEGER   (lange) ganze Zahlen
- SMALLINT   (kurze) ganze Zahlen
- TIME   Zeitattribute

- Mit PRIMARY KEY kann der Primärschlüssel der Relation angegeben werden. Besteht dieser aus mehreren Attributen, dann werden diese durch Kommas getrennt.

Als Beispiel wollen wir einmal unsere Schüler-Relation erzeugen:

CREATE TABLE "schueler.db"
(
SNr AUTOINC,
Name CHAR(20),
Vorname CHAR(20),
Geschlecht CHAR(1),
PRIMARY KEY (SNr)
)

Entsprechend funktioniert das bei den Lehrern, Kursen und Kursergebnissen:

CREATE TABLE "lehrer.db" *CREATE TABLE "kurse.db"*
(*(*
Kuerzel CHAR(4), *KNr AUTOINC,*
Name CHAR(20), *Typ CHAR(1),*
PRIMARY KEY (Kuerzel) *Fach CHAR(2),*
) *Titel CHAR(40),*
  Raum CHAR(5),
  PRIMARY KEY (KNr)
)

CREATE TABLE "ergebnisse.db"
(
ENr AUTOINC,
Punkte SMALLINT,
KNr SMALLINT,
PRIMARY KEY (ENr)
)

2.3.5 Weitere DDL-Befehle von Local-SQL

- Die Struktur vorhandener Relationen kann mit dem Befehl *ALTER TABLE* verändert werden. Damit lassen sich Attribute löschen oder einfügen. (Alternative Befehlsteile werden durch einen senkrechten Strich getrennt.) Die Syntax des Befehls lautet:

    ALTER TABLE tabellenname
    DROP Attribut | ADD Attribut
    [, DROP Attribut | ADD Attribut]

    Beim Löschen (*DROP*) wird nur der Attributname angegeben, beim Einfügen (*ADD*) auch der Typ des Attributs. Wollen wir also z. B. den Vornamen in der Schüler-Relation löschen und einen Klassennamen einfügen, dann lautet der Befehl dafür

    ALTER TABLE "schueler.db"
    DROP Vorname, ADD Klasse CHAR(5)

- Vorhandene Relationen lassen sich mit DROP TABLE löschen. Die Syntax des Befehls lautet:

    DROP TABLE tabellenname

- Ein Sekundärindex für eine vorhandene Relation lässt sich mit dem Befehl *CREATE INDEX* anlegen. Die Syntax des Befehls lautet:

    CREATE [UNIQUE] [ASC | DESC] INDEX indexname ON tabellenname
    (
      Attribut [, Attribut]
)

    - Wird die Option *UNIQUE* angegeben, dann lösen doppelte Zeilen einen Fehler aus.
    - Die Option *ASC* bzw. *DESC* beschreibt einen aufsteigend bzw. absteigend sortierten Index.

    Wollen wir z. B. die Schüler-Relation mit einem Sekundärindex ausstatten, der nach Schülernamen sortiert ist, dann geben wir an:

    CREATE ASC INDEX NameVorname ON "schueler.db"
    (Name, Vorname)

- Ein vorhandener Index lässt sich mit *DROP INDEX* löschen. Die Syntax des Befehls lautet:

    DROP INDEX tabellenname.indexname | tabellenname.PRIMARY

    Die Option *PRIMARY* löscht dabei den Primärindex.

2.3.6 Daten eingeben

Daten werden in eine bestehende Relation mithilfe des *INSERT INTO* Befehls eingetragen. Nach der (optionalen) Angabe der einzutragenden Attribute werden deren Werte angegeben. Die Syntax des Befehls lautet:

    INSERT INTO tabellenname
    [Attributliste]
    VALUES (Werteliste)

Wollen wir also den Schüler *Peter Meier* in die Tabelle aufnehmen, dann lautet der Befehl:

    INSERT INTO "schueler.db"
    (Name, Vorname, Geschlecht)
    VALUES ("Meier","Peter","m")

Auf diese Art sollte man aber nur einzelne Datensätze einfügen. Bei neuen Relationen lassen sich die Daten sehr viel schneller mithilfe der Datenbankoberfläche oder mit einem kleinen Programm eingeben.

2.3.7 Daten verändern oder löschen

Vorhandene Datensätze lassen sich mit dem *UPDATE*-Befehl verändern. Eine optionale *WHERE*-Klausel gestattet die Auswahl der zu verändernden Daten. (Eine genauere Beschreibung dafür folgt später.) Die Syntax des Befehls lautet:

    UPDATE tabellenname
    SET Attribut = Wert [, Attribut = Wert]
    [WHERE Bedingung]

Wollen wir in der Schüler-Relation alle *Müller* in *Meier* umtaufen, dann geben wir ein:

    UPDATE "schueler.db"
    SET Name = "Meier"
    WHERE Name = "Müller"

Vorhandene Datensätze lassen sich mit dem *DELETE FROM* Befehl löschen. Eine optionale *WHERE*-Klausel gestattet die Auswahl der zu löschenden Daten. Wird eine solche Klausel nicht eingegeben, dann werden alle Datensätze gelöscht. Die Syntax des Befehls lautet:

    DELETE FROM tabellenname
    [WHERE Bedingung]

Wollen wir alle *Müller* aus der Schüler-Relation löschen, dann geben wir ein:

    DELETE FROM "schueler.db"
    WHERE Name = "Müller"

2.3.8 Die Datenbank befragen

Die Möglichkeit, Anfragen an eine Datenbank zu stellen, ist die wichtigste Fähigkeit einer Abfragesprache. Entsprechend hat der dazu erforderliche *SELECT*-Befehl auch den kompliziertesten Aufbau. Seine Syntax lautet:

> SELECT [DISTINCT] * | Attributliste
> FROM tabellenliste
> [WHERE bedingung]
> [GROUP BY gruppenliste]
> [HAVING bedingung]
> [ORDER BY ordnungsliste]

Die Benutzung ist aber oft gar nicht so schwierig, weil viele Optionen weggelassen werden können. Am einfachsten ist die Anzeige einer Tabelle. Benutzen wir den „*" statt der Attributliste, dann werden alle Attribute angezeigt. Zusätzlich müssen wir nur noch den Relationsnamen wissen. Eine Schülerliste erhalten wir also mit

> SELECT *
> FROM schueler

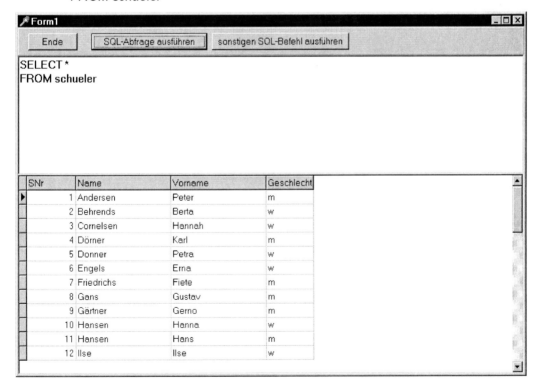

136 2. Dateien und Datenbanken

Nur Namen und Geschlecht liefert die Anfrage

SELECT Name,Geschlecht
FROM schueler

und die sortierten Vornamen der Mädchen (jeweils nur einmal) liefert:

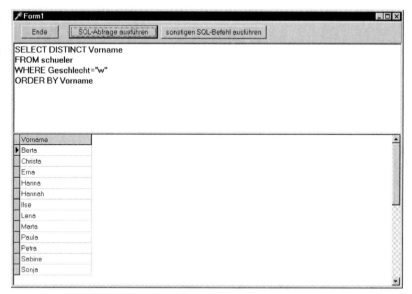

Sehr viel interessanter wird es, wenn wir die Inhalte mehrerer Relationen miteinander verknüpfen. Listen wir doch einmal zwei Relationsnamen in der *FROM*-Klausel auf:

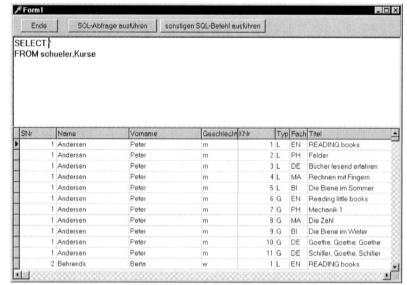

Das Ergebnis ist ein **Natural Join**: Jede Zeile einer Tabelle wird mit allen der anderen verknüpft – und das ist meist unbrauchbar. Wir nutzen deshalb die **WHERE**-Klausel, um genauer zu bestimmen, welche Datensätze mit welchen zu verknüpfen sind. Dafür können wir die Primärschlüssel der Relationen verwenden. Wollen wir z. B. wissen, welche Schüler welche Kurse belegt haben, dann geben wir ein

> SELECT schueler.Name, kurse.Fach, kurse.Titel
> FROM schueler, waehlt, kurse
> WHERE (schueler.SNr=waehlt.SNr) AND (waehlt.KNr=kurse.KNr)

Obwohl schon die Kurzfassung für die Relationsnamen gewählt wurde, sind die Formulierungen in der WHERE-Klausel recht lang. Wir können deshalb für die Relationsnamen auch ALIAS-Namen vereinbaren, unter denen die Relationen angesprochen werden. Wählen wir für die *Schüler* den Alias *S*, für die *Wahl*-Relation den Alias *W* und für die *Kurse* den Alias *K*, dann lautet die gleiche Anfrage:

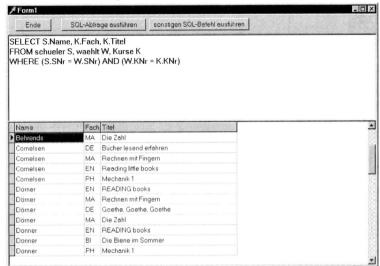

Auf diese Weise können wir auch erfahren, welches denn die „besten" Schülerinnen und Schüler sind:

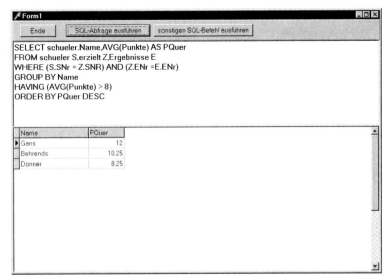

Diese Anweisung müssen wir etwas genauer ansehen:

- Die Attribute *Name* und *Punkte* sind in dieser Anweisung eindeutig und brauchen deshalb nicht durch den Relationsnamen spezifiziert zu werden.
- Die Funktion *Mittelwert* (*AVG*) wird unter dem Alias *PQuer* in der Darstellung der Abfrage benutzt.
- Durch eine Gruppenbildung nach Namen wird der Mittelwert pro Schüler berechnet.
- Die Bedingung der *HAVING*-Klausel (die nur zusammen mit *GROUP BY* benutzt werden kann) gibt an, ab welchem Wert die Ergebnisse angezeigt werden. Sie leistet damit für die Gruppen, was die *WHERE*-Klausel für die einzelnen Datensätze schafft.
- Zuletzt wird die Reihenfolge bestimmt: Die Ergebnisse sollen absteigend nach den Punkt-Mittelwerten geordnet sein.

> *SELECT Name, AVG(Punkte) AS PQuer*
> *FROM schueler S, erzielt Z, Ergebnisse E*
> *WHERE (S.SNr = Z.SNR) AND (Z.ENr =E.ENr)*
> *GROUP BY Name*
> *HAVING (AVG(Punkte) > 8)*
> *ORDER BY PQuer DESC*

Nach diesen Vorbereitungen können wir uns die Syntax der einzelnen Klauseln genauer ansehen:

- Die *FROM*-Klausel enthält einfach eine Liste von Relationsnamen, denen bei Bedarf ein *Alias*-Name folgt. Die Syntax der Klausel lautet:

    FROM tabellenname [, tabellenname]

- Die *WHERE*-Klausel enthält einen logischen Ausdruck, der *TRUE* oder *FALSE* ergeben muss. Mithilfe der logischen Operatoren *AND*, *OR* und *NOT* sowie *Klammern* und *Bezügen auf Attribute* und/oder *Funktionsergebnissen*, die aus den Attributwerten zu berechnen sind (s. u.), werden diese formuliert. Die Syntax lautet:

    WHERE bedingung

    - Innerhalb von *WHERE*-Bedingungen können auch *Unterabfragen* auftreten.
    - Die *WHERE*-Klausel arbeitet vor der Gruppierung von Daten. Beziehen sich also Bedingungen auf Gruppenergebnisse, dann muss die *HAVING*-Klausel benutzt werden.
    - *WHERE*-Klauseln können außer in der *SELECT*-Anweisung auch in der *UPDATE*-Anweisung auftreten.

- Die *ORDER BY*-Klausel ordnet die Daten auf- oder absteigend nach einer oder mehreren Ergebnisspalten. Die Syntax der Klausel lautet:

    ORDER BY spaltenname [, spaltenname] [ASC | DESC]

- Die *GROUP BY*-Klausel verbindet Zeilen mit gemeinsamen Attributwerten, z. B. gleichen Namen. Auf diese Gruppen können dann Aggregatfunktionen angewendet werden. Die Syntax der Klausel lautet:

    GROUP BY spaltenname [, spaltenname]

    Als Aggregatfunktionen stehen zur Verfügung:

    - AVG   für den Mittelwert eines numerischen Attributs der Ergebnismenge
    - COUNT   für die Anzahl der Zeilen der Ergebnismenge
    - MIN, MAX   für den kleinsten/größten Wert einer Attributspalte
    - SUM   für die Summe der Werte eines numerischen Attributs der Ergebnismenge

- Die *HAVING*-Klausel kann nur eingesetzt werden, wenn sowohl eine *GROUP BY* Klausel sowie mindestens eine Aggregatfunktion eingesetzt werden. Die Bedingung der *HAVING*-Klausel bezieht sich auf die Ergebnisse solcher Funktionen. Die Syntax der Klausel lautet:

    HAVING bedingung

2.3.9 Geschachtelte Abfragen

In vielen Fällen beziehen sich die Bedingungen einer Abfrage auf ein Ergebnis vorheriger Abfragen. Für diesen Zweck stehen die Prädikate *EXISTS, IN, SOME, ANY* und *ALL* zur Verfügung, die auf Tabellen angewendet werden, die von vorherigen Anfragen geliefert wurden. Die letzten drei Prädikate werden zusammen mit Vergleichsoperatoren benutzt.

Als Erstes wollen wir alle Schüler suchen, die überhaupt schon Kurse gewählt haben. Dazu suchen wir mit

SELECT K.KNr
FROM schueler S, waehlt W, kurse K
WHERE   (S.SNr = W.SNr)   AND   (W.KNr = K.KNr)

für jeden Schüler dessen Kurse zusammen und fragen anschließend mit *EXISTS*, ob in dieser Ergebnismenge überhaupt Elemente vorhanden sind. Ist das der Fall, dann zeigen wir den Schülernamen an.

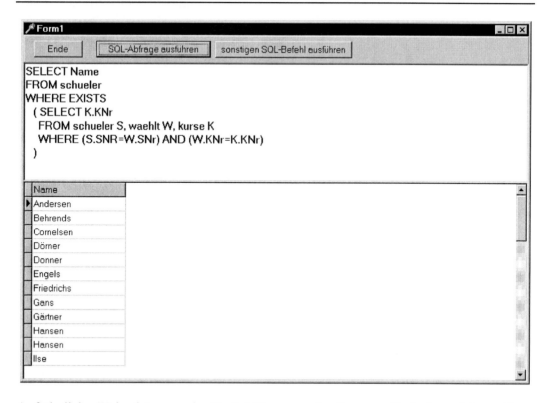

Auf ähnliche Weise können wir alle Schülernamen bestimmen, die in irgendeinem Kurs zusammen mit „Gerno Gärtner" Unterricht haben. Wir bestimmen Gernos Kurse und sehen dann für jeden Schüler nach, ob irgendeiner (*SOME*) von dessen Kursen in dieser Liste zu finden ist.

```
SELECT DISTINCT Name
FROM schueler S, waehlt W
WHERE (S.SNr = W.SNr) AND
        (W.KNr = SOME ( SELECT K.KNr
                        FROM schueler S, waehlt W, kurse K
                        WHERE (S.Name = "Gärtner") AND
                               (S.SNr = W.SNr) AND (W.KNr = K.KNr)
                      )
        )
```

Am häufigsten wird man das *IN*-Prädikat benötigen. Als Beispiel wollen wir die Tutandenzahlen von naturwissenschaftlichen Lehrern bestimmen, vielleicht um die mit denen von Sprachlehrern zu vergleichen. Wir benötigen also zuerst einmal die Unterrichtenden von Kursen in Mathematik, Physik, Chemie und Biologie.

```
SELECT DISTINCT L.Kuerzel
FROM lehrer L, leitet LT, Kurse K
WHERE (L.Kuerzel=LT.Kuerzel) AND (LT.KNr=K.KNr) AND
      (K.Fach IN ("MA","PH","CH","BI"))
```

Anschließend zählen wir die Tutanden dieser Lehrer und ordnen sie absteigend nach der Tutandenzahl.

```
SELECT L.Name,COUNT(S.Name) AS Tutandenzahl
FROM Lehrer L, IstTutor T, schueler S
WHERE (S.SNr=T.SNr) AND (T.Kuerzel=L.Kuerzel) AND
      (L.Kuerzel IN (SELECT DISTINCT L.Kuerzel
                     FROM lehrer L, leitet LT, Kurse K
                     WHERE (L.Kuerzel=LT.Kuerzel) AND
                           (LT.KNr=K.KNr) AND
                           (K.Fach IN ("MA","PH","CH","BI"))
                    )
      )
GROUP BY L.Name
ORDER BY Tutandenzahl DESC
```

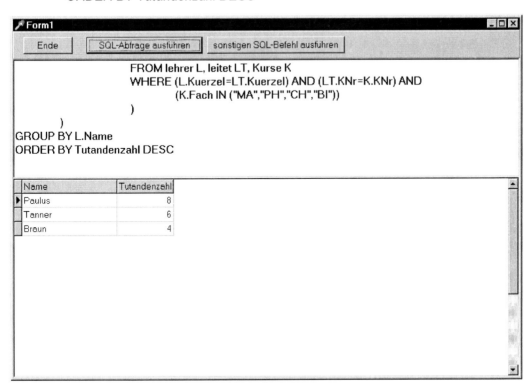

2.3.10 Daten, Nachrichten und Informationen

Die Auswahl von Daten geschieht bei Datenbankanfragen immer aufgrund eindeutiger Kriterien, etwa in der *WHERE*-Klausel, mit deren Hilfe z. B. ein SQL-Interpreter arbeiten kann. Es findet also keine *Bewertung* der Daten seitens der Maschine statt. Auch Summen- und Mittelwertbildung oder andere auf Daten angewandte Funktionen sind eindeutige Operationen ohne eigenen Sinn. Die durch Datenbankanfragen gewonnenen *Daten* werden dann auf geeigneten Übertragungsstrecken als *Nachrichten* übermittelt und von einem Empfänger, bei dem es sich um einen Menschen oder um ein Programm handeln kann, entgegengenommen. Der Empfänger hat nun die Anfrage an die Datenbank zu einem bestimmten Zweck gestellt. Die daraufhin empfangene Nachricht wirkt für ihren Empfänger als *Information*, wenn er sie im Rahmen dieser bestimmten Fragestellung interpretiert.

Die wirklich „interessanten" Fragen beziehen sich meist nicht auf die gespeicherte Datenmenge, sondern auf das wirkliche System, z. B. eine Schule, die von der Datenbank *beschrieben* wird. Informationswünsche über so ein System lassen sich meist gar nicht als eindeutige Datenbank-Anfragen formulieren, weil sie eine Bewertung der Daten voraussetzen. Der Frager muss sich Gedanken darüber machen, welche Daten die gewünschten Informationen enthalten – und nach diesen Daten fragt er dann. Der Mittelwert der Kursnoten in „Mathematik bei Meier" wird also erst dann „interessant", wenn ich diesen Wert in einem bestimmten Kontext *interpretiere*, z. B. bei der Frage „Urteilt Meier zu streng?"

Damit ergeben sich mindestens zwei Fragen:

1. Kann man aus gespeicherten Daten mehr Informationen gewinnen, als der Speichernde eigentlich beabsichtigte?
2. Beantworten die als Nachricht erhalten Daten überhaupt die gestellte Frage?

Die erste Frage ist eindeutig zu bejahen. Speichern wir z. B. Kursnoten zu Schulverwaltungszwecken, also um die Abiturzulassung zu vereinfachen und Zeugnisse zu drucken, dann können wir mit den gespeicherten Daten sehr viel mehr anfangen, z. B. um Informationen über die die Zensuren gebenden Lehrer zu gewinnen. Die Zusammenführung mit anderen Datenbanken gestattet dann, Zusammenhänge etwa zwischen Schulerfolg und späterer Berufswahl, sozialer Herkunft und Leistungsmessung, Geschlecht und Fachwahl etc. herzustellen. Die Zulässigkeit solcher Nutzung von Daten ist u. a. im *Bundesdatenschutzgesetz BDSG* geregelt. Der Erwerb von Kenntnissen der einschlägigen Vorschriften gehört unbedingt zur Behandlung von Datenbanken. Aus den Informationsheften des *Bundesbeauftragten für Datenschutz* oder aus dem Internet können die aktuellen Gesetzestexte jeweils entnommen werden, und das Gesetz ist so formuliert, dass auch juristische Laien den Sinn verstehen.

Die zweite Frage ist sehr viel schwerer zu beantworten, denn die Antwort hängt natürlich von den Bedürfnissen des Fragenden ab. Problematisch wird die Sache, wenn der Fragende gar nicht in der Lage ist, selbst Anfragen an die Datenbank zu stellen, sondern sich der Hilfe anderer, z. B. eines *Informations-Brokers* bedient. Er erhält die Daten, die mithilfe einer eindeutig zu formulierenden Datenbankanfrage gewonnen wurden. Die Umsetzung der meist ziemlich unscharfen Fragestellung in eine Datenbankanfrage geschieht dann durch jemand anderen, und dessen Vorstellungen davon, wie unscharfe Begriffe („„zu schwer", „erfolgreich", „teuer", ...) in scharfe *SELECT*-Anweisungen zu übersetzen sind, gehen direkt in die Antwort ein.

Als Beispiel wollen wir die Frage untersuchen, ob „die Zensuren im Informatikkurs an unserer Schule zu gut sind".

- „Ja" sagt Herr Meier, „denn sie liegen über dem Zensuren-Mittelwert der Schule".
- „Nein" sagt Frau Müller, „denn das Fach Informatik wählen überwiegend gute Schülerinnen und Schüler, und weil es kein ‚Pflichtfach' ist, fehlen die schwachen".

Zur Beantwortung der Frage können wir die vorhandenen Kursdaten heranziehen. Dort suchen wir mithilfe einer *SELECT*-Anfrage die Informatikschülerinnen und –schüler heraus und vergleichen deren Zensur jeweils mit ihrem Zensurenmittelwert aus den anderen Fächern. (Berücksichtigen wir für den Mittelwert dabei die Informatikzensur? Und geht vielleicht ein anderes „zu schlecht" beurteiltes Fach hier ein? ...) In jedem Fall erhalten wir eine Antwort – aber beantwortet diese die Frage?

- Vielleicht konnte der Informatiklehrer den Kurs ja besonders gut motivieren?
- Vielleicht sind Informatikschülerinnen und -schüler oft „einseitig begabt", sind also wirklich in Informatik besser als in den anderen Fächern.
- Vielleicht ist die Arbeitsweise im Informatikunterricht anders als in anderen Fächern, so dass auch andere Qualitäten zum Vorschein kommen.

Eine vorhandene automatisierte Abfrage kann natürlich auch auf andere Fächer/Schüler/Kollegen/Schulen/... angewandt werden. Die gewonnen Daten dienen dann der Vergleichbarkeit/Beurteilung/Gerechtigkeit/... Vielleicht tun sie das wirklich. Sie werden aber meist von anderen als den „Befragern" der Datenbank herangezogen, und ich denke, es wäre wichtig, dass diese nicht nur ihre eigenen „Fragen", sondern die tatsächlich gestellte „Anfrage an die Datenbank" kennen.

2.3.11 Aufgaben

1. Setzen Sie die vereinfachten ER-Diagramme des Kurssystems in eine **relationale Datenbank** um.
2. Erzeugen Sie alle Relationen der Datenbank durch SQL-Befehle. Geben Sie halbwegs realistische **Spieldaten** ein.
3. Informieren Sie sich über die **rechtlichen Regelungen**, die sich auf echte Kursdaten beziehen. Für welche Zwecke dürfen diese herangezogen werden?
4. Informieren Sie sich im Delphi-Hilfesystem über die **relationalen Verbindungsoperatoren** *INNER*, *OUTER* und *UNION*.
5. Informieren Sie sich im Delphi-Hilfesystem über Delphis **String-, Zeit- und Datumsfunktionen**.
6. Formulieren Sie als **SQL-Anfragen** (Sie können annehmen, dass die notwendigen Informationen gespeichert worden sind):
    a: Welche Schüler haben Informatikkurse (Naturwissenschaften, Sprachen, ...) belegt?
    b: Welche Zensurenmittelwerte ergeben sich für die einzelnen Fächer (Lehrer, Schüler, Fachbereiche, ...).
    c: Haben Kinder vom Land andere Lieblingsfächer als Stadtkinder?
    d: Stimmt es, dass musisch Begabte gut in Mathematik sind?

e: In welchen Fächern sind Schülerinnen und Schüler, die Naturwissenschaften (Sprachen, Geschichte, ...) als Leistungsfächer belegen, besonders schlecht?

f: Sind Lernende mit Sport als Leistungsfach wirklich schlechter als der Durchschnitt?

g: Werden die Mädchen in der Schule bevorzugt?

7. Behandeln Sie ähnlich wie das Kurssystem (ER-Diagramm, Datenbank, geeignete Abfragen in SQL, Datenschutzgesichtspunkte)

a: einen Sportverein mit mehreren Bereichen.

b: eine Reiseagentur „Adventurereisen für junge Leute".

c: eine Agentur zur Partnervermittlung.

d: das Arbeitsamt.

8. Erzeugen Sie aus den Abfragedaten Diagramme.

a: Befragen Sie eine Ihrer Datenbanken so, dass die Abfrage numerische Ergebnisse liefert: Mittelwerte, Summen, ….

b: Setzen Sie diese Werte direkt in geeignete Diagramme um.

2.4 Datenschutzfragen

Wie schon mehrfach angemerkt müssen Datenschutzfragen immer dann berücksichtigt werden, wenn man personenbezogene Daten verarbeitet. In diesem Abschnitt wollen wir an einem Beispiel Anforderungen ermittelt werden, die an die Datenverarbeitung in der Praxis gestellt werden. Darüber hinaus werden einige der Wege gezeigt, die die zur Erfüllung der Aufgaben notwendigen Daten nehmen. Aus der Problemstellung lassen sich die auftauchenden Datenschutzfragen ableiten. Das gewählte Beispiel ist leicht austauschbar, ohne dass sich die Fragestellungen grundsätzlich ändern.

2.4.1 Die Organisation einer Arztpraxis

Als Beispiel wählen wir eine Arztpraxis, weil sie überschaubar und uns in ihrer Organisation teilweise bekannt ist. Die dort anfallenden Daten sind sehr privater Natur, so dass sich Fragen nach Datenschutzmöglichkeiten und -erfordernissen geradezu aufdrängen. Zur Auffrischung der Erinnerung wollen wir in Gedanken einen Arztbesuch durchspielen: Außer in akuten Fällen sollte man sich rechtzeitig in der Praxis anmelden, damit die Termine vergeben und Wartezeiten vermieden werden können. Nach dem Betreten der Praxis meldet man sich meist bei einer freundlichen Dame, die entweder die richtige Karteikarte heraussucht oder beim erstmaligen Besuch eine solche Karte ausfüllt. Dazu müssen eine ganze Reihe von Fragen beantwortet werden. Es folgt die übliche Wartezeit, dann stellt die Ärztin oder der Arzt ebenfalls Fragen nach dem Befinden, den Symptomen, der Krankengeschichte, eventuell schon eingenommenen Medikamenten etc. Dabei werden Notizen gemacht. Nach der Untersuchung wird der Befund notiert, ggf. weitere Laboruntersuchungen etwa des Blutes angeordnet und es folgt ein Therapievorschlag. Da es sich hier glücklicherweise um einen leichten Fall handelt, erhält man ein Rezept für ein harmloses Medikament und einige Tage Bettruhe verordnet, dazu eine Bescheinigung für den Arbeitgeber. Beruhigt verlässt man die Praxis, nicht ohne einen Termin für die Nachuntersuchung mit der freundlichen Dame vom Empfang vereinbart zu haben. Man holt das Medikament aus der Apotheke und einen Krimi aus dem Buchladen. Dann geht man nach Hause und harrt der Genesung.

Zur Beschreibung solcher Abläufe benutzen wir die formalisierte Darstellung in Struktogrammen. Wir wollen dabei den Standpunkt wechseln und den Arztbesuch aus der Sicht der Praxis beschreiben:

einen Termin vereinbaren		
	es ist der erste Besuch	
wahr		falsch
Eine neue Karteikarte ausfüllen. Kinderkrankheiten, Krankengeschichte, Allergien, Rauch- und Trinkgewohnheiten, persönliche Verhältnisse, ... erfragen.	Karteikarte heraussuchen	
aktuelle Beschwerden, Symptome erfragen, ggf. Untersuchung durchführen		
	Laboruntersuchungen sind notwendig	
wahr		falsch
ggf. Blut entnehmen oder Urin sammeln		
Befunde und Diagnose festhalten, Therapie vorschlagen, ggf. Rezepte und Bescheinigungen ausstellen		

Aus der Sicht des Patienten endet der Besuch an dieser Stelle. Die Praxis hat jedoch noch einiges zu tun:

ggf. Laborwerte ermitteln und festhalten, Benachrichtigungen an Krankenhaus, Gesundheitsamt oder überweisenden Arzt senden, erbrachte Leistungen entsprechend der ärztlichen Gebührenordnung (GOÄ) kodieren und notieren.	
es handelt sich um einen Privatpatienten	
wahr	falsch
Privatliquidation durchführen	Am Quartalsende entsprechend der GOÄ die erbrachten Leistungen an die Abrechnungsstelle der kassenärztlichen Vereinigung übermitteln, die mit den Krankenkassen abrechnet.

2.4.2 Ein Datenmodell des Patienten

Auch wenn kein Computer benutzt wird, müssen zur Erfüllung der Aufgaben der Arztpraxis zahlreiche Daten gesammelt werden. Die Gesamtheit dieser Daten können wir als Abbild der Realität in der Welt der Daten auffassen. Dieses Bild ist für alle, die nicht direkt mit den Patienten Kontakt haben, die wichtigste Möglichkeit, Informationen über sie zu erhalten. Außerdem wird es nach einiger Zeit der einzige Weg sein, die in der subjektiven Erinnerung sich langsam wandelnde Vergangenheit halbwegs zuverlässig zu rekonstruieren. Es ist deshalb üblich, von einem *Datenmodell* des Patienten zu reden. Fassen wir alle Patientendaten und die zusätzlich gespeicherten Informationen etwa über das Labor, das Lager etc. zusammen, so erhalten wir insgesamt ein Datenmodell der Praxis (in das die Patienten natürlich nur unter dem sehr reduzierten Aspekt der Gesundheitsdaten eingehen).

Werden die Daten von Computern verarbeitet, so muss man sie in geeigneter Form kodieren. Obwohl natürlich ebenso wie in Akten einfach Texte abgespeichert werden können, wählt man statt dieser schlecht auswertbaren Form meist eine Datenbank oder eine andere der schon bekannten Organisationsformen für Dateien, die eine Platz sparendere und effizientere Verarbeitung zulassen. Bevor wir uns einem solchen Patientendatensatz zuwenden, wollen wir uns doch noch klarmachen, dass es in dieser weiter formalisierten Darstellung schwieriger als im freien Text ist, im Code nicht vorgesehene Informationen darzustellen. (Auf Papier und/oder freien Texten kann man z. B. Randnotizen machen, Daten so durchstreichen, dass der alte Inhalt noch lesbar ist, Zusätze anfügen, ...) Berücksichtigt man weiter, dass in Computersystemen gespeicherte Informationen sehr schnell und leicht abrufbar sind, so liegt es nahe anzunehmen, dass die auf Papier vorliegenden Daten zusätzlich nur noch selten benutzt werden, selbst wenn es sie gibt. Wir sollten deshalb bei der Festlegung der Elemente eines Datenmodells daran denken, dass die Patienten demjenigen, dem sie nur in ihrer Datengestalt begegnen, desto weniger differenziert erscheinen, je enger der Datensatz gefasst ist.

Für unsere Patienten entnehmen wir zunächst die benötigten Daten aus bestehenden Karteikarten. Diese können wir dann als Datensatz in typisierten Dateien oder als Grundlage eines ER-Modells wählen, das auch die Zusammenhänge mit den anderen beteiligten Entities der Praxis enthält:

Patienten-Datensatz:

Name	Vorname(n)	Geburtsdatum	Geschlecht
Familienstand	Staatsangehörigkeit	Angehörige	
Postleitzahl	Wohnort	Straße/Nr.	
Beruf	Arbeitgeber	Versicherter	
Krankenkasse	Mitgliedsnummer	Krankenscheinnr.	Kassen-/Privatpat.
Blutgruppe	Allergien	Impfungen	Risikofaktoren
Krankengeschichte	Operationen	ständige Medikam.	Sonstiges

Datum	Befund	Labor-werte	Diag-nose	Verord-nungen	GOÄ-Nr.	Bemer-kungen	pro Be-such ei-ne Zeile
...	...	...	...	...	...	...	
...	...	...	...	...	...	...	

Für spezielle Zwecke muss dieser Datensatz natürlich noch stark erweitert werden.

2.4.3 Sichten und Zugriffsrechte

Obwohl die Daten des Patienten-Datensatzes logisch zusammengehören, lassen sie sich doch drei Gruppen zuordnen:

- den *Personaldaten*, die zur organisatorischen Abwicklung des Praxisbetriebes erforderlich sind, zu der die Terminplanung, Benachrichtigungen, die Abrechnung etc. gehören.
- den *Gesundheitsdaten*, die zur Information des Arztes notwendig sind.
- den *Gebührenordungs-(GOÄ)-Nummern*, die sich aus der Tätigkeit des Arztes ergeben, die aber auch zur Abrechnung benötigt werden.

Entsprechend interessieren einzelne Benutzer des Datensatzes meist nur Teile der gespeicherten Informationen, oder - schärfer formuliert - die meisten Benutzer dürfen nur auf die Teile des Datensatzes zugreifen, die zur Erfüllung ihrer Aufgaben notwendig sind. Beispielsweise ist es nicht notwendig, dass die Arzthelferin am Empfang Einzelheiten der Gesundheitsdaten des Patienten erfährt, wenn sie nur mit der Terminplanung oder den Bescheinigungen für den Arbeitgeber befasst ist. Diese unterschiedlichen Ausschnitte des Gesamtdatenbestandes, die den einzelnen Benutzern zur Verfügung stehen, bezeichnet man als unterschiedliche *Sichten* auf den Datenbestand.

Neben den Sichten ist es wichtig festzulegen, welche Benutzer *auf welche Art* auf die Daten zugreifen dürfen. Nur dort, wo wirklich Informationen entstehen, dürfen diese in den Datensatz geschrieben werden. Allen anderen Benutzern stehen dieselben Daten nur zum Lesen zur Verfügung, und auch dann nur, wenn sie zu ihrer Sicht auf den Datenbestand gehören.

Zugriffsarten:

R	lesend (**READ**)
RW	lesend und schreiben (**READ** and **WRITE**)
%	kein Zugriff

Sichten und Zugriffsarten definieren die Zugriffsrechte eines Benutzers. Sie sollten zusammen mit dem Datenbestand selbst festgelegt werden. Dieses geschieht übersichtlich in Form einer Zugriffsmatrix, die die Zugriffsrechte festlegt. Wir können hier nur einen kleinen Ausschnitt einer solchen Matrix zeigen:

Benutzer	Name ...	Blutgruppe	Befund ...	Diagnose	GOÄ-Nr. ...
Empfang	RW	%	%	%	%
Labor	R	RW	%	%	%
Arzt	R	R	RW	RW	RW
Abrechnung	R	%	%	%	R

Ein Computersystem in einer Arztpraxis, an dem mehrere Benutzer gleichzeitig oder nacheinander zu verschiedenen Zeiten arbeiten, sollte also die Benutzer eindeutig identifizieren und ihren Zugriff auf den Datenbestand kontrollieren können.

2.4.4 Was darf gespeichert werden?

Da es sich bei den Gesundheitsdaten um Informationen sehr privater Natur handelt, ergibt sich sicherlich die Frage, unter welchen Voraussetzungen solche Daten überhaupt gespeichert werden dürfen. Dabei ist vorauszuschicken, dass die Geheimhaltung medizinischer Daten auch ohne weitere Regelungen schon durch das Arztgeheimnis gesichert ist.

Die Zulässigkeit der Speicherung, Übermittlung, Veränderung oder Löschung personenbezogener Daten wird seit 1978 generell im *Bundesdatenschutzgesetz* (BDSG) geregelt, das von den Länderdatenschutzgesetzen ergänzt wird. Der Gesetzestext des BDSG wird im nächsten Abschnitt näher untersucht. Er ist in Broschüren der Datenschutzbeauftragten enthalten oder in der aktuellen Fassung im Internet zu finden. Wir wollen hier nur festhalten, dass es nach diesem Gesetz nicht in das Belieben eines Computerbesitzers gestellt ist, welche Daten er verarbeitet, solange sie sich auf eine bestimmte oder bestimmbare natürliche Person beziehen. *Personenbezogene Daten* dürfen nur dann verarbeitet werden, wenn dieses vom BDSG oder einer anderen Rechtsvorschrift erlaubt wird oder wenn der Betroffene ausdrücklich, normalerweise schriftlich, der Verarbeitung seiner Daten zugestimmt hat. Die Verarbeitung nicht personenbezogener Daten wird von diesem Gesetz nicht geregelt. So darf etwa der durchschnittliche Umsatz niedersächsischer Arztpraxen durchaus ohne Begründung gespeichert werden, da er nicht mehr einem einzelnen Arzt zuzuordnen ist.

In unserem Beispiel treffen die Paragraphen des dritten Abschnittes des BDSG zu, die die *Verarbeitung personenbezogener Daten im nichtöffentlichen Bereich* regeln. Hier wird festgelegt, dass Daten gespeichert und verändert werden dürfen,

- die sich aus einem Vertragsverhältnis oder einem vertragsähnlichen Vertrauensverhältnis ergeben,
- wenn sie dem entsprechenden Zweck dienen, oder wenn die speichernde Stelle ein berechtigtes Interesse an der Speicherung hat
- und keine schutzwürdigen Belange des Betroffenen beeinträchtigt werden.

Die Präzisierung der Begriffe des „berechtigten Interesses" und der „schutzwürdigen Belange" geschieht dabei nicht im Gesetz, sondern wird der Alltagserfahrung, im Zweifel also den Gerichten überlassen. In unserem Fall liegt ein vertragsähnliches Vertrauensverhältnis zwischen Arzt und Patienten sicherlich vor. Die angegebenen Patientendaten dienen alle dem Zweck der ärztlichen Behandlung und werden überwiegend vom Betroffenen, dem Patienten, selbst gegeben.

Zusätzlich zu den rechtlichen Regelungen sind in der Anlage zu dem Gesetz einige Sicherheitsmaßnahmen aufgelistet, die den unbefugten Zugang zu personenbezogenen Daten verhindern sollen. So muss etwa sichergestellt werden, dass die gedruckten Computerlisten solcher Daten nicht unversehrt auf der Müllkippe oder als Malpapier im nächsten Kindergarten landen (wie schon geschehen).

2.4.5 Datenfluss im Gesundheitswesen

Der Arzt ist nur ein Teil des Gesundheitswesens, allerdings jener, dem der Patient am häufigsten und als Erstes begegnet. Neben den schon genannten Abrechnungsstellen gehören Krankenhäuser, Krankenkassen, Gesundheitsämter und Apotheken ebenfalls dazu. Zwischen all diesen Institutionen fließen Daten zur Abrechnung, zur Information zwischen den behandelnden Ärzten oder zur Meldung ansteckender Krankheiten. Für die Übermittlung dieser Daten gelten ähnliche Regelungen wie für die Speicherung. Sie ist erlaubt, wenn

- dieses zum Zweck des Vertrags oder zum vertragsähnlichen Verhältnis gehört, oder
- soweit die übermittelnde Stelle oder ein Dritter oder die Allgemeinheit ein berechtigtes Interesse daran haben.
- und keine schutzwürdigen Belange des Betroffenen beeinträchtigt werden.

Ist es nicht offensichtlich, dass die Übermittlung nach diesen Kriterien erlaubt ist, dann muss der Betroffene der Weitergabe seiner Daten zustimmen. Private Versicherungen z. B. schließen zur Risikostreuung oft eine Rückversicherung bei speziellen Versicherungsgesellschaften ab. Damit diese dann das Risiko des Versicherungsfalls beurteilen kann, benötigt sie ebenfalls Daten des Versicherten. Dieser muss dazu in der so genannten *Datenschutzklausel* seine Einwilligung geben. Die Klausel lautete (unvollständig):

> *Ich willige ein, dass der Versicherer im erforderlichen Umfang Daten, die sich aus den Antragsunterlagen oder der Vertragsdurchführung (Beiträge, Versicherungsfälle, Risiko-/Vertragsänderungen) ergeben, an Rückversicherer zur Beurteilung des Risikos ... übermittelt. ...*

Unterliegen die übermittelten Daten einem Amts- oder Berufsgeheimnis wie dem Arztgeheimnis, dann dürfen sie zwar in Ausübung des Berufes unter bestimmten Umständen übermittelt werden. Der Empfänger darf sie aber nur unter den gleichen Bedingungen weitergeben, die auch für den Übermittelnden gelten. Der Arzt darf also dafür vorgesehene Daten an das Gesundheitsamt weiterleiten. Dort aber müssen die Daten in aller Regel bleiben.

Abweichend von den genannten Regelungen ist die Übermittlung von Personenlisten erlaubt, soweit sie sich auf

- Namen
- Titel und akademische Grade,
- das Geburtsdatum,
- Berufs- oder ähnliche Bezeichnungen,
- Anschrift und Telefonnummer

beschränken und keine schutzwürdigen Belange der Betroffenen beeinträchtigt werden. Beispielsweise dürfte unser Arzt auch ohne das Arztgeheimnis eine Liste der von ihm behandelten Alkoholkranken nicht weitergeben, weil sie den Betroffenen schaden könnte.

Neben der ärztlichen Versorgung existiert die medizinische Forschung, die häufig auf nicht anonymisierte Patientendaten zurückgreifen muss, etwa um fehlende Einzelheiten der Krankengeschichte oder des persönlichen Umfelds und den Lebensgewohnheiten des Patienten zu erfragen. Da die Forschung oft an die Universitätskliniken gekoppelt ist, wird das Einverständnis des Patienten zur Verwendung seiner Daten zu Forschungszwecken meist schon bei der Einlieferung eingeholt.

Das Gesundheitswesen ist eingebettet in das Sozialwesen insgesamt. Handelt es sich bei der Krankheitsursache um einen Arbeitsunfall, dann fließen Daten an die Berufsgenossenschaft oder andere Versicherungen. Folgt eine Arbeitsunfähigkeit, dann werden Rentenversicherung und Versorgungsämter betroffen, die Vertrauensärzte und Gutachter einschalten können. Insgesamt ergibt sich ein (tatsächlich erheblich komplexeres) Netz von Datenflüssen im Gesundheitswesen:

Datenflüsse im Gesundheitswesen:

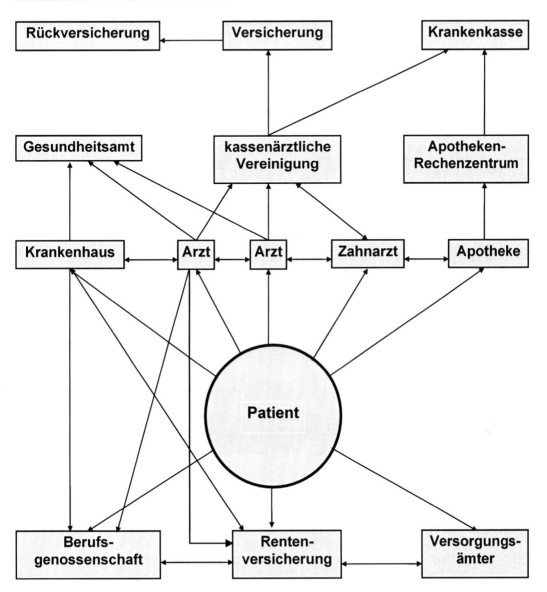

2.4.6 Aufgaben

1. Präzisieren Sie den Patientendatensatz für den Sonderfall eines **Internisten** (eines Zahnarztes, eines Kinderarztes, eines Psychiaters). Vergleichen Sie die Brauchbarkeit standardisierter Datensätze mit der von frei formulierten Bemerkungen.

2. Füllen sie einen ausgewählten Patientendatensatz mit Inhalt, indem Sie **Ihre eigenen Daten** für bestimmte Fälle eingeben. Schätzen Sie die Güte des so entstandenen Datenmodells für ihren Fall ab.

3. Ermitteln Sie die Aufgaben eines **Amtsarztes** im Gesundheitsamt. Stellen Sie einen brauchbaren Datensatz für dessen Aufgaben zusammen und legen Sie eine Zugriffsmatrix für die Mitarbeiter des Gesundheitsamtes fest.

4. Beschreiben Sie den Ablauf der **Quartalsabrechnung** eines Arztes mit den Abrechnungsstellen der Kassenärztlichen Vereinigung als Struktogramm. Dazu sollen für jede Kasse getrennt Listen der bei der Kasse versicherten und vom Arzt behandelten Patienten zusammen mit den erbrachten ärztlichen Leistungen, aufgeschlüsselt nach GOÄ-Nummern, geschrieben werden. Für den Arzt selbst wird eine Statistik, aufgeschlüsselt nach GOÄ-Nummern, aufgestellt. Fertigen Sie dazu ein Grobstruktogramm an, das die Teilaufgaben enthält. Beschreiben Sie dann die Teilprobleme in detaillierteren Struktogrammen. Wählen sie fiktive GOÄ-Nummern nach dem Muster des folgenden Ausschnitts. (Die GOÄ-Nummern stehen vorne, die hinteren Zahlen ergeben, mit einem Faktor versehen, die Gebühren für die Leistung.)

N II. Chirurgie / Orthopädie		2100-2116
II. Chirurgie der Körperoberfläche (Bei autologer Transplantation von Haut ist die Versorgung der Entnahmestelle Bestandteil der Leistung)		
2.100	Exzision eines kleinen Bezirks aus Haut oder Schleimhaut, ggf. als Exzision einer kleinen intradermalen Geschwulst	160
2.101	Exzision eines großen Bezirks aus Haut oder Schleimhaut oder Ezision einer kleinen, unter der Haut oder Schleimhaut gelegenen Geschwulst	220
2.105	Exzision von tiefliegendem Körpergewebe (z.B. Fettgewebe, Faszie, Muskulatur) oder Probeexzision aus tiefliegendem Körpergewebe oder aus einem Organ ohne Eröffnung einer Körperhöhle (z. B. Zunge)	380
2.107	Exzision einer großen Geschwulst mit Entfernung von Muskeln oder Muskelteilen und Ausräumung des regionalen Lymphstromgebietes	2.500

5. Übertragen Sie die Fragestellung auf die Praxis eines **Rechtsanwalts**:
   a. Beschreiben Sie den Ablauf des Besuchs eines Klienten.
   b. Versuchen Sie, einen Klienten-Datensatz festzulegen. Vergleichen Sie dieses Problem mit dem Patientenbeispiel.
   c. Legen Sie die Zugriffsrechte der Beschäftigten einer größeren Kanzlei fest, in der mehrere Anwälte und weitere Angestellte tätig sind.
   d. Stellen Sie anhand des BDSG fest, ob die von Ihnen festgelegten Daten gespeichert werden dürfen.
   e. Beschreiben Sie das Zusammenspiel der in der Kanzlei benötigten Programme mit den vorhandenen Dateien.

6. Gründen Sie eine **Speditionsfirma** für Transporte ins In- und Ausland:
   a. Beschreiben Sie die Arbeitsabläufe in der Spedition. Spielen Sie dazu die Abarbeitung eines erteilten Auftrags von der Angebotserstellung bis zur Begleichung der Rechnung durch. Falls Ihnen Teile dieses Ablaufs unklar sind, klären Sie die auftretenden Fragen z. B. durch den Besuch einer Spedition. Überlegen Sie sich Ihre Fragen aber schon vor dem Besuch der Firma, damit sie die Zeit dort gut nützen können.
   b. Legen Sie die zur Abwicklung eines Auftrags benötigten Informationen fest und ermitteln Sie jeweils, ob es sich um personenbezogene Daten handelt.
   c. Erweitern Sie Ihre Dateien um die Angaben der Mitarbeiter, insbesondere der Fahrer der Firma.
   d. Beschreiben Sie als Struktogramm ein Programm, das einem Sachbearbeiter der Spedition eine Vorschlagsliste von genau drei Fahrern (aus den zahlreich angestellten) liefert, die eine durchzuführende Auslandsfahrt übernehmen können. Legen Sie die dazu benötigten Daten der Fahrer und des Auftrags fest und erläutern Sie, nach welchen Kriterien die Fahrer ausgewählt werden sollen. Führen Sie dazu ein Punktesystem ein. Erörtern Sie die Auswirkungen des Programms auf die Fahrer und auf die Arbeit des Sachbearbeiters.

7. Spielen Sie **Bezirksregierung**, die bei Bedarf Lehrer zu versetzen bzw. zu befördern hat. Wählen Sie dazu geeignete Datensätze, die es ermöglichen, aus der Gesamtzahl der vorhandenen Lehrer jeweils drei zur Beförderung bzw. zur Versetzung vorzuschlagen. Diskutieren Sie Vor- und Nachteile für die Beteiligten eines solchen Verfahrens.

8. Verwalten Sie das **Notenbuch** eines Lehrers:

   a. Legen Sie einen Datensatz fest, der in seinem Informationsgehalt dem Inhalt des Notenbuchs entspricht.

   b. Klären Sie, ob die darin enthaltenen Informationen vom Lehrer bzw. von der Schule gespeichert werden dürfen. Stellen Sie dazu auch fest, welche Informationen über Schüler insgesamt in der Schule gespeichert werden dürfen und welche tatsächlich an Ihrer Schule gespeichert werden.

   c. Automatisieren Sie das Zensurengebungsverfahren. Beschreiben Sie den Vorgang im Struktogramm und erörtern Sie Vor- und Nachteile sowie den Sinn des Verfahrens.

9. a. Klären und beschreiben Sie die Aufgaben eines **Kreiswehrersatzamtes** beim Musterungsverfahren:

   b. Legen Sie einen Datensatz fest, der diesen Aufgaben gerecht wird.

   c. Prüfen Sie anhand des BDSG, ob diese Daten vom Kreiswehrersatzamt gespeichert werden dürfen.

   d. Füllen Sie den ermittelten Datensatz mit dem Inhalt, der zu Ihrer Person gehört. Stellen Sie fest, in wieweit Sie sich durch ihr Datenmodell zutreffend beschrieben fühlen.

   e. Versuchen Sie, das Zuordnungsverfahren von Wehrpflichtigen zu bestimmten Einheiten der Bundeswehr im Struktogramm zu beschreiben.

   f. Vergleichen Sie Vor- und Nachteile für die Beteiligten bei einem automatisierten Verfahren bzw. einer Verteilung durch Sachbearbeiter des Kreiswehrersatzamtes.

   g. Beschreiben Sie die Informationen, die der Sachbearbeiter Ihrer Meinung nach haben müsste, um eine für Sie persönlich „gerechte" Zuordnung zu treffen. Versuchen Sie diese Informationen so zu strukturieren, dass sie auf alle Wehrpflichtigen als fester Datensatz übertragbar werden. (Modifizieren Sie die Aufgabenstellung entsprechend, falls Sie Ersatzdienst leisten möchten.).

10. Gründen Sie eine Agentur zur **Partnervermittlung**:

    a. Legen Sie Datensätze fest, die für die Aufgabe geeignet sind.

    b. Klären Sie anhand des BDSG, ob und unter welchen Umständen die von Ihnen für notwendig gehaltenen Daten gespeichert werden dürfen.

    c. Versuchen Sie zu klären, in wieweit standardisierte Datensätze für die gestellte Aufgabe geeignet sind.

2.4.7 Persönlichkeitssphäre und Datenschutz

In diesem Abschnitt sollen einige Aspekte des Datenschutzes näher betrachtet werden. Eine vollständigere Behandlung dieses Themas ist hier nicht beabsichtigt und auch nicht möglich, insbesondere sind die gemachten Aussagen nicht immer im juristischen Sinn korrekt, weil meist ein Fall als Beispiel für mehrere in Frage kommende Möglichkeiten genannt wird. Das Kapitel soll eher Anregungen geben, sich näher mit dieser Problematik zu beschäftigen. Weitere Informationen findet man in der Literatur. Besonders leicht zugänglich, da kostenlos, sind die Broschüren des Bundesbeauftragten für den Datenschutz.

Der Schutzbedarf personenbezogener Daten ist eine direkte Folge der technischen Entwicklung, die es ermöglicht, sehr schnell und in fast beliebiger Zahl Daten nach bestimmten Kriterien zu überprüfen und Daten aus verschiedenen Quellen zu verknüpfen. Schon vor der breiten Nutzung der Computer wurden natürlich Daten der verschiedensten Art gespeichert, da sie etwa zur Erfüllung der staatlichen Aufgaben benötigt werden, und auch schon vorher wurden unzulässig Daten gesammelt, weitergegeben und verknüpft. Befinden sich solche Daten in Aktensammlungen, die meist auch noch räumlich weit verteilt sind, dann ist die Zusammenführung solcher Daten ein auch im Einzelfall sehr mühseliger Prozess. Neu ist also die Möglichkeit, diesen vorher nur ausnahmsweise möglichen Vorgang in beliebig vielen Fällen durchzuführen. Betrachtet man dabei die Unzahl von Informationen, die in den einzelnen Lebensbereichen Arbeit, Gesundheit, soziale Sicherung, eCommerce etc. über jeden Bürger gespeichert werden, und weiß, dass praktisch alle Rechner, in denen diese Informationen verarbeitet werden, untereinander vernetzt sind, dann ist die Gefahr eines Persönlichkeitsbildes, Datenschattens oder des gläsernen Menschen sicherlich keine Fiktion. Zu klären ist also, ob diese Datenmodelle des Menschen, die dann nicht mehr auf Teilgebiete beschränkt wären, sondern ein sehr vollständiges Bild liefern würden, zulässig sind.

Grundlage für eine solche Klärung sind die in den ersten Artikeln des Grundgesetzes festgelegten Grundrechte, insbesondere das Recht auf die freie Entfaltung der Persönlichkeit. Zu dieser Entfaltung gehört die Wahrung eines Intimbereichs oder einer Persönlichkeitssphäre, die unantastbar ist, in der sich der einzelne also ohne die Gefahr der Beobachtung frei bewegen kann. Im Urteil zum Volkszählungsgesetz hat das Bundesverfassungsgericht 1983 daraus das **Grundrecht der informationellen Selbstbestimmung** abgeleitet, das (mit Einschränkungen) die *„Befugnis des einzelnen gewährleistet, grundsätzlich selbst über die Preisgabe und Verwendung seiner persönlichen Daten zu bestimmen. Mit diesem Grundrecht ist eine Gesellschaftsordnung nicht vereinbar, in der die Bürger nicht mehr wissen können, wer was wann und bei welcher Gelegenheit über sie weiß."*

Wesentlich an diesem Grundrecht ist, dass nicht nur über die Preisgabe (und damit verbunden die Speicherung) von personenbezogenen Daten geredet wird, sondern dass die Verwendung dieser Daten, zu der auch deren Übermittlung gehört, als gleichrangig gesehen wird. Ursache dafür ist die Unmöglichkeit, eine Privatsphäre etwa als eine innerste Kugelschale um das Individuum zu definieren, aus der keine Informationen mehr an die Umgebung abgegeben werden. Menschen leben nicht isoliert, sondern als soziale Wesen. Deshalb müssen sie insbesondere in einem Sozialstaat laufend Informationen in die unterschiedlichen gesellschaftlichen Bereiche abgeben, und diese Daten gehören teilweise auch zur innersten Persönlichkeitssphäre, etwa im Medizin-, im Finanz- oder im religiösen Bereich. Statt eines Schalenmodells von Schichten unterschiedlicher Privatheit, die das Individuum umgeben, definiert man die Persönlichkeitssphäre über eine Art *Tortenmodell*. Die einzelnen Tortenstücke, die Sektoren des gesellschaftlichen Umfeldes, entsprechen den Lebensbereichen Arbeit, Gesundheit, Familie etc. und reichen jeweils bis ins Zentrum des Individuums. Allerdings sind sie strikt von einander getrennt, so dass kein Sektor Informationen über die gesamte Person enthält. Die vom Bürger in einen Sektor abgegebenen Informationen sollen nun in diesem verbleiben und nicht

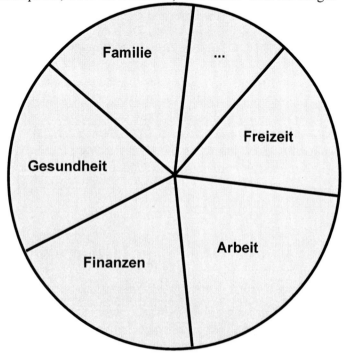

unkontrolliert in andere Lebensbereiche wandern. Damit ist gewährleistet, dass niemand den einzelnen in allen seinen Rollen erfassen kann. Die Bilder, die sich die Gesellschaft in den unterschiedlichen Sektoren von einem Menschen macht, bleiben von diesem durch gezielte Abgabe oder Zurückhaltung von Informationen beeinflussbar. Ein Persönlichkeitsbild, dessen Richtigkeit und Verwendung der Betroffene nicht kontrollieren kann, wird verhindert. Ein solches elektronisches Menschenmodell würde auch gegen die Menschenwürde verstoßen, da es das Individuum als ein Objekt behandelt, bis in den Intimbereich wie unter einem Mikroskop beobachtbar und unfähig, sich als Person selbst darzustellen. Seine Verhaltensweisen und Reaktionen auf unterschiedliche Umgebungen könnten im Computermodell simuliert und getestet werden, so dass es gezielt bestimmten Einflüssen ausgesetzt werden könnte, die das gewünschte Verhalten bewirken.

Wir wollen noch einmal festhalten, dass solche Auswüchse bei uns durch gesetzliche Regelungen verhindert werden sollen. Selbst wenn das bei uns gelingen sollte, so sind die technischen Möglichkeiten zum Missbrauch jederzeit vorhanden, so dass sie in einer weniger glücklichen politischen Umgebung durchaus Verwendung finden können (und wohl auch finden).

2.4.8 Das Bundesdatenschutzgesetz

Am 1.1.1978 (zuletzt geändert zum 11.5.2001) trat das Bundesdatenschutzgesetz (BDSG) in Kraft. Es wurde als Folge der Diskussion um die Auswirkungen der sich ausweitenden elektronischen Datenverarbeitung beschlossen. Mit diesem Gesetz sollen die Bürger vor den nachteiligen Folgen des Computereinsatzes bewahrt werden, indem ihnen ein Bereich eigener Lebensgestaltung garantiert wird, in dem sie sich unbeobachtet und frei bewegen können. Die übergreifende Idee des Gesetzes ist:

> *Die Verarbeitung personenbezogener Daten ist nur zulässig, soweit sie erforderlich ist, d. h. sie ist unzulässig, wenn der angestrebte Zweck auch ohne sie erreicht werden kann.*

Damit ergänzt das BDSG andere, vorrangige Vorschriften zum Persönlichkeitsschutz wie die Amtsgeheimnisse von Ärzten, Rechtsanwälten, Pfarrern etc. oder das Briefgeheimnis. Auch Regelungen zur Verarbeitung personenbezogener Daten, die etwa in Tarifverträgen oder anderen Gesetzen getroffen wurden oder werden, gehen dem BDSG vor. Genauere Angaben hierzu finden sich in § 1 BDSG. Im Unterschied zu solchen Regelungen für eng begrenzte Bereiche verbietet das BDSG die Verarbeitung personenbezogener Daten aber generell, es sei denn, die Verarbeitung ist ausdrücklich zugelassen. Dabei werden die folgenden Bereiche unterschieden:

- Im öffentlichen Bereich (Arbeitsamt, Bundesversicherungsanstalt für Angestellte, Kreiswehrersatzamt, Kraftfahrzeugbundesamt, ...) ist diese Verarbeitung zulässig, wenn sie zur rechtmäßigen Erfüllung der Aufgaben dieser Stellen erforderlich ist. (§ 13 BDSG).
- Im nichtöffentlichen Bereich (Industrie- und Handelsunternehmen, Adressverlage, Detekteien, Meinungsforschungsunternehmen, ...) ist die Verarbeitung zulässig, wenn sie sich aus einem Vertrag oder einem vertragsähnlichen Verhältnis ergibt (etwa in Kundendateien oder Personalinformationssystemen), wenn die Daten aus allgemein zugänglichen Quellen stammen oder es sonstige berechtigte Interessen erfordern und keine schutzwürdigen Belange der Betroffenen beeinträchtigt werden, oder (eingeschränkt) auch zu Forschungszwecken (§ 28 BDSG).

Für die öffentlichen Stellen der Länder (Einwohnermeldeamt, Finanzamt, Sozialamt, ...) gelten die entsprechenden Landesdatenschutzgesetze.

Neben den Zulässigkeitsregeln regelt das BDSG die **Rechte der Betroffenen** und die **Datenschutzkontrolle**. Ein erster Abschnitt enthält allgemeine Vorschriften und Begriffsbestimmungen. Zwei weitere Abschnitte präzisieren diese Vorschriften für den öffentlichen und den privaten Bereich. Sonder-, Straf- und Bußgeldvorschriften sowie eine Anlage zu technischen und organisatorischen Datenschutzmaßnahmen bilden den Schluss.

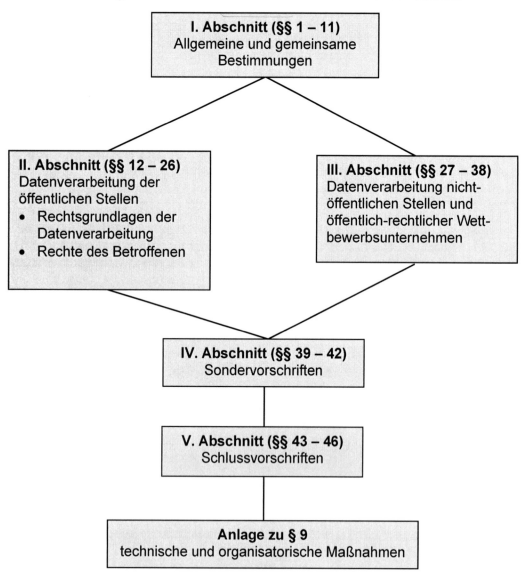

Zu den Rechten der von der Verarbeitung personenbezogener Daten Betroffenen gehören

- das *Recht auf Auskunft* über die gespeicherten Daten.
- das *Recht auf Berichtigung* falscher Daten.
- das *Recht auf Sperrung* der Daten, wenn die Voraussetzungen für die Zulässigkeit ihrer Speicherung entfallen sind oder wenn sich ihre Richtigkeit nicht feststellen lässt. Auf gesperrte Daten darf nur in definierten Sonderfällen oder wenn der Betroffene zustimmt zurückgegriffen werden.
- das *Recht auf Löschung* der Daten, wenn deren Speicherung unzulässig war.

Das Recht auf Auskunft, ohne das die anderen Rechte nicht wahrgenommen werden können, aber auch die umfangreichen Einschränkungen dieses Rechts, sind in den Paragraphen § 6, § 19 und § 34 geregelt. Im öffentlichen Bereich müssen die Daten verarbeitenden Stellen darüber hinaus dem Bundesbeauftragten für den Datenschutz mitteilen, welche Art von Daten sie verarbeiten, welcher Personenkreis davon betroffen wird, welche Aufgaben damit erfüllt werden und an wen die Daten regelmäßig übermittelt werden. Der Geheim- und Polizeibereich ist von dieser Regelung ausgenommen. Im privaten Bereich muss der Betroffene unterrichtet werden, wenn seine Daten erstmalig gespeichert werden (§ 33) - es sei denn, er hätte auf andere Weise von der Speicherung Kenntnis erhalten. Solche Kenntnis erhält er, wenn er z. B. einen Vertrag unterzeichnet, da er annehmen kann, dass seine dort angegebenen Daten auch gespeichert werden. Da eine Mitteilungswelle über die gespeicherten Daten in der Privatwirtschaft nirgends auszumachen ist, müssen die Daten verarbeitenden Stellen wohl davon ausgehen, dass die Betroffenen meist auf andere Art von der Speicherung erfahren.

Für die Auskunft über die gespeicherten Daten dürfen öffentliche Stellen keine, private Stellen nur im Ausnahmefall Gebühren erheben, und das auch nur dann, wenn die gespeicherten Daten weder falsch sind noch unberechtigt gespeichert wurden. Die Gebühren dürfen die entstandenen Kosten nicht übersteigen. Es empfiehlt sich trotzdem, vor einer Auskunft anzufragen, welche Kosten eventuell auf einen zukommen könnten. Dafür haben verschiedene Stellen Musterbriefe erstellt:

> **Betr.: Auskunft nach dem BDSG**
> *Hiermit bitte ich nach § 34 BDSG um Auskunft über die auf mich bezogenen Daten (ggf. spezifiziert) in Ihren Datensammlungen und über die Personen und Stellen, an die sie regelmäßig meine Daten übermitteln. Sollten Sie von der Möglichkeit Gebrauch machen, mir die Auskunftskosten in Rechnung zu stellen, so teilen Sie mir bitte zuerst mit, wie hoch die zu erwartenden Kosten sein werden, und welche Datenarten Sie über mich speichern, damit ich mein Auskunftsbegehren eventuell eingrenzen kann.*

2.4.9 Beispiel: Datenverarbeitung in einem Adressenverlag

Verschickt ein Unternehmen Werbematerial, dann kann es dieses entweder nach dem „Schrotschussverfahren" tun, also allen überhaupt erreichbaren Personen das Material zukommen lassen, oder es versucht direkt potentielle Kunden anzusprechen. Für einen Supermarkt kann das erste, einfache Verfahren auch das wirksamste sein, da alle Personen in einem bestimmten Umkreis auch potentielle Kunden sind. Ein Fachgeschäft aber z. B. für optische Geräte wie Fern- und Operngläser oder Fernrohre muss an Adressenlisten der Jäger, Theaterabonnenten, Hobbyornithologen und -astronomen interessiert sein, um diesen möglichst informatives und damit aufwändiges Material zuschicken zu können. Da nicht jedes Geschäft mit vertretbarem Aufwand diese Spezialisten erstellen kann, ist es interessiert, die Adressen zu kaufen oder den Versand des Werbematerials einer Spezialfirma der Direktwerbungsbranche zu übertragen. Damit haben Adressenlisten einen erheblichen Wert. Adressenverlage haben sich auf diese Direktwerbungsmaßnahmen spezialisiert und betreiben damit geschäftsmäßige Datenverarbeitung nichtöffentlicher Stellen nach Abschnitt 3 des BDSG.

Zuerst wollen wir für unseren Fall interessante Stellen des BDSG heraussuchen:

1. Nach § 4 BDSG ist die Verarbeitung personenbezogener Daten zulässig, wenn der Betroffene (im Normalfall schriftlich) eingewilligt hat.

2. Nach § 16 BDSG dürfen öffentliche Stellen Daten übermitteln, wenn der Empfänger daran ein berechtigtes Interesse hat und keine schutzwürdige Belange der Betroffenen beeinträchtigt werden.

3. Nach § 28 BDSG dürfen Daten einer Personengruppe übermittelt werden, wenn sie sich auf Namen, Titel, akademische Grade, Geburtsdatum, Beruf, Branchen- oder Geschäftsbezeichnung, Anschrift und Rufnummer beschränken und keine ...

4. Nach § 29 BDSG ist die Speicherung der Daten zulässig, wenn keine schutzwürdigen Belange der Betroffenen beeinträchtigt werden. Stammen die Daten aus allgemein zugänglichen Quellen, dann entfällt auch noch diese Einschränkung. Die Übermittlung ist zulässig, wenn der Empfänger daran ein berechtigtes Interesse hat. Beschränken sich die Angaben auf Name, Titel, akademische Grade, Anschrift und die Zugehörigkeit zu einer bestimmten Personengruppe, dann braucht der Empfänger das berechtigte Interesse noch nicht einmal nachzuweisen, wenn keine ...

Für unseren Adressenhandel, der ja nur Listen mit Anschriften von Personen vertreibt, die einer bestimmten Gruppe (etwa den Theaterabonnenten) angehören, gelten kaum Einschränkungen für die Übermittlung dieser Listen an seine Kunden. Die Speicherung ist ebenfalls erlaubt, wenn man unterstellt, dass keine schutzwürdigen Belange der Betroffenen beeinträchtigt werden. Zu fragen ist, ob die gespeicherten Daten wirklich so harmlos sind.

2.4 Datenschutzfragen

Sieht man das Problem aus der Sicht des Adressenverlags, dann hat dieser über möglichst viele „Betroffene" möglichst umfangreiche Daten zu sammeln, damit er die verschiedenen Abnehmer mit Adressenlisten großer Treffsicherheit versorgen kann. Dazu benötigt er detaillierte Informationen über Vorlieben, Neigungen, Hobbys, Angewohnheiten, also Angaben aus der inneren Persönlichkeitssphäre der Betroffenen. Da diese Angaben den verschiedenen Lebensbereichen entstammen und eigentlich nicht ohne Einwilligung des Betroffenen zusammengeführt werden sollten, entsteht in solch einer Datensammlung ein Datenmodell der Gespeicherten, das einem Persönlichkeitsprofil zumindest sehr nahe kommt. Selbst wenn der Verlag jedem einzelnen Anzeigenkunden nur einen Teilaspekt dieser Daten zugänglich macht, so ist die Sammlung doch auch für andere Zwecke nutzbar. Detekteien, Auskunfteien, Firmen oder auch staatliche Stellen, die möglichst detaillierte Informationen über eine bestimmte Person, z. B. bei der Besetzung einer Vertrauensstellung, haben möchten, müssen an solch einer Datensammlung interessiert sein. Mit so einem Profil würden die schutzwürdigen Belange der Betroffenen sicherlich beeinträchtigt. Der Verlag muss damit ein Interesse haben, öffentlich zugängliche Datenquellen oder den Betroffenen selbst als Datenquelle zu benutzen. Wir wollen deshalb einige „verkäufliche" personenbezogene Daten, ihre potentiellen Abnehmer und mögliche Datenquellen zusammenstellen.

Information	potentielle Interessenten	Quellen
Wohnverhältnisse	Gartenbedarfsversand, Fenster-, Möbelfirmen, Versicherungen	Ämter, Hausbesitzerverein, ...
Einkommen	Finanzunternehmen, Versandfirmen für Güter höherer Preisklassen, Spendensammlungen	aus Beruf und beruflicher Stellung ableitbar, Betroffener
berufliche oder andere besondere Positionen, berufl. Werdegang	ggf. als Meinungsbildner und Multiplikator besonders ansprechbar von Parteien, Firmen, ...	Vereins- oder Verbandsmitteilungen, Betroffener
Hobbys, Vorlieben, Konsumverhalten	Firmen, Zeitschriftenverlage	vorhergegangene Bestellungen, Zugehörigkeit zu Vereinen, Betroffener
politische Einstellung	Parteien, Verlage pol. Literatur, Zeitschriften, Spendensammler	Parteien, Betroffener
Zugehörigkeit zu einer bestimmten sozialen Gruppe	Firmen, Parteien, Verlage	Ämter, aus Beruf, Alter, Werdegang, Wohnviertel teilweise ableitbar, Betroffener
familiäre Situation	Versicherungen, Firmen ,...	Ämter, Kirchen, Angaben a. bestehenden Verträgen
persönliche besondere Termine	Versicherungen, Firmen, ...	Betroffener, aus anderen Daten ableitbar

Man sieht, dass neben dem Betroffenen selbst und einfachen Quellen wie Telefonbüchern, Bekanntmachungen etc. ältere Bestellungen und Verträge als Datenquellen geeignet sind. Für einen Spezialversand ist die Kenntnis, dass der Kunde schon einmal etwas bestellt hat, also bei Versandhäusern kauft, wohl die wichtigste Information. Entsprechend werden alte Kunden bevorzugt mit oft recht teuren Katalogen versorgt. Daneben sind Mitgliederlisten von Vereinen oder anderen Institutionen informativ: je spezieller der Verein, desto genauer die Information. Vereine dürfen ihre Mitgliederlisten nach § 28 BDSG im Normalfall durchaus weitergeben und tun es auch. Es bleibt dann das Problem, wie man den Betroffenen dazu bringen kann, freiwillig die gewünschten Daten preiszugeben.

Typisch ist das Verfahren, durch ein Preisausschreiben, eine Leserbefragung o. Ä. die benötigten Daten zu beschaffen. Der Teilnehmer muss, um den eventuellen Gewinn kassieren zu können, seine Adresse angeben und die gestellten Fragen beantworten. Sind diese genügend detailliert, dann ist der Wert der gewonnenen Daten erheblich höher als die Kosten des Preisausschreibens. Als Beispiel sollen einige Fragen aus einer Leserbefragung („Ausfüllen - Einsenden - Gewinnen") dienen, die an einer Schule verteilt wurde:

- Fragen zum Erwerb, Leseverhalten, Kenntniserhalt etc. von einer bestimmten Zeitschrift.
- Fragen zum gewünschten Inhalt der Zeitschrift.
- Frage, ob die Zeitschrift bei bestimmten Preisen noch gekauft würde.
- Fragen nach der bevorzugten Freizeitbeschäftigung (Reisen, Theater, Parties, Kleidung, Musikgeschmack, Kino, Essen, Sport, Lesen, Fotografieren, ...).
- Fragen nach dem Leseverhalten bei 25 anderen Zeitschriften.
- Fragen nach Geschlecht, Familienstand, Alter, Schulbildung, Berufstätigkeit, Stellung im Beruf.
- Fragen nach den Wohnverhältnissen, Kindern im Haushalt, Alter der Kinder, anderen Personen im Haushalt.
- Frage nach dem Gesamt-Nettoeinkommen des Haushalts.

Zu gewinnen war eine Schallplatte.

Möchte man auf Werbung per Post verzichten, dann kann man sich in die „Robinson-Liste" aufnehmen lassen. Die aktuelle Anschrift findet sich im Internet:

www.robinsonliste.de.

2.4.10 Beispiel: Personalinformationssysteme

Ein Unternehmen mit zahlreichen Mitarbeitern muss bestrebt sein, die Personalverwaltung mit ihren vielfältigen Aufgaben zu rationalisieren, um die Zahl der verwaltenden mit der der produktiven Mitarbeiter in einem vernünftigen Verhältnis zu halten. Außerdem muss es den Überblick über die beschäftigten Mitarbeiter bewahren. Beide Aufgaben lassen sich gut mit Computern erfüllen. Die entsprechenden Programm- und Datensysteme werden als *Personalinformationssysteme* (PIS) bezeichnet und dienen der Erfassung, Verarbeitung und Übermittlung von Arbeitnehmer- und Arbeitsplatzdaten. Solche Systeme haben erhebliche Auswirkungen auf das Informationsgleichgewicht zwischen Arbeitnehmern und Arbeitgebern und beeinflussen damit stark die Arbeitsbedingungen. Wir wollen uns hier allerdings nicht so sehr damit, sondern eher mit den zu speichernden Daten beschäftigen. Dazu gehört auch die Klärung der Aufgaben von PIS.

Die Aufgaben von Personalinformationssystemen lassen sich grob in zwei Gruppen zusammenfassen:

- zu den *administrativen Aufgaben* gehören die Lohn- und Gehaltsabrechnung und Personalstatistiken, z. B. über den Arbeitsausfall durch Krankheitstage, Urlaub, Wehr-/Ersatzdienst, Mutterschaftsurlaub, Fortbildung, Verspätungen, Unfälle, ...
- zu den *planerischen Aufgaben* gehören die Personalsteuerung und -planung, Personalstrukturanalysen und Arbeitsplatzanalysen, aber auch eine automatische Terminüberwachung, die Alarm gibt etwa bei Ablauf der Probezeit, Beginn des Kündigungsschutzes, beim Beginn der Alterssicherung, Jubiläen, beim Ablauf von Disziplinarmaßnahmen, Mutterschutzfristen oder dem Auslaufen befristeter Arbeitsverhältnisse.

Insbesondere der zweite Teil erfordert umfangreiche Daten über Arbeitsplätze und Mitarbeiter, z. B. um entsprechend dem Anforderungsprofil eines Arbeitsplatzes geeignete Arbeitnehmer auszuwählen. Zu fragen ist also, welche Daten dafür benötigt werden und woher diese Daten stammen.

Die in PIS gespeicherten Informationen lassen sich meist drei Gruppen zuordnen:

- Mithilfe der *Identifikationsdaten* werden die Arbeitnehmer identifiziert. Zu ihnen gehören eine Personalnummer, Name, Geschlecht, Geburtsdatum, Geburtsort, Familienstand, Anschrift und Telefonnummer, Rentenversicherungsnummer, Sozialversicherungskennzeichen, Schlüssel für Lohnsteuer, Sozialversicherung, Kirchensteuer und Krankenkasse.

- Die *Arbeitsplatzdaten* enthalten Informationen über den Arbeitsplatz und sein Umfeld. Zu ihnen gehören Arbeitsplatznummer, Telefonnummer des Platzes, Funktionsbezeichnung, Grundlohn und Zulagen, Arbeitsbedingungen wie Klima, Lärm-, Staub- und Gasbelästigung, Lichtverhältnisse etc.

- Die *Persönlichkeitsdaten* dienen zur Beurteilung des Arbeitnehmers. Sie sind deshalb für ihn am interessantesten. Zu ihnen rechnen die schulische und berufliche Vorbildung, Fremdsprachenkenntnisse und andere Qualifikationen, die körperliche Konstitution (Muskelbeanspruchung, Körperhaltung, Sehschärfe, räumliches Sehen und Farbtüchtigkeit), geistige Fähigkeiten (Auffassungsgabe, praktische Anstelligkeit, technisches und mathematisches Verständnis, mündliche und schriftliche Ausdrucksfähigkeit, Reaktionsvermögen und Konzentrationsfähigkeit), charakterliche Eigenschaften (Monotoniefestigkeit, Führung und Unterweisung der Mitarbeiter, Lernbereitschaft, Konsultation und Information der Vorgesetzten), ...

Die Daten können teils konventionell, teils automatisch gewonnen werden. Eine wichtige Quelle ist dabei der Personalfragebogen, den ein Bewerber meist vor seiner Einstellung ausfüllen muss. Dessen Aussagen können durch Tests und Einstellungsuntersuchungen noch stark erweitert werden. Die dabei gewonnenen Informationen sind immerhin so wesentlich, dass das Bundesarbeitsgericht 1984 einen Anspruch abgewiesener Bewerber auf Vernichtung des Personalfragebogens bestätigte. Weitere konventionelle Quellen sind Beurteilungen und Befragungen, Bewerbungsunterlagen und Arbeitsplatzuntersuchungen, Auskünfte früherer Arbeitgeber, Mitteilungen der Behörden und ggf. Auskünfte der im letzten Abschnitt angesprochenen Auskunfteien. Sind in einer Firma weitere Vorgänge computergesteuert, dann können wesentliche Daten als „Abfallprodukt" dieser Automatisierung gewonnen werden. Dazu gehören die Arbeitszeiterfassung etwa bei gleitender Arbeitszeit, Zugangskontrollen, die automatische Erfassung von Krankheitstagen, in der Produktion der Ausschuss, produzierte Stückzahlen, Ist- und Sollstunden, Auslastung, Stillstand und Störungen bei Maschinen, die in der Betriebsdatenerfassung zusammengefasst werden. Aber auch die Kantinenabrechnung, das Telefonnetz mit seiner Gebührenabrechnung und die Betriebstankstelle liefern Daten, die sich eventuell als Personaldaten niederschlagen. Nicht zu vergessen sind dabei die Computerarbeitsplätze, bei denen Anschlag- und Fehlerhäufigkeit, Auslastung der Geräte und bewältigte Arbeit gleich mit erfasst werden können.

Die Personaldatenverarbeitung wird im BDSG durch den dritten Abschnitt „Datenverarbeitung nichtöffentlicher Stellen" geregelt. Die dort geltenden Regelungen für die Speicherung (§ 28) wurden schon bei der Arztpraxis angesprochen. Da zwischen Arbeitgeber und Arbeitnehmer immer ein Vertragsverhältnis vorliegt und die Personaldatenverarbeitung sich aus dem Zweck dieses Verhältnisses ergibt, ist die Speicherung in weitem Umfang zulässig, weil der Begriff der „berechtigten Interessen der speichernden Stelle" entsprechend ausgelegt werden kann.

Zusätzlich ist der § 87 des Betriebsverfassungsgesetzes zu berücksichtigen, der dem Betriebsrat ein Mitbestimmungsrecht bei Fragen der Ordnung des Betriebs, des Verhaltens der Arbeitnehmer im Betrieb und der Einführung technischer Einrichtungen zugesteht, die dazu bestimmt sind, das Verhalten oder die Leistungen der Mitarbeiter zu überwachen. Zu diesem Zweck wird meist eine Betriebsvereinbarung über die Einführung und Betrieb computerunterstützter Personaldatenverarbeitung geschlossen. Muster solcher Vereinbarungen sind bei Arbeitgebern oder Gewerkschaften zu erhalten.

Neben der schon angesprochenen Verschiebung des Informationsgleichgewichts zwischen den Tarifpartnern werden insbesondere von den Gewerkschaften weitere Gründe genannt, die die Einführung von PIS als Nachteil für die Arbeitnehmer erscheinen lassen können. Dazu gehört in erster Linie der *Verlust des Kontextes*, da die Gründe für die Entstehung einer gespeicherten Information meist nicht mit gespeichert werden. Oft werden Daten auch nicht mehr zu dem Zweck benutzt, zu dem sie eigentlich erhoben wurden. Fehlt dieser Kontext, so können Daten anders, eventuell falsch interpretiert werden, so dass aus eigentlich harmlosen Anlässen Maßnahmen gegen Arbeitnehmer ergriffen werden können, ohne dass ein persönliches Verschulden von diesen vorliegt. Die Speicherung, die ja kein Vergessen kennt, führt zu Langzeitüberwachungen. Aus der dauernden Kontrolle resultiert ein Abbau von Freiräumen und erhöhter Leistungsdruck.

2.4.11 Aufgaben

1. Versuchen Sie für sich die Bereiche anzugeben, die Sie zu Ihrer **Persönlichkeitssphäre** rechnen. Prüfen Sie, ob Sie die zugehörigen Daten für sich behalten können, oder ob und unter welchen Umständen Sie diese weitergeben müssen. Geben Sie Datenflüsse an, durch die Sie sich in Ihrer Persönlichkeitssphäre verletzt fühlen würden.

2. Geben Sie für die folgenden **Begriffe** jeweils die genaue Stelle an, an der sie im BDSG definiert werden. Geben Sie jeweils ein Beispiel und ein Gegenbeispiel für den Begriff:

    • personenbezogene Daten   • Datei   • Betroffener

3. Stellen Sie fest, welche Paragraphen des BDSG die **Weitergabe von Daten** innerhalb des öffentlichen Bereichs regeln. Welche Voraussetzungen gelten für die Übermittlung? Ist der direkte Zugriff einer Behörde auf die Dateien einer anderen nach dem BDSG zulässig?

4. Entwerfen Sie in zwei Gruppen einen **Personalfragebogen** aus Arbeitgeber- und aus Arbeitnehmersicht. Diskutieren Sie kontrovers die Unterschiede.

5. Durch den Einsatz neuer Techniken nehmen einerseits die **Bildschirmarbeitsplätze** zuhause, andererseits die Abwicklung von Bestellungen, Kontobewegungen etc. ebenfalls von zuhause zu bzw. diese werden erst möglich. Dabei entstehen Datensammlungen, die insbesondere durch ihre „Mischbarkeit" mit anderen Dateien Probleme schaffen können. Entwickeln Sie ein Rollenspiel (Planspiel, Podiumsdiskussion,...), durch das sowohl die Möglichkeiten wie auch die Gefahren dieser Techniken verdeutlicht werden. Stellen Sie dazu fest, welche Daten in den Datensammlungen festgehalten werden. Diskutieren Sie aus unterschiedlicher Sicht kontrovers.

6. Klären Sie, ob die folgenden **Datensammlungen** Dateien im Sinn des BDSG sind.
   - Anschriftenlisten
   - Telefonbuch
   - Personalfragebögen
   - Lohnsteuerkarten
   - Stempelkarten
   - Kraftfahrzeugdatei

7. Welche **Kontrollinstanzen** sind im BDSG vorgesehen und welche Aufgaben haben sie?

8. Welche Aufgaben und Rechte hat der **Bundesbeauftragte für den Datenschutz**? Welche Aufgaben muss er wahrnehmen, welche kann er wahrnehmen?

9. Ermitteln Sie die **Pflichten** zur Veröffentlichung, Auskunft, Berichtigung, Sperrung und Löschung öffentlicher Stellen innerhalb bzw. außerhalb des Polizei- und Sicherheitsbereichs.

10. Eine Firma will ein **Personalinformationssystem** einrichten. Klären Sie anhand des BDSG, wann ein Beauftragter für den Datenschutz bestellt werden muss, welche Anforderungen er erfüllen muss und welche Aufgaben er hat.

11. Spielen Sie den **Werbeleiter** eines Geschäftes für HiFi-Anlagen (hochwertige italienische Modeartikel, Tabak, gebrauchte Musikboxen und Flipperautomaten der 50er Jahre, Rheumawäsche, Daunenbetten, Homecomputer, ...), der dringend eine Ladung dieser Waren verkaufen möchte und deshalb eine Werbeaktion starten will. Nennen Sie Zielgruppen für diese Aktion und stellen Sie Eigenschaften dieser Zielgruppen zusammen, mit deren Hilfe diese aus größeren Adressenlisten herausgefiltert werden können.

2.4.12 Technischer Datenschutz

Neben den rechtlichen Regelungen, die den Umgang mit personenbezogenen Daten regeln, sind eine ganze Reihe von technischen und organisatorischen Maßnahmen denkbar, die einen möglichen Missbrauch der Daten gar nicht erst zulassen, indem sie Unbefugten den Zugang zu den geschützten Daten verwehren. Im Folgenden werden solche Maßnahmen eingehender untersucht.

Im § 9 des Bundesdatenschutzgesetzes wird von den Stellen, die personenbezogene Daten verarbeiten, gefordert, dass sie technische und organisatorische Maßnahmen zum Datenschutz treffen, soweit der Aufwand im angemessenen Verhältnis zum angestrebten Schutzzweck steht. Diese Maßnahmen sind im Anhang zum Gesetz präzisiert und können von der Bundesregierung durch Rechtsverordnungen dem jeweiligen Stand der Technik angepasst werden. Zu ihnen zählen die

- *Zugangskontrolle*: Unbefugten ist der Zugang zu Datenverarbeitungsanlagen zu verwehren.
- *Abgangskontrolle*: Datenträger dürfen nicht unbefugt entfernt werden.
- *Speicherkontrolle*: Unbefugte Zugriffe auf die Daten sind zu verhindern.
- *Benutzerkontrolle*: Unbefugte dürfen Datenverarbeitungssysteme nicht benutzen.
- *Zugriffskontrolle*: Benutzer dürfen nur auf Daten zugreifen, zu denen sie eine Zugriffsberechtigung haben.
- *Übermittlungskontrolle*: Es muss festgestellt werden können, wohin Daten übermittelt wurden.
- *Eingabekontrolle*: Es muss festgestellt werden können, wer wann welche Daten eingab.
- *Auftragskontrolle*: Im Auftrag verarbeitete Daten dürfen nur entsprechend dem Auftrag verarbeitet werden.
- *Transportkontrolle*: Beim Transport oder der Übermittlung von Daten dürfen keine unberechtigten Zugriffe erfolgen.
- *Organisationskontrolle*: Die Organisation muss den Datenschutzanforderungen gerecht werden.

Ein Urteil von 1986 des Bundesarbeitsgerichts zu diesem Thema gibt Arbeitnehmern z. B. das Recht, bestimmte Informationen aus ihrer Personalakte entfernen zu lassen, wenn der Arbeitgeber diese nicht entsprechend aufbewahren lässt.

Die meisten Anforderungen beziehen sich natürlich auf Großrechenanlagen, in denen der DV-Bereich abgeschottet ist und die Zugangskontrolle z. B. durch besondere Kennkarten, Stimm- oder Fingerabdruckserkennung erfolgt. Wir wollen uns hier mehr auf den Kleinrechnerbereich konzentrieren, in dem der technische Datenschutz sich auf Maßnahmen innerhalb des Programmsystems bzw. auf Zugriffe in lokalen Netzen beschränken muss. Zu diesen rechnen die

- *Identitätskontrolle,* mit deren Hilfe die Benutzer identifiziert werden.
- *Zugriffskontrolle,* die dafür sorgt, dass Benutzer nur auf die Daten zugreifen können, zu denen sie eine Zugriffsberechtigung haben.
- *Verschlüsselungsverfahren* mit denen zu schützende Daten in unterschiedliche Codes umgesetzt werden.

Insgesamt ergeben sich so unterschiedliche Schichten, die die Daten umgeben und vor unberechtigtem Zugriff schützen.

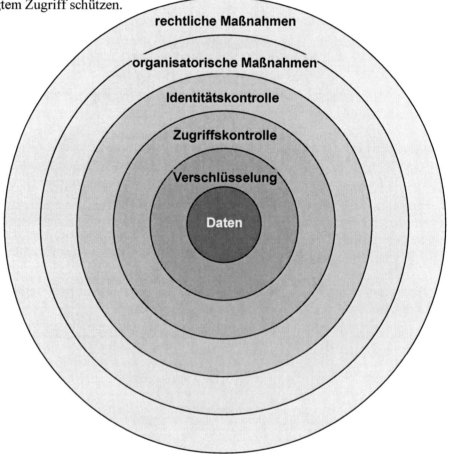

3 Das Delphi-Labor

Die Nutzung wenigstens eines Teils der Möglichkeiten von Delphi soll zuletzt an einem komplexeren Beispiel gezeigt werden: einem simulierten *Elektronik-Labor* mit diversen Geräten, die mit einander am Bildschirm verbunden werden und dort arbeiten können. In diesem Beispiel werden
- diverse Objektklassen definiert, die den bei der Arbeit oft benutzten Geräteteilen entsprechen – also *Buchsen, Anzeigefelder, Knöpfe, Schalter,* ...
- Objekte (*Geräte*) bei Bedarf auf Mausklick erzeugt.
- polymorphe Methoden (*Arbeite*) benutzt, die für jedes Gerät anders sind.
- die erzeugten Geräte in einer dynamischen Objektklasse (einer *Geräteliste*) abgelegt.
- Bibliotheken geschrieben, die auf einer zum Zeitpunkt der Übersetzung noch unbekannten *Canvas* zeichnen, nämlich der des *Parent*-Objekts.
- unterschiedliche *Event-Handler*-Methoden zur Bearbeitung der benutzten Mausereignisse eingesetzt.
- Zeiger zur interaktiven Verknüpfung der Geräte gesetzt.

Insgesamt wird reichlich von den vorher im Buch gemachten Erfahrungen Gebrauch gemacht.

3.1 Anforderungen an das Delphi-Labor

Weil nichts aussagekräftiger als ein gutes Beispiel ist, wollen wir uns einmal den Bildschirmausdruck einer möglichen Situation im Delphi-Labor ansehen. Erzeugt wurden ein *xyt-Schreiber* und zwei *Funktionsgeneratoren*, die mit dem x- bzw. y-Eingang des Schreibers verbunden sind. Weil beide Generatoren Sinusschwingungen unterschiedlicher Frequenz erzeugen, ergibt sich eine der *Lissajous-Figuren*.

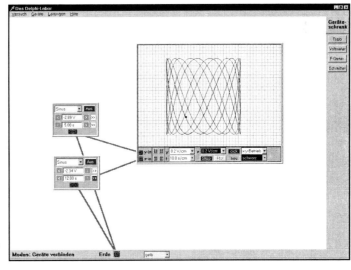

Zur Realisierung des Delphi-Labors müssen wir einige Vorbereitungen treffen:

- Wenn wir nicht jedes Gerät von Anfang an wieder neu „erfinden" wollen, dann müssen wir eine „Kiste" mit Bauteilen – eine Unit – zur Verfügung haben, aus der wir wieder verwendbare Komponenten entnehmen können. Beispiele finden wir schon reichlich auf dem Bildschirmausdruck: alle Geräte enthalten Knöpfe und Schalter, Auswahlmöglichkeiten, Anzeigeflächen usw. Die erforderlichen programmtechnischen Mechanismen für selbst geschriebene Units kennen wir z. B. von den *dynamischen Objektklassen* her.

- So wie es aussieht, wird das Programm nicht gerade kurz. Der Übersichtlichkeit halber werden wir deshalb auch die einzelnen Geräte in wieder verwendbaren Units unterbringen. Das hat aber zur Folge, dass die grafischen Ausgaben, z. B. die Darstellung der Geräte selbst und die der aktuellen Messwerte, nicht auf einem Formular der Unit geschehen können, sondern an anderer Stelle. Wir müssen dafür geeignete Verfahren vorsehen, ähnlich wie beim *Memory-Spiel*.

- Die Geräte und ihre Bauteile sollen auf Mausklicks reagieren – das gehört zur Standardarbeitsweise von Delphi. Sie sollen aber unterschiedlich reagieren, je nachdem welche Funktion z. B. ein Schalter auf einem Gerät auslösen soll. Auch solche Verfahren wurden eingeführt – z. B. beim *Memory-Spiel*.

- Zusätzlich müssen viele Geräte unabhängig von Mausereignissen weiterarbeiten. Sie benötigen also eine innere Uhr, die zu vorgegebenen Zeitpunkten Ereignisse auslöst. Auf das Verfahren dafür sind wir im ersten Band bei den *bewegten Bällen* gestoßen.

- Die Arbeitsweise von verschiedenen Geräten mit „innerer Uhr" ist unterschiedlich. Trotzdem müssen sie alle „arbeiten", und ihre Unterschiede liegen genau in dieser *polymorphen* Methode. Wir werden also Methoden gleichen Namens, aber unterschiedlicher Wirkungsweise benutzen: virtuelle Methoden.

- Wenn wir Geräte am Bildschirm „aus dem Geräteschrank holen", also dynamisch erzeugen, dann können wir die tatsächlich auf dem Bildschirm befindliche Gerätezahl vor dem Programmstart nicht kennen. Wir können dann die Geräte auch nicht unter einem eigenen Namen ansprechen, sondern benötigen eine Geräteliste, in die neue Geräte eingefügt werden. Ebenso sollten bei einer sinnvollen Verkabelungsmöglichkeit am Bildschirm die Leitungen übersichtlich gezeichnet werden (und nicht so rudimentär wie auf dem Bildschirmausdruck). Beides erfordert *dynamische Objektklassen*, die wir aus diesem Band kennen.

Die – jetzt nur grob umschriebenen – Aufgaben können wir im Buch nicht vollständig lösen. Wir wollen aber wenigstens einige wesentliche Teilprobleme angehen und die restlichen Lösungen skizzieren. Anzumerken ist auch, dass die Simulation von Geräten zu den einfachen Simulationsproblemen gehört – sie stellt eher programmtechnische Probleme.

Die Simulation „echter" Schaltungen, sogar schon von am Bildschirm erzeugten Stromkreisen mit einfachen Widerständen, stellt Probleme ganz anderer Größenordnung – z. B. die Berechnung von Netzwerken - und führt auf mathematische Fragen, die wir hier nicht angehen können (und wollen).

3.2 Die Klassenhierarchie

3.2.1 Zwei einfache Geräte

Wir wollen „top-down" vorgehen und die Eigenschaften der erforderlichen Objektklassen aus Problemen ableiten. Dazu erzeugen wir zuerst statisch zwei Geräte am Bildschirm, die wir logisch (also vom Programm her) „verdrahten", und dann auch optisch durch zwei Leitungen, die aber (noch) keine weitere Funktion haben. Das Ergebnis sehen wir rechts.

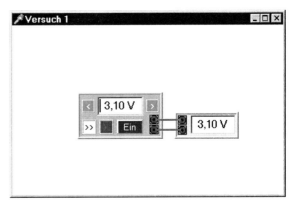

Wir müssen dazu die beiden Geräte und die Leitungen auf einem Formular erzeugen, und das funktioniert natürlich nur, wenn wir entsprechende Bibliotheken zur Verfügung haben. Weitere Aktionen sollten nicht erforderlich sein, da die Geräte sich dann am Bildschirm wie die simulierten echten verhalten sollten, also einfach „funktionieren". Wir wollen annehmen, dass die Grundbausteine in unserer „Werkzeugkiste", einer Unit *uTools*, bereitstehen und die aus deren Bestandteilen zusammengesetzten Geräte in den Units *uTrafo* und *uDVoltmeter*. Mit diesen Hilfsmitteln lautet der vollständige Programmtext:

```
unit uVersuch1;
interface
uses Windows, Messages, SysUtils, Classes, Graphics, Controls,
     Forms, Dialogs, uTools, uTrafo, uDVoltmeter;     ← Bibliotheken angeben

type TVersuch1 = class(TForm)
     procedure FormCreate(Sender: TObject);
     private
     Trafo    : tTrafo;
     Voltmeter: tDVoltmeter;                          ← Geräte vereinbaren
     Leitung1 : tLeitung;
     Leitung2 : tLeitung;
     end;
```

```
var Versuch1: TVersuch1;
implementation
{$R *.DFM}
   procedure TVersuch1.FormCreate(Sender: TObject);
   begin
   Trafo      := tTrafo.Init(self,100,100,clAqua);
   Voltmeter  := tDVoltmeter.Init(self,250,130,clYellow);
   Leitung1   := tLeitung.Init(self,220,140,260,143,clFuchsia);
   Leitung2   := tLeitung.Init(self,220,155,260,158,clFuchsia);
   Voltmeter.E1.Verbindung := Trafo.Ausgang;
   end;
end.
```

Geräte und Leitungen erzeugen

Geräte logisch verbinden

Bei der Instantiierung der Geräte mit dem *Init-Konstruktor* wird jedem Gerät das *Parent*-Objekt übergeben, dem das Gerät untergeordnet ist, auf dem es sich also zeigen soll. In unserem Fall handelt es sich dabei um das aktuelle Formular, das durch den Parameter *self* in jeder seiner Methoden referenziert wird. Die restlichen Parameter geben die linke obere Ecke des Geräts (also seine Bildschirmposition) und die Farbe an. Die Endpunkte der Leitungen finden wir durch Ausprobieren.

3.2.2 UML-Diagramme

Beide Geräte verfügen über Gemeinsamkeiten: Eine *Anzeige* zur Darstellung der aktuellen Werte und *Buchsen* zur Verbindung mit anderen Geräten. Sie haben auch beide eine *Bildschirmposition*, eine *Farbe* und sicher noch andere Eigenschaften. Zusätzlich verfügt der Trafo über Knöpfe (z. B. um die Ausgangsspannung zu verändern) und einen Schalter (zum Ein- und Ausschalten). Die Gemeinsamkeiten wollen wir in einer (generischen) Objektklasse *tGeraet* zusammenfassen, von der wir dann die speziellen Geräte ableiten. *tGeraet* selbst umfasst einige Eigenschaften, die schon in den *Panel*-Komponenten vorhanden sind. *tPanel* soll also die Mutterklasse unser Geräte sein. Aus entsprechenden Überlegungen finden wir die anderen Objektklassen.

Die Eigenschaften von Klassen und ihr Zusammenhang werden oft in der *Unified Modeling Language UML* beschrieben. Leider gibt es davon verschiedene Versionen, die entsprechend der jeweiligen Anforderung meist ziemlich frei benutzt werden. Wir wollen eine einfache Variante wählen.

Die UML stellt Klassen durch Rechtecke dar, die in zwei Sektionen geteilt sind:

- zuerst werden die Attribute der Klasse angegeben
- danach folgen die Methoden.

Bei Bedarf lassen wir Attribute und Methoden weg, z. B. wenn wir nur den Zusammenhang zwischen den Klassen veranschaulichen wollen.

Eine Klasse von „Geräten", bei der hier der Einfachheit halber alle Attribute als *public* deklariert sind, könnte wie folgt beschrieben werden:

tGerät
+ farbe: tColor + mitBild: boolean + mitUhr: boolean + mitRand: Boolean + amVerschieben: boolean + Uhr: tStoppuhr + Bild: tImage + Rand: integer + xOffset: integer + yOffset: integer
<< constructor >> + init(integer,integer,integer,integer,tColor) <<method >> + arbeite(tObject) + mausRunter(tObject,tMouseButton,tShiftState,integer,integer) + mausHoch(tObject,tMouseButton,tShiftState,integer,integer) + mausBewegung(tObject,tShiftState,integer,integer)

Die „Vorzeichen" vor den Attributen und Methoden beschreiben die *Sichtbarkeit* dieser Elemente:

- öffentlich zugängliche Elemente werden als *public* deklariert und erhalten ein vorangestelltes „+"
- interne Elemente werden als *private* deklariert und erhalten ein „-"
- vor Veränderungen geschützte Elemente werden als *protected* deklariert und erhalten ein „#"

Die Abschnitte mit Konstruktoren bzw. normalen Methoden werden wie angegeben mit den Schlüsselworten << *constructor* >> bzw. << *method* >> bezeichnet. Die Typen den Parameterlisten der Methoden werden in der gewählten Reihenfolge angegeben.

Der Zusammenhang zwischen Klassen, also ihre Hierarchie, wird durch Pfeile angegeben. Von abgeleiteten *Tochterklassen* führt ein Pfeil zur *Mutterklasse*, die ihre Eigenschaften vererbt. Schreiben wir UML-Diagramme mit allen Eigenschaften und Methoden vollständig auf, dann bekommen wir schnell Platzprobleme. Es ist deshalb oft sinnvoll, nur die Klassennamen anzugeben und die restlichen Elemente durch leere Kästchen anzudeuten. Für unsere Gerätehierarchie wollen wir so verfahren – schon deshalb, weil wir die erforderlichen Attribute und Methoden derzeit noch nicht kennen.

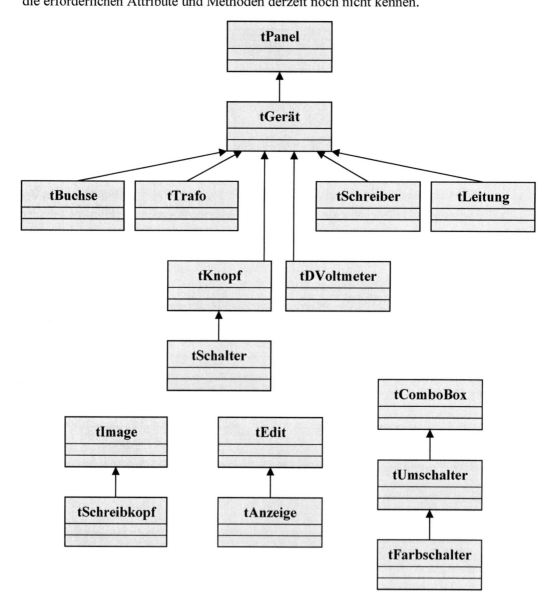

Beginnen wollen wir mit dem Digitalvoltmeter – dem einfachsten Gerät. Es enthält als Bauteile eine *Anzeige* und zwei *Buchsen*. Als Methoden stehen ihm (neben den von *tGeraet* geerbten) ein Konstruktor *Init* zur Verfügung, der das Gerät mit den Vorgabewerten erzeugt, und eine virtuelle Methode *arbeite*, die die Arbeitsweise des Gerätes beschreibt. Als interne Größe wird ein Spannungswert *U* benutzt.

tDigitalvoltmeter
+ Anzeige: tAnzeige + E1: tBuchse + E2: tBuchse - U: single
<< constructor >> + init(tWincontrol,integer,integer,tColor) <<method >> + arbeite(tObject)

Da alle Geräte in eigene Units gepackt werden sollen, geschieht das auch hier. Die Werkzeugkiste *uTools* muss wie üblich in der *uses*-Klausel angegeben werden.

```
unit uDVoltmeter;
interface
uses Windows, Messages, SysUtils, Classes, Graphics, Controls,
     Forms, Dialogs, ExtCtrls, Menus, StdCtrls, uTools;

type tDVoltmeter = class(tGeraet)
     Anzeige: tAnzeige;
     E1, E2 : tBuchse;
     constructor Init(aOwner: tWinControl;
                      x,y: integer; f: tColor); virtual;
     procedure Arbeite(sender: tObject); override;
     private
     u: single;
     end;
```

Die Arbeitsweise eines Voltmeters ist denkbar einfach: Es zeigt die Spannungsdifferenz der Eingänge an. Ist ein Eingang nicht verdrahtet, dann liegt er auf dem „Erdpotential" 0.

```
procedure tDVoltmeter.Arbeite;
begin
Anzeige.ZeigeZahl(E1.u-E2.u,7,2,'V')
end;
```

> Differenz der Eingangswerte anzeigen

Der Konstruktor ruft den geerbten Konstruktor auf (die Bedeutung der Parameter werden wir uns später ansehen) und erzeugt danach die Komponenten des Gerätes.

```
constructor tDVoltmeter.Init(aOwner: tWinControl; x,y: integer;
                             f: tColor);
begin
inherited Init(aOwner,x,y,100,40,f,Arbeite,true,false,true);
u := 0;
Anzeige := tAnzeige.Init(self,'',25,5,70,20,10);
Anzeige.ZeigeZahl(u,7,2,'V');
E1 := tBuchse.Init(Self,btEingang,5,5,7,clRed);
E2 := tBuchse.Init(self,btEingang,5,20,7,clgreen);
uhr.starte(100);
end;
```

Komponenten erzeugen

3.3 Virtuelle Methoden

Vereinbart man in einer Klasse eine Methode und übersetzt den Delphicode, dann „springt" das laufende Programm beim Aufruf dieser Methode zur entsprechenden Adresse im Programmcode und führt die dort aufgeführten Befehle aus. Man nennt solche Methoden *statisch*, weil nach der Übersetzung die Einsprungadresse festliegt und nicht mehr verändert werden kann. Der Vorteil des Verfahrens liegt in seiner Geschwindigkeit: die Methoden werden *direkt* angesprungen.

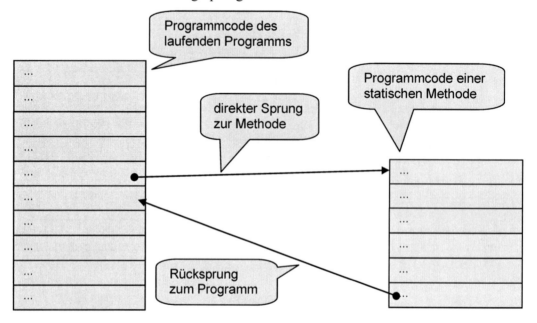

Bei unseren Geräten ist dieses Verfahren für die Methode *Arbeite* unbrauchbar, weil ja – je nach Geräteklasse – unterschiedliche Methoden benutzt werden müssen. Dem Delphi-Compiler muss deshalb mitgeteilt werden, dass *erst zur Laufzeit* bestimmt werden kann, welche der unterschiedlichen *Arbeite*-Methoden die richtige ist. Die Lösung des Problems liegt in der Benutzung von *virtuellen Methoden* und einer *Virtuelle-Methoden-Tabelle* (VMT). In der VMT sind alle virtuellen Methoden einer Klasse aufgeführt, und zusätzlich die Adressen, unter denen die für diese Klasse gültigen Methoden zu finden sind. Da schon *tObject* über virtuelle Methoden verfügt, besitzt *jede* Klasse von Delphi eine VMT. VMTs werden automatisch erzeugt.

Statt beim Aufruf einer Methode direkt zum Programmcode zu springen, wird bei virtuellen Methoden *vor dem Sprung* in der VMT *der Klasse des aufrufenden Objekts* nachgesehen, an welcher Stelle sich die für die Klasse gültige virtuelle Methode befindet. Diese wird dann benutzt. Da Tochterklassen eigene virtuelle Methoden unter dem gleichen Namen (und mit der gleichen Parameterliste) wie die Mutterklasse einführen können, verfügen die Methoden in ihren VMTs jeweils über unterschiedliche Adressen, so dass durch den Aufruf der gleichen Methode unterschiedliche Aktionen ausgelöst werden: die Objekte verhalten sich wie gewünscht *polymorph*.

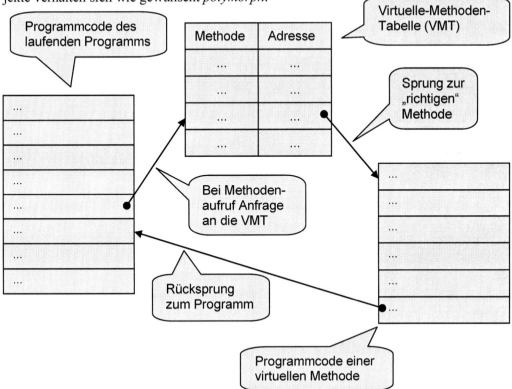

Wenn Tochterklassen eine Methode als virtuell (*virtual*) deklarieren, dann wird die Methode der Mutterklasse nur *verborgen* und kann – ähnlich wie die Konstruktoren – unter Voranstellung des Namens der Mutterklasse immer noch aufgerufen werden. Soll der geerbte Programmcode wirklich ersetzt (*überladen*) werden, dann benutzt man statt *virtual* das Schlüsselwort **override**.

Oft werden in den übergeordneten Klassen virtuelle Methoden als gemeinsame Eigenschaften der Tochterobjekte vereinbart, ohne an dieser Stelle des Entwurfs schon implementiert zu werden. Statt dort „leere" Methoden zu schreiben (bestehend nur aus der Befehlsfolge **begin end**) kann auch das Schlüsselwort **abstract** benutzt werden, das die Methode als *abstrakt* kennzeichnet. Abstrakte Methoden werden erst in Tochterklassen wirklich implementiert.

In der folgenden Unit *uTools* wird die *Arbeite*-Methode der Klasse *tGeraet* als virtuell und abstrakt vereinbart. Die Tochterklassen der „echten" Geräte implementieren die Methode dann geeignet. Die Uhren der Geräte rufen die Methode ggf. periodisch auf, um das Funktionieren der Geräte zu gewährleisten.

3.4 Die Werkzeugkiste *uTools*

Mit den jetzt bekannten Anforderungen an die Bestandteile von Geräten können wir die gesuchte Werkzeugkiste *uTools* erzeugen, in der alle benötigten Bauteile und Methoden enthalten sind. Wir beginnen mit der Klasse *tGeraet*.

3.4.1 Die Klasse der Geräte

Geräte enthalten eine *Bildschirmposition*, eine *Breite* und eine *Höhe* – alles Eigenschaften der Mutterklasse *tPanel*. Auch die *Farbe* der Geräte könnten wir in deren Eigenschaften unterbringen. Weil wir aber ab und zu die Farbe ändern wollen (z. B. beim Verschieben der Geräte), speichern wir die Gerätefarbe auch als besondere Eigenschaft des Geräts. Weitere Eigenschaften dienen der „Verschönerung". Geräte können mit *Rand* und ggf. mit einem *Bild* dargestellt werden, z. B. wenn wir auf dem rechteckigen Panel runde Buchsen zeichnen. Viel wesentlicher ist aber die eingebaute *Uhr*, die das Funktionieren des Geräts steuert. Weniger wichtig sind einige Hilfseigenschaften, die z. B. das Verschieben der Geräte erleichtern. Das UML-Diagramm der Klasse wurde oben angegeben.

Zur Erzeugung von Geräten dient der Konstruktor *Init*. Dieser übernimmt beim Aufruf unter dem Namen *aOwner* das *Parent*-Objekt, auf dem sich das Gerät zeigen soll, und die erforderlichen Werte für die Panel-Mutterklasse. Zusätzlich erhält der Konstruktor eine Ereignisbehandlungsroutine *func*, die von der Uhr regelmäßig gestartet wird. Die Reaktionen auf Mausereignisse werden durch drei weitere Event-Handler definiert: *Maus-*

Runter, *MausBewegung* und *MausHoch* werden den Ereignissen *OnMouseDown*, *OnMouseMove* und *OnMouseUp* zugeordnet. Die Parameterlisten dieser Methoden sind für die entsprechenden Mausereignisse fest vorgegeben. Eine virtuelle Methode *arbeite* wird von jedem Gerät neu definiert, um die eigene Arbeitsweise zu beschreiben.

```
tGeraet = class(tPanel)
   public
   Farbe                      : tColor;
   MitBild, MitUhr, MitRand: boolean;
   Uhr                        : tStoppuhr;
   Bild                       : tImage;
   Rand                       : integer;
   AmVerschieben              : boolean;
   xOffset, yOffset           : integer;
   constructor Init(aOwner: tWinControl; x,y,b,h: integer;
                    f: tColor; func: tNotifyEvent;
                    WithClock,WithImage,WithBevel: boolean);
   procedure arbeite(sender: tObject); virtual; abstract;
   procedure MausRunter(Sender: TObject; Button: TMouseButton;
                   Shift: TShiftState; X, Y: Integer);
   procedure Mausbewegung(Sender: TObject;
                   Shift: TShiftState; X,Y: Integer);
   procedure MausHoch(Sender: TObject; Button: TMouseButton;
                   Shift: TShiftState; X, Y: Integer);
   end;
```

Bei der Implementierung der Methoden werden eigentlich nur die wichtigen Eigenschaften der Objektklasse gesetzt. Zusätzlich werden die Event-Handler zugewiesen und Verschönerungsarbeiten bei der Darstellung ausgeführt, die wir hier nicht im Einzelnen angeben wollen.

```
constructor tGeraet.Init(aOwner: tWinControl; x,y,b,h: integer;
                 f: tColor; func: tNotifyEvent;
                 WithClock,WithImage,WithBevel: boolean);
begin
inherited create(aOwner);         ← ererbten Konstruktor aufrufen
SetBounds(x,y,b,h);               ← Größe festsetzen
parent    := aOwner;              ← Parent-Objekt bestimmen
name      := GetNewName;
Farbe     := f;
color     := f;
caption   := '';
MitUhr    := WithClock;           ← nur bei Bedarf werden entsprechende Komponenten erzeugt
MitBild   := WithImage;
MitRand   := WithBevel;
```

```
if MitUhr then uhr := tStoppuhr.Init(self,func);
AmVerschieben := false;
```
 — *Arbeitsweise der Uhr festlegen*

{... hier stehen Verschönerungsarbeiten ...}

```
if MitBild then
  begin
  Bild := tImage.Create(self);
  Bild.parent := self;
```

  {... hier stehen weitere Verschönerungsarbeiten ...}

```
  end;

OnMouseDown := MausRunter;
OnMouseMove := Mausbewegung;
OnMouseUp   := MausHoch;
end;
```
 — *Reaktionen auf Mausereignisse festlegen*

```
procedure tGeraet.MausRunter(Sender: TObject;
       Button: TMouseButton;Shift: TShiftState; X, Y: Integer);
begin
if not (Modus in [Setzen,Verschieben]) then exit;
AmVerschieben := true;
color := clGray;
xOffset := x; yOffset := y;
end;
```
 — *Beim Drücken der Maustaste auf das Verschieben des Geräts vorbereiten*

```
procedure tGeraet.Mausbewegung(Sender: TObject;
                    Shift: TShiftState; X,Y: Integer);
begin
if AmVerschieben then
  begin
  left := left+x-xOffset;
  top  := top+y-yOffset;
  end
end;
```
 — *Bei Mausbewegungen das Gerät ggf. verschieben*

```
procedure tGeraet.MausHoch(Sender: TObject;
       Button: TMouseButton;Shift: TShiftState; X, Y: Integer);
begin
if not AmVerschieben then exit;
color := farbe;
AmVerschieben := false;
end;
```
 — *Verschieben beenden*

3.4.2 Die Klasse der Uhren

Stoppuhren haben als Mutterklasse natürlich den Typ *tTimer*. Da sie aber vom Programm erzeugt, gestartet und gestoppt werden sollen, ergänzen wir die entsprechenden Methoden und eine Eigenschaft *laeuft*, die den Zustand der Uhr angibt. Da man innere Uhren nicht sehen kann, benötigen sie auch keine Positionen, Farben usw.

tStoppuhr
+ laeuft: boolean
<< constructor >>   + init(tWincontrol,tNotifyEvent)
<<method >>   + starte(cardinal)   + stoppe

```
tStoppuhr = class(tTimer)
  public
  laeuft: boolean;
  constructor Init(aOwner: tWincontrol; func: tNotifyEvent);
  procedure Starte(t: cardinal);
  procedure Stoppe;
  end;
```

Der Konstruktor *Init* muss neben den üblichen Zuweisungen vor allem die von der Uhr zu startende Ereignisbehandlungsroutine zuordnen.

```
constructor tStoppuhr.Init(aOwner: tWincontrol;
                           func: tNotifyEvent);
begin
inherited create(aOwner);      ererbten Konstruktor aufrufen
laeuft := false;
ontimer := func;               Event-Handler zuordnen
interval := 0;
end;
```

Das Starten und Stoppen der Uhr bedarf wohl keiner weiteren Erklärungen.

```
procedure tStoppuhr.Starte(t: cardinal);
begin
laeuft := true;
interval := t;
end;

procedure tStoppuhr.Stoppe;
begin
laeuft := false;
interval := 0;
end;
```

3.4.3 Die Klasse der Buchsen

Buchsen sind Geräte ohne eigene Uhr (Parameter *WithClock* = *false*), aber mit einem Bild, um Kreise zu zeichnen (Parameter *WithImage* = *true*). Weil Spannungswerte verarbeitet werden, enthalten sie einen Wert, der meist von der Methode *arbeite* periodisch bestimmt wird. Verbindet man Buchsen durch Leitungen, dann übernehmen sie – falls es sich um Eingänge handelt – den Wert der verbundenen Buchse. (Das kann zu langen Leitungsketten führen.) Manche Buchsen können *Eingänge*, manche *Ausgänge*, manche auch *beides* sein, z. B. wenn mehrere Netzgeräte hintereinander geschaltet werden. Um hier Probleme mit „Leitungsmaschen" zu vermeiden, sollen entsprechende Buchsentypen vereinbart werden:

```
tBuchsentyp = (btEingang,btAusgang,btMulti);
```

Die Verbindung zu einer anderen Buchse kann sehr leicht realisiert werden. Wir ordnen jeder Buchse eine *Verbindungsbuchse* zu. Bei unverbundenen Buchsen hat dieses Objekt den Wert *nil* (Objekte sind ja eigentlich eine Art von Zeiger!), bei verbundenen wird einfach der Wert der Verbindungsbuchse zugewiesen. (Das ist physikalisch ziemlich problematisch, funktioniert hier aber ganz gut!)

Weil Buchsen fast immer Teile von anderen Geräten sind, können sie selbst nicht verschoben werden (das geschieht zusammen mit dem ganzen Gerät). Stattdessen soll die Reaktion auf Mausereignisse darin bestehen, Verbindungen zwischen Buchsen aufzubauen oder zu löschen. Auf diese Weise können Buchsen dann am Bild-

tBuchse
+ wert: single + Verbindung: tBuchse + Buchsentyp: tBuchsentyp
<< constructor >> + init(tWincontrol,tBuchsentyp,integer,integer,integer,tColor)
<<method>> + u: single + mausRunter(tObject,tMouseButton,tShiftState,integer,integer) + mausHoch(tObject,tMouseButton,tShiftState,integer,integer) + mausBewegung(tObject,tShiftState,integer,integer)

schirm „verdrahtet" werden. Wir ersetzen also bei Buchsen die Event-Handler, die auf Mausereignisse reagieren, durch eigene.

```
tBuchse = class(tGeraet)
   public
   Wert       : single;
   Verbindung: tBuchse;
   Buchsentyp: tBuchsentyp;
   constructor Init(aOwner: tWinControl;
           BTyp: tBuchsentyp; x,y,r: integer; F: tColor);
   function U: single;
   procedure MausRunter(Sender: TObject; Button: TMouseButton;
                Shift: TShiftState; X, Y: Integer);
   procedure Mausbewegung(Sender: TObject;
                Shift: TShiftState; X,Y: Integer);

   procedure MausHoch(Sender: TObject; Button: TMouseButton;
                Shift: TShiftState; X, Y: Integer);
   end;
```

Der Buchsen-Konstruktor erzeugt wie üblich das Objekt und weist ihm Werte zu. Danach wird die Buchse gezeichnet und die Mausereignisse werden zugeordnet. Der geerbte Konstruktor des Geräts muss dabei mit den „richtigen" Werten versorgt werden. Die bestehen in diesem Fall aus den Werten für das Panel-Rechteck, die aus der Position (*x/y*) und dem Radius *r* der Buchse bestimmt werden. Als Event-Handler für die Uhr (die gar nicht erzeugt wird) wählen wir die Methode *arbeite* als „Dummy".

```
constructor tBuchse.Init(aOwner: tWinControl;
           BTyp: tBuchsentyp; x,y,r: integer; f: tColor);
var h: integer;
begin
inherited Init(aOwner,x,y,2*r,2*r,clGray,arbeite,false,true,
                                                        false);
Farbe      := f;
Verbindung := NIL;
Wert       := 0;
Buchsentyp := BTyp;
with Bild.canvas do
    begin
    pen.width  := Rand;   pen.Color   := clBlack;
    brush.style := bsSolid; brush.color := Farbe;
    Ellipse(Rand,Rand,Bild.width-Rand,Bild.height-Rand);
    brush.color := clBlack;
    h := Bild.Width div 2;
    Ellipse(h-2*Rand,h-2*Rand,h+2*Rand,h+2*Rand);
    end;
```

„keine Uhr", „mit Bild", „ohne Rand"

Buchse zeichnen

186   3. Das Delphi-Labor

```
  Bild.OnMouseDown := MausRunter;
  Bild.OnMouseMove := MausBewegung;        Event-Handler zuordnen
  Bild.OnMouseUp   := MausHoch;
end;
```

Die Mausereignisse *OnMouseDown* und *OnMouseMove*, die bei den Geräten das Verschieben steuerten, werden für Buchsen einfach „abgeschaltet".

```
procedure tBuchse.MausRunter(Sender: TObject;
Button: TMouseButton;Shift: TShiftState; X, Y: Integer);
begin end;

procedure tBuchse.Mausbewegung(Sender: TObject;
Shift: TShiftState; X,Y: Integer);
begin end;
```

Beim Loslassen der Maustaste sollen Buchsen bei Bedarf verbunden werden. Dazu sind natürlich immer zwei Buchsen erforderlich, bei denen es sich beides um Eingänge handeln darf. Wir vereinbaren deshalb in der Unit *uTools* zwei „globale Buchsen" *BuchseEin* und *BuchseAus*. Erst wenn beide zulässige Werte haben, werden Buchsen verbunden. (Das Löschen von Verbindungen lassen wir hier weg.)

```
procedure tBuchse.MausHoch(Sender: TObject;
       Button: TMouseButton; Shift: TShiftState; X, Y: Integer);
begin
if Modus = Verbinden then begin
  case Buchsentyp of
    btEingang:
      begin                              vermerken, welche Buchse „gemeint"
      BuchseEin := self;                 war, und deren Position speichern
      xEin := parent.left+BuchseEin.left+BuchseEin.width div 2;
      yEin := parent.top+BuchseEin.top+BuchseEin.height div 2;
      end;
    btAusgang:
      begin                                        ebenso für Ausgänge
      BuchseAus := self;
      xAus := parent.left+BuchseAus.left+BuchseAus.width div 2;
      yAus := parent.top+BuchseAus.top+BuchseAus.height div 2;
      end;
    btMulti:                                  war die andere Buchse für
      if BuchseEin <> nil then begin          eine Verbindung „geeignet"?
        BuchseAus := self;
        xAus:=parent.left+BuchseAus.left+BuchseAus.width div 2;
        yAus:= parent.top+BuchseAus.top+BuchseAus.height div 2;
        end
      else begin
        BuchseEin := self;
```

```
            xEin:=parent.left+BuchseEin.left+BuchseEin.width div 2;
            yEin:= parent.top+BuchseEin.top+BuchseEin.height div 2;
          end;
       end;
   if (BuchseEin <> nil) and (BuchseAus <> nil) then begin
      BuchseEin.Verbindung := BuchseAus;
      BuchseEin := nil;
      BuchseAus := nil;
      with Zeichenflaeche do
         begin
      {... Leitungen zeichnen ...}
         end;
      end;
   end;
end;
```

wenn beide Buchsen gefunden wurden, den Eingang mit dem Ausgang verbinden

Sehr viel einfacher ist die Berechnung der „Spannung" einer Buchse: Entweder übermitteln wir den „Wert" oder die Spannung der verbundenen Buchse.

```
function tBuchse.U: Single;
begin
if Verbindung= NIL
   then U := wert else U := Verbindung.U;
end;
```

3.4.4 Die Klasse der Knöpfe

Knöpfe sind Schaltflächen, die angeklickt werden können. Die Reaktion des Knopfes darauf soll einmal in einer sichtbaren kurzen Zustandsänderung bestehen, zum anderen aus dem Start irgendeiner Funktion eines Geräts. Wir realisieren dieses durch die Zuweisung eines Event-Handlers an das *OnClick*-Ereignis. Dieser ruft eine Methode *schalte* auf, die das Erscheinungsbild des Knopfes ändert und die innere Uhr des Knopfes startet. Der Event-Handler löst danach andere erforderliche Aktionen aus, z. B. die Berechnung der Werte der Ausgangsbuchsen eines Geräts. Der Uhr wiederum wird die Methode *pause* zugewiesen, die die Uhr stoppt und den Knopf in seinen Ausgangszustand versetzt. Wie bei den Buchsen wird das *MouseDown*-Ereignis abgeschaltet.

tKnopf
+ fEin: tColor
+ fAus: tColor
<< constructor >>
+ init(tWincontrol,string,integer,integer,integer,string,tColor, tColor,tNotifyEvent)
<<method >>
+ schalte
+ pause(tObject)
+ mausRunter(tObject,tMouseButton,tShiftState,integer,integer)

```
tKnopf = class(tGeraet)
  public
  fEin, fAus: tColor;
  constructor Init(aOwner: tWinControl; s: string;
        x,y,b,h: integer; fe,fa: tColor; func: tNotifyEvent);
  procedure Schalte;
  procedure pause(sender: tObject);
  procedure MausRunter(Sender: TObject;
      Button: TMouseButton;Shift: TShiftState; X, Y: Integer);
end;
```

Der Konstruktor *Init* erhält die Aufschrift, die Maße und die Farben des Knopfes im ein- bzw. ausgeschalteten Zustand sowie einen Event-Handler, der die Arbeitsweise des Knopfes beschreibt.

```
constructor tKnopf.Init(aOwner: tWinControl; s: string;
        x,y,b,h: integer; fe,fa: tColor; func: tNotifyEvent);
begin
inherited Init(aOwner,x,y,b,h,fa,pause,true,false,true);
Caption := s;
fEin := fe; fAus := fa;
font.color := fEin;
OnMouseDown := MausRunter;      ← Mausereignis definieren
OnClick := func;
end;

procedure tKnopf.MausRunter(Sender: TObject;
Button: TMouseButton;Shift: TShiftState; X, Y: Integer);
begin
end;                            ← Mausereignis abschalten

procedure tKnopf.Schalte;
begin
color       := fEin;            ← Aussehen ändern
font.color  := fAus;              und Uhr starten
bevelinner  := bvRaised;
uhr.starte(50);
end;

procedure tKnopf.pause(sender: tObject);
begin
Uhr.stoppe;
color       := fAus;            ← Aussehen ändern
font.color  := fEin;              und Uhr stoppen
bevelinner  := bvlowered;
end;
```

3.4.5 Die Klasse der Anzeigeelemente

Zuletzt wollen wir noch eine Objektklasse vereinbaren, mit deren Hilfe z. B. Spannungswerte angezeigt werden können. Wir leiten diese von *tEdit* ab. Ereignisbehandlungsmethoden benötigen wir hier nicht.

tAnzeige
+ alts: string
<< constructor >>   + init(tWincontrol,string,integer,integer,integer,integer,integer)
<<method>>   + zeigeZahl(extended,integer,integer,string)   + zeigeString(string)

```
tAnzeige = class(tEdit)
  public
  alts: string;
  constructor Init(aOwner: tWinControl; s: string;
                                  x,y,b,h,g: integer);
  procedure ZeigeZahl(x: extended; breite,stellen: integer;
                                  s: string);
  procedure ZeigeString(s: string);
end;
```

Anzeigen können also Zahlen und Texte darstellen. Wenn dieses wiederholt geschieht, dann „flimmert" die Anzeige. Um dieses zu verhindern wollen wir die Anzeige nur erneuern, wenn sich der darzustellende Inhalt ändert. Dafür wird der alte Inhalt in der Eigenschaft *alts* gespeichert.

```
constructor tAnzeige.Init(aOwner: tWinControl; s: string;
                                  x,y,b,h,g: integer);
begin
inherited create(aOwner);
parent := aOwner;
SetBounds(x,y,b,h);
Name := GetNewName;
ReadOnly := true;
AutoSelect := false;
AutoSize := true;
font.size := g;
text := s;
alts := s;
end;
```

geerbte Eigenschaften der Edit-Komponente setzen

```
procedure tAnzeige.ZeigeZahl(x: extended;
                             breite,stellen: integer; s: string);
var h: string;
begin
h := FloatToStrF(x,ffFixed,breite,stellen) + ' ' + s;
while length(h) < 8 do h := ' '+h;
if h <> alts then begin text := h;
alts := h end;
end;

procedure tAnzeige.ZeigeString(s: string);
begin
Text := s;
alts := s;
end;
```

> Zahl in String wandeln und anzeigen

3.4.6 Die Geräteliste

Die am Bildschirm erzeugten Geräte fügen wir in eine Liste der Art ein, die wir bei den dynamischen Objektklassen kennen gelernt haben. Als Inhalt vereinbaren wir „Geräte".

```
tGeraeteliste = class(tListe)
constructor Init;
procedure GRein(g: tGeraet);
function GRaus: tGeraet;
end;
```

> Vereinbarungen wie gehabt

```
constructor tGeraeteliste.Init;
begin
inherited create(sizeof(tGeraet))
end;

procedure tGeraeteliste.GRein(g: tGeraet);
var h: tGeraet;
begin
h := g;
rein(h)
end;

function tGeraeteliste.GRaus: tGeraet;
var h: tGeraet;
begin
if drin > 0 then
  begin raus(h); result := h end
else result := nil
end;
```

3.4.7 Die Unit uTools

Die Inhalte sind jetzt fast vollständig bekannt – bis auf hier nicht behandelte Klassen wie Schalter, Umschalter, Farbschalter und Schreiber. Als einzig interessante Funktion bleibt das Problem, die Systemzeit zu ermitteln, die für zahlreiche Geräte erforderlich ist. Wir benutzen dafür einfach die Delphi-Prozedur *DecodeTime* und ermitteln daraus die Zeit in Sekunden.

```
function GetTime: extended;
var h,m,s,ms    : word;
begin
DecodeTime(time,h,m,s,ms);
result := 3600.0*h + 60*m + s + ms/1000
end;
```

Die Prozedur *GetNewName* ermittelt einen Gerätenamen wie G1, G2, G3, ... für neue Geräte, der sich aus einer fortlaufenden Nummer ergibt.

```
function GetNewName: string;
begin
GCounter := GCounter + 1;
GetNewName := 'G'+IntToStr(GCounter);
end;
```

Insgesamt erhalten wir dann die folgende Struktur der Unit:

```
unit uTools;
interface
uses Windows, Messages, SysUtils, Classes, Graphics, Controls,
     Forms, Dialogs, Menus,ExtCtrls,StdCtrls, Listen;

type
  tStoppuhr = class(tTimer) {...}
  tGeraet = class(tPanel) {...}
  tBuchsentyp = (btEingang,btAusgang,btMulti);
  tBuchse = class(tGeraet) {...}
  tSchreibkopf = class(tImage) {...}          ← Bauteile vereinbaren
  tSchreiber = class(tGeraet) {...}
  tKnopf = class(tGeraet) {...}
  tSchalter = class(tKnopf) {...}
  tAnzeige = class(tEdit) {...}
  tUmschalter = class(tComboBox) {...}
  tFarbschalter = class(tUmschalter) {...}
  tLeitung = class(tGeraet) {...}
  tGeraeteliste = class(tListe) {...}
```

```
function GetNewName:string;
function GetTime: extended;

var
  Modus: (Setzen, Verschieben, Verbinden,LeitungenLoeschen,
                                         Experimentieren);
  Geraeteliste: tGeraeteliste;
  xEin,yEin,xAus,yAus: integer;
  Zeichenflaeche: tCanvas;

implementation

var GCounter : integer;
    BuchseEin: tBuchse;
    BuchseAus: tBuchse;
{...}
initialization
GCounter     := 0;
Modus        := Setzen;
Geraeteliste := tGeraeteliste.init;
BuchseEin    := nil;
BuchseAus    := nil;
Randomize
end.
```

Arbeitsmodi des Labors

Gerätenummer und Hilfsbuchsen für das Verdrahten

Geräteliste initialisieren

3.5 LEDs

Als Beispiel für die Erzeugung einer eigenen Geräteklasse wollen wir Leuchtdioden (LED) einführen: Halbleiterbauelemente, die nur in einer Richtung Strom fließen lassen und dabei leuchten – wenn die Spannung nicht zu hoch ist. Überschreitet die Spannung einen Grenzwert, dann wird die LED zerstört. Unsere LEDs sollen auf einer Platine geliefert werden, die mit zwei Buchsen ausgestattet ist. Wir können sie damit direkt mit einem Trafo o. Ä. verbinden und ausprobieren.

Eine LED ist also eine Tochter von *tGeraet*, sie enthält zusätzlich zwei Buchsen *E1* und *E2*, eine *Farbe*, in der sie ggf. leuchtet, eine boolesche Eigenschaft *IstHeil*, die angibt, ob sie noch funktioniert, und einen Event-Handler *Schalte*, der periodisch die Eingänge abfragt um die Eingangsspannung zu bestimmen.

tLED
+ E1: tBuchse + E2: tBuchse + istHeil: boolean
<< constructor >> + init(tWincontrol,integer,integer,tColor)
<<method >> + schalte(tObject) + zeigeString(string)

```
tLED = class(tGeraet)
  public
  E1,E2 : tBuchse;
  IstHeil: boolean;
  Farbe: tColor;
  constructor Init(aOwner: tWinControl; x,y: integer;
                                       f: tColor); virtual;
  procedure Schalte(Sender: tObject);
  end;
```

Der Konstruktor *Init* muss die Buchsen an den richtigen Stellen positionieren und die (anfangs graue) LED zeichnen.

```
constructor tLED.Init(aOwner: tWinControl; x,y: integer;
                                       f: tColor);
begin
inherited Init(aOwner,x,y,67,30,clAqua,schalte,true,true,
                                                    false);
E1 := tBuchse.Init(self,btEingang,3,8,7,clred);
E2 := tBuchse.Init(self,btEingang,50,8,7,clgreen);
IstHeil := true;
```

Buchsen erzeugen

```
  Farbe := f;
  with Bild.Canvas do          // LED zeichnen
    begin
    pen.color := clBlack;
    brush.color := clGray;
    ellipse(22,3,46,27);
    end;
  Uhr.Starte(100);             // innere Uhr starten
  end;
```

Die LED kann nur „schalten", wenn sie noch heil ist. Ist das der Fall, dann wird die Spannung zwischen den Eingängen bestimmt und daraus die Farbe abgeleitet. Ist die Spannungsdifferenz zu hoch, dann geht die LED kaputt.

```
procedure tLED.Schalte(Sender: tObject);
var h: single; f: tColor;
begin
if not IstHeil then exit;      // defekte LEDs schalten nicht mehr
h := E1.U-E2.U;
if h > 1.2 then begin IstHeil := false; f := clBlack end
  else if h <= 0 then f := clGray
    else f := Farbe;           // Farbe bestimmen
with Bild.Canvas do
  begin
  pen.color := clBlack;
  brush.color := f;
  ellipse(22,3,46,27);         // LED zeichnen
  end;
end;
```

Benutzt wird die LED in einer Unit zusammen mit einem Trafo. Die Leitungen L1...L4 haben wieder keine besondere Funktion – sie dienen nur zur Veranschaulichung der Verdrahtung.

```
unit uLEDTest;
interface
uses Windows, Messages, SysUtils, Classes, Graphics, Controls,
     Forms, Dialogs, uTools, uLED, uTrafo;

type TForm1 = class(TForm)
     procedure FormCreate(Sender: TObject);
     public
     LED: tLED;
     Trafo: tTrafo;
     L1,L2,L3,L4: tLeitung;
     end;
```

```
var Form1: TForm1;

implementation
{$R *.DFM}

  procedure TForm1.FormCreate(Sender: TObject);
  begin
    Trafo := tTrafo.Init(self,10,10,clGreen);
    LED  := tLED.Init(self,142,100,clYellow);       // gelbe LED erzeugen
    LED.E1.Verbindung := Trafo.Ausgang;
    LED.E2.Verbindung := Trafo.Eingang;
    L1 := tLeitung.Init(self,130,50,150,53,clFuchsia);
    L2 := tLeitung.Init(self,150,50,153,115,clFuchsia);
    L3 := tLeitung.Init(self,130,65,197,68,clBlue);
    L4 := tLeitung.Init(self,197,65,200,115,clBlue);
  end;
end.
```

3.6 Aufgaben

1. Erzeugen Sie die **fehlenden Bauteilklassen** der Unit *uTools*. Beschreiben Sie diese auch durch UML-Diagrmme.

   a: *Schalter* sind eine Tochterklasse von *tKnopf*. Sie verfügen aber zusätzlich über zwei Zustände (Ein/Aus). Beim Wechsel des Zustands kann die Aufschrift wechseln.

   b: *Umschalter* sind eine Tochterklasse von *tComboBox*. Sie enthalten mehrere Strings, von denen jeweils einer angezeigt wird. Ein Event-Handler steuert ihre Reaktion beim Umschalten.

   c: *Farbschalter* sind spezielle *Umschalter* zur Farbauswahl. Da die auswählbaren Farben feststehen, braucht ihr Inhalt nicht angegeben zu werden.

   d: Ein *Schreibkopf* ist der „Stift" eines Schreibers. Er lässt sich gut als Tochter von *tImage* realisieren und sollte von der Maus – in gewissen Grenzen – am Bildschirm frei verschiebbar sein.

   e: Ein *Schreiber* ist ein *Gerät*, das einen *Schreibkopf* und ein *Blatt* enthält, auf dem geschrieben wird. Bei guten Schreibern sollte sich das Blatt leicht wechseln lassen. Vielleicht gibt es ja auch unterschiedliche Blätter (Millimeterpapier, leere Blätter, halblogarithmische Raster, ...). Blätter, die sich *drucken* können, sind natürlich besonders praktisch.

f: **Leitungen** sind ein kompliziertes Thema. Im einfachsten Fall handelt es sich um „Striche" auf dem Bildschirm, die Geräte unabhängig von der logischen Verdrahtung optisch verbinden. Da Geräte über der **Canvas** eines Fensters liegen, können Leitung ebenfalls als Geräte realisiert werden, damit sie noch über den anderen Geräten dargestellt werden.

2. a: Erzeugen Sie eine Bauteilklasse *tKippschalter*. **Kippschalter** verbinden oder trennen die Buchsen der Platine, auf der sie montiert sind. Der Einfachheit halber sollen die Schalter nur in einer Richtung leiten, also z. B. nur in „technischer Stromrichtung". Kippschalter reagieren natürlich auf Mausklicks.

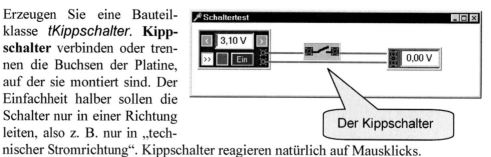

b: Diskutieren Sie die Probleme, die bei den Verbindungen auftreten können, wenn Kippschalter in beiden Richtungen leiten. Gehen Sie detailliert anhand von Beispielen vor. Skizzieren Sie den Datenfluss anhand dieser Skizzen!

c: Versuchen Sie Lösungen für die auftretenden Probleme zu finden.

3. a: Erzeugen Sie eine Objektklasse *tRelais*. Ein **Relais** besteht aus einem Elektromagneten, der ab einer bestimmten Spannung zwischen den (in der Zeichnung) unteren Buchsen den Schalter anzieht und so den unteren Kontakt schließt. Bei geringeren Spannungen ist der obere Kontakt geschlossen. Ist die Spannung am Magneten zu groß, dann wird das Relais zerstört. Gehen Sie auch hier davon aus, dass ein Relais nur in einer bestimmten Stromrichtung „schaltet".

b: Bauen Sie aus einem (oder mehreren) Relais eine **elektromagnetische Sicherung**: Wenn die Spannung am Magneten „zu hoch" wird, dann schaltet das Relais seinen eigenen Steuerstrom aus. Mit einem besonderen Knopf lässt sich die Sicherung danach wieder einschalten.

c: Realisieren Sie mithilfe von Relais die **logischen Grundschaltungen**: UND-, ODER- und NICHT-Schaltungen. Benutzen Sie zur Anzeige der Ergebnisse LEDs.

d: Informieren Sie sich in Ihrem Physikbuch oder einem Lexikon über weitere typische Relaisschaltungen. Realisieren Sie diese mit den bekannten Bauelementen.

4. a: Erzeugen Sie ein **Analogvoltmeter,** also ein Voltmeter mit Zeiger und Skala statt einer Digitalanzeige.

   b: Erweitern Sie das Gerät um die Möglichkeit, **unterschiedliche Messbereiche** zu wählen, also die Maximalspannung zu wechseln.

5. Bauen Sie einen **Diaprojektor.** Nach dem Einschalten des Geräts (das nur funktioniert, wenn es mit einem Trafo mit genügend Ausgangsspannung verbunden ist) dient ein weiterer Knopf zum Diatransport: nach und nach werden verschiedene Bilder auf einer **Leinwand** angezeigt.

6. a: Ein **Messwertspeicher** misst den zeitlichen Verlauf eines Spannungswerts. Das Zeitintervall, nach dem der nächste Messwert aufgenommen wird, kann eingestellt werden. Ist der Speicher voll, dann gibt es ein Warnsignal. (Alternativ dazu kann auch ein Ringspeicher benutzt werden: die ältesten Messwerte werden überschrieben.) Die gespeicherten Werte sollten in eine Textdatei ausgegeben werden können.

   b: Ein **Mehrkanal-Messwertspeicher** leistet Ähnliches für mehrere Spannungswerte.

   c: Die in einer Datei gespeicherten Messwerte können leicht mit einem handelsüblichen **Tabellenkalkulationsprogramm** ausgewertet, z. B. grafisch dargestellt werden. Ähnliches soll ein **Funktionsplotter** leisten, der ein Diagramm der Werte erzeugt.

7. Bei allen bisherigen Beispielen wurden nur Spannungswerte angezeigt und verarbeitet. Diskutieren Sie die Probleme, die beim Ermitteln der **elektrischen Stromstärke** auftreten. Wählen Sie unterschiedliche Widerstandsschaltungen, um die Probleme zu konkretisieren. Versuchen Sie ein Konzept zu entwickeln, um in einfachen Fällen auch **Amperemeter** einsetzen zu können.

3.7 Ein Funktionsgenerator

Ein Funktionsgenerator („Sinusgenerator") ist eine Spannungsquelle, die zeitlich veränderliche Werte liefert. Dabei kann es sich um sinusförmige Wechselspannungen, Sägezahnspannungen, Rechteckspannungen o. Ä. handeln. Alle diese Verläufe sind durch einen Maximalwert und eine Periodendauer gekennzeichnet. Ist das Gerät ausgeschaltet, dann liegt zwischen den Ausgangsbuchsen keine Spannung. Ein simulierter Funktionsgenerator muss also Regelungsmöglichkeiten für alle diese Werte enthalten. Da die Änderung von Werten in einem größeren Bereich durch Mausklicks ziemlich mühselig ist, führen wir auch „Turboschalter" mit der Aufschrift „>>" ein, die die Änderungsintervalle verzehnfachen.

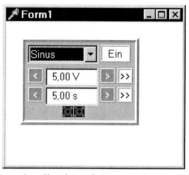

```
tSinusgenerator = class(tGeraet)
  public
  uMax,T,dt,du           : single;          // beschreibende Größen
  Startzeit              : extended;
  Eingeschaltet          : boolean;
  zUp, zDown, uUp, uDown : tKnopf;          // Bedienelemente
  uTurbo, zTurbo, EinAus : tSchalter;
  Funktionsschalter      : tUmschalter;
  UAnzeige, zAnzeige     : tAnzeige;
  Eingang, Ausgang       : tBuchse;
  constructor Init(aOwner: tWinControl; x,y: integer;
                                        f:tColor);
  procedure arbeite(Sender: tObject); override;
  procedure fChange(sender: tObject);
  procedure uHoeher(sender: tObject);
  procedure uTiefer(Sender: tObject);       // Event-Handler
  procedure zHoeher(sender: tObject);
  procedure zTiefer(Sender: tObject);
  procedure uSchneller(sender: tObject);
  procedure zSchneller(sender: tObject);
  procedure SchalteUm(sender: tObject);
  function u: single;                       // liefert den aktuellen Spannungswert
  end;
```

Der Konstruktor *Init* muss die Anfangswerte setzen und die Ereignisbehandlungsroutinen an die Bedienelemente zuweisen. Dabei müssen dem Funktionsschalter (einem Umschalter) die gewünschten Aufschriften zugewiesen werden.

3.7 Ein Funktionsgenerator

```
constructor tSinusgenerator.Init(aOwner: tWinControl;
                                 x,y: integer; f: tColor);
begin
inherited Init(aOwner,x,y,158,113,f,arbeite,true,false,true);
Funktionsschalter := tUmschalter.Init(self,2*rand+3,2*rand+3,
                                      94,15,7,clwhite,fchange);
with Funktionsschalter.Items do begin
  add('Sinus');      add('Sägezahn');              ⎫ Aufschriften zuweisen
  add('Rechteck');   add('Dreieck');
  add('konstant');
  end;
uMax := 5;   du := 0.1;                            ⎫ Anfangswerte setzen
dt := 0.1;   t  := 5;
Startzeit := GetTime;                              ⎫ Systemzeit holen

Funktionsschalter.Itemindex := 0;
uDown := tKnopf.Init(self,'<',2*Rand+4,            ⎫ Bedienelemente
                     2*Rand+33,20,20,               erzeugen und
                     clWhite,clDkGray,              Event-Handler
                     uTiefer);                      zuweisen
uUp   := tKnopf.Init(self,'>',2*Rand+100,
                     2*Rand+33,20,20,
                     clWhite,clDkGray,
                     uHoeher);
uTurbo := tSchalter.Init(self,'>>','>>',2*Rand+123,2*Rand+33,
                         20,20,clPurple,clWhite,uSchneller);
uAnzeige := tAnzeige.Init(self,'',2*Rand+27,2*Rand+33,70,20,8);
uAnzeige.ZeigeZahl(uMax,7,2,'V');
zDown := tKnopf.Init(self,'<',2*Rand+4,2*Rand+58,20,20,
                     clWhite,clDkGray,zTiefer);
zAnzeige := tAnzeige.Init(self,'',2*Rand+27,2*Rand+58,70,20,8);
zUp   := tKnopf.Init(self,'>',2*Rand+100,2*Rand+58,20,20,
                     clWhite,clDkGray,zHoeher);
zTurbo := tSchalter.Init(self,'>>','>>',2*Rand+123,2*Rand+58,
                         20,20,clPurple,clWhite,zSchneller);
zAnzeige.ZeigeZahl(t,7,2,'s');
EinAus := tSchalter.Init(self,'Aus','Ein',2*Rand+100,2*Rand+3,
                         40,22,clPurple,clWhite,SchalteUm);
Eingeschaltet := false;
Ausgang := tBuchse.Init(self,btAusgang,2*Rand+50,2*Rand+83,7,
                        clRed);
Eingang := tBuchse.Init(self,btMulti,2*Rand+65,2*Rand+83,7,
                        clgreen);

Uhr.starte(10);
end;
```

Die Ereignisbehandlungsroutinen sind alle sehr ähnlich. Als Beispiel soll nur die Methode zur Erhöhung des Scheitelwerts dienen.

```
procedure tSinusgenerator.uHoeher(sender: tObject);
begin
uUp.schalte;
uMax := uMax + du;
if uMax > 10 then uMax := 10;
uAnzeige.ZeigeZahl(uMax,7,2,'V');
end;
```

Die Ausgangsspannung eines Funktionsgenerators hängt vom eingestellten Modus ab. Aus der seit dem Einschalten „bis jetzt" vergangenen Zeit und den Vorgabewerten Periodendauer T und Scheitelspannung *uMax* berechnet man den Wert des Ausgangs. Falls der Eingang mit einer anderen Spannungsquelle verbunden war, addiert man deren Wert dazu. Auf diese Weise kann man Spannungsquellen in Reihe schalten.

```
function tSinusgenerator.u: single;
var h: extended;
begin
result := 0;                          ← Spannungswerte berechnen
if eingeschaltet then
  begin
  if Funktionsschalter.text = 'konstant' then result := uMax;
  if Funktionsschalter.text = 'Sinus'
    then result := uMax*Sin((GetTime-Startzeit)*2*Pi/t);
  if Funktionsschalter.text = 'Sägezahn'
    then result := uMax*(frac((GetTime-Startzeit)/t));
  if Funktionsschalter.text = 'Rechteck' then
    if frac((GetTime-Startzeit)/t)*t < t/2
      then result := uMax else result := 0;
  if Funktionsschalter.text = 'Dreieck' then
    begin
    h := frac((GetTime-Startzeit)/t)*t;
    if h < t/2 then result := uMax*2*h/t
      else begin h := h -t/2; result := uMax*(1-2*h/t) end;
    end;
  end;
end;
```

Funktionsgeneratoren gehören zu den Geräten, die auch ohne Benutzeraktionen arbeiten. Da der inneren Uhr die Methode *arbeite* als Event-Handler zugeordnet wurde, wird diese periodisch aufgerufen. Dabei werden den Buchsen des Geräts die richtigen Spannungswerte zugewiesen.

```
procedure tSinusgenerator.arbeite;
var h: single;
begin
if Eingeschaltet then
  begin
  h := u;
  Ausgang.wert := Eingang.u+h;
  uAnzeige.ZeigeZahl(h,7,2,'V')
  end
  else begin
    Ausgang.wert := eingang.u;
    uAnzeige.ZeigeZahl(uMax,7,2,'V')
    end;
end;
```

Spannung zuweisen

ausgeschaltete Generatoren schalten die Eingangsspannung durch

3.8 Versuche mit dem xyt-Schreiber

Ein xyt-Schreiber ist ein Gerät entweder zur Darstellung des zeitlichen Verlaufs einer Spannung (im y-t-Betrieb) oder zur „zweidimensionalen" Darstellung des Zusammenhangs zwischen zwei Spannungen (im x-y-Betrieb), wobei die eine die x-Koordinate, die andere die y-Koordinate eines Schreibers bestimmt. Das Gerät enthält deshalb zwei Eingangsbuchsen, mehrere Knöpfe z. B. zum Einschalten oder zum Absenken des Schreibkopfs, Umschalter zur Auswahl des Messbereichs und natürlich den eigentlichen Schreiber mit einem Zeichenblatt und einem Schreibkopf. Dieser sollte sich – wie bei richtigen Schreibern auch – „mit der Hand" (also der Maus) oder mit speziellen Knöpfen frei verschieben lassen.

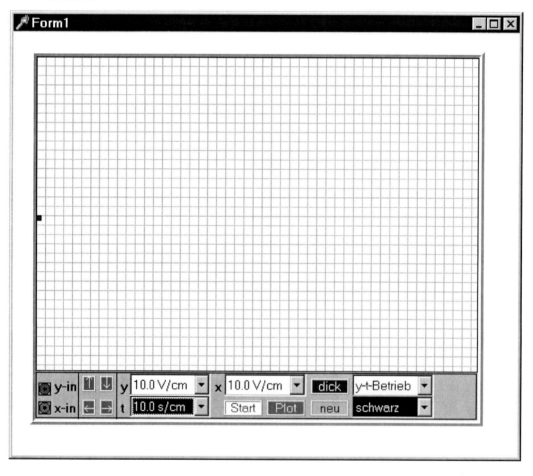

Da die Möglichkeiten des Geräts – verglichen mit den bisherigen – sehr umfangreich sind, ist auch der Programmtext entsprechend lang. Wir wollen uns deshalb auf die Darstellung des Konstruktors sowie die Möglichkeit beschränken, Umschaltern Werte zuzuweisen und diese wiederum auszuwerten.

Zur Vereinbarung der Geräteklasse *txytSchreiber* zählen wir einerseits die für die Arbeit benötigten Eigenschaften – z. B. die Position des Schreibkopfes – sowie die Teile auf, die wir benutzen wollen. Weiterhin gehören zur Definition die Event-Handler, die von den Teilgeräten aufgerufen werden.

```
tXYTSchreiber = class(tGeraet)
  public
  Ex, Ey                          : tBuchse;           // Teilgeräte
  hoch,runter,links,rechts,neu    : tKnopf;
  start,plot,dicke                : tSchalter;
  xBereich,yBereich,tBereich      : tUmschalter;
  Funktionsschalter               : tUmschalter;
  Farbschalter                    : tFarbschalter;
  Schreiber                       : tSchreiber;
  dt,dy,dx                        : single;            // interne Hilfsgrößen
  startzeit,zeit                  : extended;
  xAlt,yAlt,tAlt,tNeu             : integer;
  xStart, yStart, xNeu, vNeu      : integer;
  farbe                           : tColor;
  constructor Init(aOwner: tWinControl; x,y,b,h: integer;
                                        f: tColor); virtual;
  procedure SHoch(sender: tObject);
  procedure SRunter(sender: tObject);
  procedure SLinks(sender: tObject);     // Event-Handler
  procedure SRechts(sender: tObject);
  procedure sstart(sender: tObject);
  procedure splot(sender: tObject);
  procedure sdicke(sender: tObject);
  procedure sneu(sender: tObject);
  procedure tChange(sender: tObject);
  procedure xChange(sender: tObject);
  procedure yChange(sender: tObject);
  procedure fChange(sender: tObject);
  procedure cChange(sender: tObject);    // Methoden, die von den Event-Handlern benutzt werden
  procedure FarbeWaehlen;
  procedure DickeWaehlen;
  procedure NeuesBlatt;
  procedure Arbeite(sender: tObject); virtual;    // beschreibt die Arbeitsweise des Geräts
end;
```

Der Konstruktor muss die benutzten Teilgeräte wie Buchsen, Schalter etc. erzeugen und ihnen dabei sinnvolle Anfangswerte zuweisen, insbesondere ihre Größe und ihre Position auf der Oberfläche des Schreibers.

```
constructor tXYTSchreiber.Init(aOwner: tWinControl;
                               x,y,b,h: integer; f: tColor);
begin
farbe := f;
if b < 455 then b := 455;         {Mindestgröße festlegen}
if h < 200 then h := 200;
inherited Init(aOwner,x,y,b,h,farbe,arbeite,true,true,true);

Ey := tBuchse.Init(self,btEingang,2*Rand+3,height-45,7,clRed);
Ex := tBuchse.Init(self,btEingang,2*Rand+3,
                              height-25,7,clFuchsia);
     {Lage der Eingangsbuchsen relativ zur Schreibergröße festlegen}

hoch := tKnopf.Init(self,'-',
           2*Rand+52,height-52,15,17,clYellow,clTeal,sHoch);
hoch.font.Name := 'Symbol';
hoch.font.charset := symbol_charset;
     {Steuerknopf für den Schreibkopf erzeugen und in der Schriftart „Symbol" beschriften}

{... ebenso mit anderen Elementen ...}
tBereich := tUmschalter.Init(self,2*Rand+105,
                        height-32,90,15,7,clwhite,tchange);
with tBereich.Items do           {Zeit-Bereichsumschalter erzeugen, ...}
   begin
   add('10.0 s/cm');
   add(' 5.0 s/cm');             {... mit Inhalt füllen ...}
   add(' 2.0 s/cm');
   add(' 1.0 s/cm');
   add(' 0.5 s/cm');
   add(' 0.2 s/cm');
   add(' 0,1 s/cm');             {... und den ersten Wert auswählen.}
   end;
tBereich.itemindex := 0;
{... ebenso mit anderen Elementen ...}
                                 {Schalter erzeugen}
start := tSchalter.Init(self,'Stop','Start',2*Rand+210,
                        height-27,42,17,clpurple,clwhite,sstart);
{... ebenso mit anderen Elementen ...}
```

```
tAlt := 0;
yAlt := 0;
xAlt := 0;              ← Startwerte setzen
dx := 10;
dy := 10;
dt := 10;
startzeit := GetTime;

with Bild.canvas do     ← auf der Canvas zeichnen
  begin
  pen.width := 1;
  pen.color := clBlack;
  brush.style := bsSolid;
  brush.color := farbe;
  rectangle(0,Height-62,width-4*Rand-1,height-4*Rand-1);
  font.color := clBlack;
  font.style := [fsBold];
  font.size := 8;

  {... usw. ...}        ← Uhr starten
  end;
Uhr.starte(10);
end;
```

Dem Zeit-Bereichsumschalter wurde vom Konstruktor der Event-Handler *tChange* zugeordnet. In diesem müssen also die erforderlichen Aktionen ausgelöst werde: In unserem Fall wird einer Eigenschaft *dt*, die die Skala für die Zeitmessung bestimmt, ein Wert zugewiesen. Danach werden Werte neu bestimmt, die für die Zeitmessung wichtig sind.

```
procedure txytSchreiber.tChange(sender: tObject);
begin
if tBereich.text = '10.0 s/cm' then dt := 10 else
  if tBereich.text = ' 5.0 s/cm' then dt := 5 else
    if tBereich.text = ' 2.0 s/cm' then dt := 2 else
      if tBereich.text = ' 1.0 s/cm' then dt := 1 else
        if tBereich.text = ' 0.5 s/cm' then dt := 0.5 else
          if tBereich.text = ' 0.2 s/cm' then dt := 0.2 else
            dt := 0.1;
xstart := Schreiber.SKopf.left;
startzeit := GetTime;
end;
```

Die Arbeitsweise des Schreibers ist dann recht einfach: Die alten Positionen des Schreibkopfs werden gespeichert. Ist das Gerät eingeschaltet, dann wird – je nach Betriebsart – die neue Position des Schreibkopfs bestimmt. Ist das Gerät auch noch im Zeichen- („Plot"-) Modus, dann wird gezeichnet.

```
procedure txytschreiber.arbeite;
var sxalt,syalt,sxneu,syneu: integer;
begin
sxalt := Schreiber.SKopf.Left;          // alte Position merken
syalt := schreiber.sKopf.top;
if start.active then
   begin
   zeit := GetTime;
   if Funktionsschalter.text = 'y-t-Betrieb'     // neue Position berechnen
      then sxneu := round(5*(Zeit-Startzeit)/dt + xStart)
      else sxneu := round(5*Ex.u/dx + xStart);
   syneu := round(-5*Ey.u/dy + ystart);
   schreiber.SKopf.NachRechts(sxneu-sxalt);      // Position des Schreibkopfs verändern
   schreiber.SKopf.NachOben(syneu-syalt);
   sxneu := Schreiber.SKopf.left;
   syneu := schreiber.SKopf.Top;
   FarbeWaehlen;
   if plot.active then                           // neue Position merken
      begin
      schreiber.bild.canvas.moveto(sxalt,syalt);
      schreiber.bild.canvas.lineto(sxneu,syneu)  // zeichnen
      end
   end;
end;
```

Mithilfe des Schreibers lassen sich zahlreiche bekannte Versuche am Bildschirm simulieren. Einer davon ist die Überlagerung von zwei leicht „verstimmten" Sinusschwingungen, die wir durch zwei hintereinander geschaltete Funktionsgeneratoren erzeugen können. Wir lassen die Amplituden gleich, ändern aber die Schwingungsdauer eines Geräts etwas ab (im Beispiel von fünf auf sechs Sekunden). Das Ergebnis ist eine Schwebung, also ein in der Amplitude periodisch schwankendes Signal. Der Einfluss des Unterschieds der Schwingungsdauern, der Amplituden und der Phasenlage der Funktionsgeneratoren (die sich durch Ein- und Ausschalten leicht ändern lässt) auf die Art der Schwebung kann direkt studiert werden.

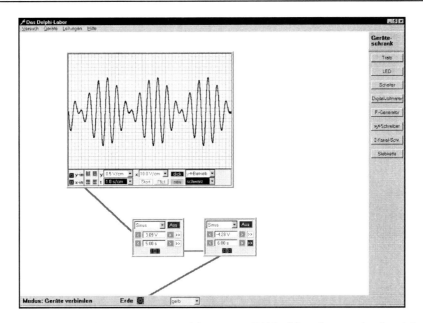

Fügt man weitere Funktionsgeneratoren hinzu (am Bildschirm kostet das ja nichts), dann kann die Überlagerung von Schwingungen unterschiedlicher Frequenz und Amplitude erprobt werden, z. B. um einen vorgegebenen Signalverlauf (etwa ein Rechtecksignal) möglichst gut zu rekonstruieren. Das ist gar nicht so einfach, wie man schnell sieht, und so kann es nichts schaden, sich die mathematischen Grundlagen des Verfahrens genauer anzusehen.

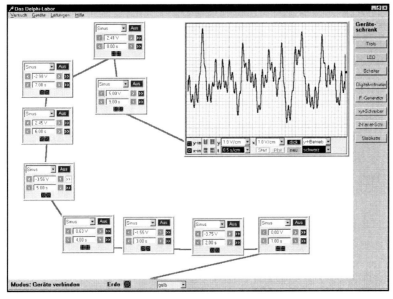

208 3. Das Delphi-Labor

Verbinden wir einen Trafo, zwei Schalter, eine LED und den Schreiber miteinander, dann können wir die Wirkungsweise der einzelnen Elemente am Bildschirm beobachten.

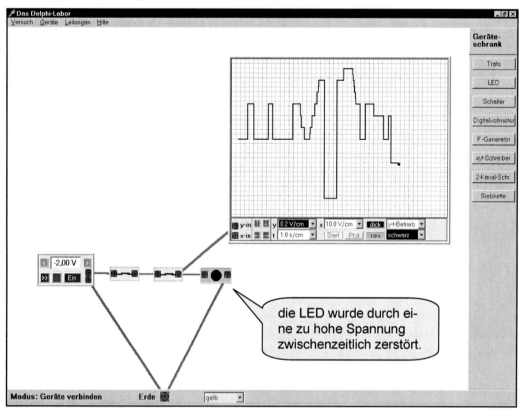

3.9 Wechselstromwiderstände

Zuletzt wollen wir untersuchen, was passiert, wenn wir spezielle Bauelemente wie *Spulen*, *Kondensatoren* und *Widerstände* in einen Wechselstromkreis einbauen. Wir erhalten dabei ein ziemliches Problem mit der Art der – physikalisch sehr fragwürdigen – Simulation der Leitungen, die bei uns eine „Richtung" haben: von der *Ausgangs-* zur *Eingangsbuchse*. Bei der Abfrage des Spannungswerts durch die Funktion *u* liefert eine verbundene Buchse den Wert der Verbindungsbuchse. Würden wir zwei Buchsen auch in der Gegenrichtung verdrahten, dann hätten wir einen Kreisprozess, bei dem sich zwei Buchsen endlos gegenseitig „befragen". In etwas komplizierteren Netzwerken treten immer irgendwelche Maschen auf, so dass ein Simulationsprogramm mit ziemlicher Sicherheit in eine Endlos-Rekursion geriete. Vermieden wird dieser Fehler bisher weitgehend durch die künstliche Einführung des Buchsentyps (*btEingang*, ...), der zwar eine Verbindung zwischen zwei Ausgängen verhindert, aber eben auch die Simulation verfälscht.

Eigentlich müssten wir uns jetzt mit der Berechnung von Netzwerken beschäftigen – aber das lassen wir lieber. Stattdessen benutzen wir fertig verdrahtete „Schülerversuchsgeräte" mit zusätzlichen Buchsen, die das Schlimmste verhindern. Als Beispiel wählen wir eine *Spule mit vorgeschaltetem Widerstand*. Zwei Umschalter ermöglichen es, die Werte der Geräte zu verändern. Die äußeren Buchsen können mit einer Spannungsquelle verbunden werden, und die mittlere dient als reiner Ausgang zur Messung eines Spannungswerts.

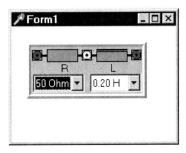

```
tSpule = class(tGeraet)
  public
  E1,E2,E3          : tBuchse;
  Farbe             : tColor;
  L,R,iAlt,uInd     : single;
  tAlt              : extended;
  RBereich,LBereich : tUmschalter;
  constructor Init(aOwner: tWinControl; x,y: integer;
                            f: tColor); virtual;
  procedure RChange(sender: tObject);
  procedure LChange(sender: tObject);
  procedure Arbeite(Sender: tObject); virtual;
  end;
```

Die programmtechnischen Mechanismen zur Erzeugung dieser Klasse sollten wir jetzt kennen. Interessant ist nur noch die Arbeitsweise des Gerätes. Dazu informieren wir uns im Physikbuch über die Induktionsspannung zwischen den Enden einer Spule. Diese hängt von der Änderung der Stromstärke ΔI pro Zeitintervall Δt und den Bauteileigenschaften der Spule ab, die durch eine Konstante L beschrieben werden.
Außerdem wirkt die Induktionsspannung der Ursache der Stromänderung entgegen, besitzt also ein negatives Vorzeichen.

$$U_{ind} = -L \cdot \frac{\Delta I}{\Delta t}$$

In der *Arbeite*-Methode der Spule müssen Strom- und Spannungsdifferenzen berechnet werden – d. h. die alten Werte werden gespeichert. Anfangs ist die Stromstärke 0, und die Anfangszeit holen wir uns mit *GetTime* vom System. Die Stromstärke wird zuerst nur vom Widerstandswert bestimmt. Beim nächsten Zeittakt wird die Induktionsspannung berechnet, aus dieser die Spannung am Widerstand und aus dieser der nächste Wert der Stromstärke.

$$I = \frac{U}{R}$$

```
procedure tSpule.Arbeite;
  var uGes, i, t, h: extended;        // Zeit bestimmen
  begin
  t        := GetTime;
  uGes     := E1.u - E3.u;            // Gesamtspannung ermitteln
  E2.Wert  := -uInd;
  I        := (E1.u - E2.u)/R;        // Spannung am Widerstand
  try
    h      := -L*(i - iAlt)/(t - tAlt);   // Stromstärke berechnen
  except
    h := uInd;                        // Induktionsspannung bestimmen
  end;
  if abs(h) < 100 then uInd := h
    else if h < 0 then uInd := -100 else uInd := 100;
  iAlt     := i;
  tAlt     := t;                      // Werte merken
  end;                                // Katastrophen abfangen
```

Anzumerken ist, dass die Berechnungsart ziemlich ungenau ist, wenn die Zeitintervalle zu groß werden. Da Windows kein RealTime-Betriebssystem ist, kann es vorkommen, dass das Windows-System gerade andere Aufgaben als unsere Simulation für vordringlich hält und deshalb eine Weile mit der Programmausführung aussetzt. Das kann dann zu unsinnigen Induktionsspannungen führen, und solche Fehler schaukeln sich oft auf. Im folgenden Bild wurde für die Darstellung der Gesamt- und der Induktionsspannung ein Zweikanalschreiber benutzt, der sich aus dem xyt-Schreiber leicht ableiten lässt.

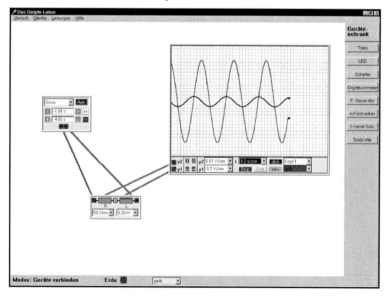

3.10 Aufgaben

1. Stellen Sie die in den letzten Abschnitten beschriebenen Geräteklassen in jeweils einer Unit fertig, und zwar

   a: den **Funktionsgenerator**.
   b: den **xyt-Schreiber**.
   c: den **Zweikanalschreiber**.
   d: die **Spule mit Vorschaltwiderstand**.

2. Entwickeln Sie in Analogie zu der Spule eine **Platine mit einem Kondensator**. Da Stromstärke als fließende Ladung pro Zeitintervall definiert ist, lässt sich daraus die auf dem Kondensator befindliche Ladung berechnen. Die Spannung am Kondensator berechnet man aus der Beziehung $Q = C*U$, wobei Q die Ladung und C eine den Kondensator beschreibende Konstante, die Kapazität ist. Stellen Sie die Spannungsverläufe auf dem Zweikanalschreiber dar.

3. Entwickeln Sie einen **Frequenz-Spannungs-Umsetzer**: das Gerät erhält eine Wechselspannung – z. B. vom Funktionsgenerator. Aus dieser ermittelt es eine Gleichspannung, die proportional zur Frequenz der Wechselspannung ist.

4. Entwickeln Sie einen **Verstärker**: das Gerät erhält eine Eingangsspannung und liefert eine mit einem wählbaren Faktor verstärkte Ausgangsspannung.

5. Entwickeln Sie ein **Wechselstrom-Voltmeter**: das Gerät erhält eine Eingangs-Wechselspannung und liefert eine konstante Ausgangsspannung, die dem Effektivwert U_{eff} der Wechselspannung entspricht. Dieser ist nebenstehend definiert.
$$U_{eff} = \frac{U_{max}}{\sqrt{2}}$$

6. a: Entwickeln Sie eine Platine mit einer Spule, einem Kondensator und einem Widerstand, die in Reihe geschaltet sind (eine **Siebkette**). Stellen Sie die Abhängigkeit zwischen dem Effektivwert der Spannung am Widerstand von der Frequenz der anliegenden Wechselspannung mithilfe der oben beschriebenen Geräte auf einem Zweikanalschreiber dar.

   b: Entwickeln Sie ebenso eine Platine mit einer Spule und einem Kondensator, die parallel geschaltet sind (einen **Sperrkreis**). Vor der Parallelschaltung soll ein ohmscher Widerstand sitzen, mit dessen Hilfe der Gesamtstromstärke in Abhängigkeit von der Frequenz der anliegenden Wechselspannung dargestellt werden kann. Beachten Sie, dass an einigen Stellen ggf. mehr als zwei Leitungen zusammengeführt werden müssen!

7. Entwickeln Sie das **Delphi-Labor**, dessen Oberfläche in den vorigen Abbildungen dargestellt war. Mit den bereitgestellten Units reduziert sich die Aufgabe auf die Entwicklung eines Menü-Systems, das den Arbeitsmodus der Unit *uTools* festlegt, und die Bereitstellung einiger Buttons, die Geräte erzeugen. Die Arbeitsweise, die Verschiebbarkeit und die Verdrahtungsmöglichkeit sind schon in die Geräte eingebaut. Als Beispiel für einen Event-Handler, der eine LED erzeugt und in die Geräteliste „einklinkt", diene:

```
procedure TTestlabor.LButtonClick(Sender: TObject);
begin
if Modus <> Setzen then exit;
Geraet := tLED.Init(self,Random(100),Random(100),Farbe);
Geraeteliste.GRein(Geraet);
end;
```

8. a: Schaffen Sie eine Möglichkeit, die Verbindungen der Geräte übersichtlicher als in den Beispielen darzustellen. **Leitungen** sollen also nicht „hinter" den Geräten liegen, sondern „vorne" zu sehen sein. Außerdem verlaufen sie besser nicht schräg, sondern „eckig". Die Leitungen können z. B. mit der Maus am Bildschirm gezogen werden. Für ihre Darstellung ist die Klasse *tLeitung* aus der Unit *uTools* geeignet.

   b: Nach Anklicken der Buchsen sollen Leitungen automatisch gezogen werden. Dazu müssen Wege zwischen den Geräten gesucht werden – eine schwierige Aufgabe!

   c: Etwas einfacher ist es, zwei Buchsen „über den Geräten" mit horizontalen und vertikalen Leitungsstücken zu verbinden. Mit der Maus können diese dann so verschoben und ggf. „geknickt" werden, dass eine übersichtliche Verkabelung der Schaltung entsteht.

9. a: Diskutieren Sie unterschiedliche Möglichkeiten, **Leitungen** etwas realistischer als bisher zu simulieren. Gehen Sie dabei auf die Probleme ein, einerseits Spannungen „weiterzureichen", andererseits Endlos-Rekursionen zu vermeiden.

   b: Konkretisieren Sie Ihre Überlegungen am Beispiel von **Schaltungsnetzen**, die nur **aus ohmschen Widerständen** und genau einer Spannungsquelle bestehen. Beginnen Sie mit sehr einfachen Beispielen!

10. Relativ gut geeignet für Simulationen sind **Halbleiter-Bauelemente** wie **Dioden**, **NTC**- und **LDR**-Widerstände und auch **Transistoren**. Die Geräte benötigen teilweise „Kurven", die den Zusammenhang zwischen einer Eingangsgröße (z. B. der Temperatur) und ihrem inneren Widerstand beschreiben. Entwickeln Sie geeignete Verfahren, Kennlinien z. B. aus den Datenblättern der Bauelemente in ein Programm einzubauen. Wie können Größen wie die Temperatur oder die Lichtverhältnisse in das Delphi-Labor eingebracht werden?

Anhang: Im Buch benutzte Syntaxdiagramme

AUFZÄHLUNGSTYP:
(Seite 23)

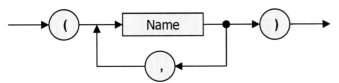

VERBUND:
(Seite 11)

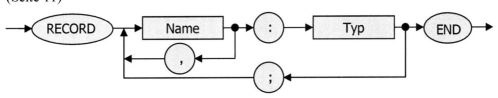

KLASSENTYP:
(Seite 34)

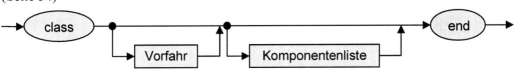

VORFAHR:
(Seite 34)

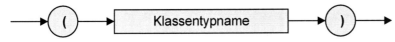

KOMPONENTENLISTE:
(Seite 34)

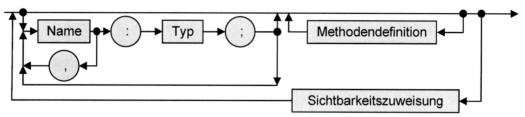

METHODENDEFINITION:
(Seite 34)

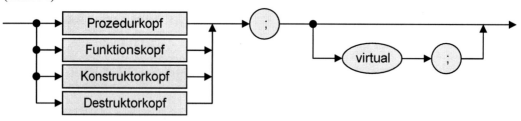

SICHTBARKEITSZUWEISUNG:
(Seite 34)

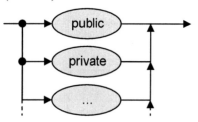

Literaturverzeichnis

Bernstein, H., PC-Elektronik-Labor Bd. 1 bis 4, Franzis 1996/97

Däßler, R.: mySQL, bhv 2001

Delphi 3 Benutzer- und Entwicklerhandbuch, Borland 1997

Delphi 5 Sprachreferenz und Entwicklerhandbuch, Borland 1998

Delphi 6 Sprachreferenz und Entwicklerhandbuch, Borland 2001

Delphi 7 Sprachreferenz und Entwicklerhandbuch, Borland 2002

Doberenz, W. / Kowalski, T., Borland Delphi 3 für Einsteiger und Fortgeschrittene, Hanser 1997

Doberenz, W. / Kowalski, T., Borland Delphi 5 Grundlagen und Profiwissen, Hanser 2000

Doberenz, W. / Kowalski, T., Borland Delphi 5 Kochbuch, Hanser 2000

Electronics Workbench, Handbuch u. Technische Referenz, Interactiv Image Technologies 1997

Entsminger, G., The Way of Delphi, Prentice Hall 1996

Feldmann, L. / Prüssel, M., Logik-Simulation mit dem PC, Franzis 1997

Kylix Entwicklerhandbuch, Borland 2001

Matcho, J. / Faulkner, D., Using Delphi, Que 1995

Modrow, E., Automaten – Schaltwerke – Sprachen 4. Auflage, Dümmler 1992

Modrow, E., Zur Didaktik des Informatikunterrichts Bd. 1, Dümmler 1991

Modrow, E., Zur Didaktik des Informatikunterrichts Bd. 2, Dümmler 1992

Modrow, E., Dateien Datenbanken Datenschutz 3. Auflage, Dümmler 1996

Modrow, E., Informatik mit Delphi, Dümmler 1998

Modrow, E., Informatik mit Delphi Band 2, Dümmler 2000

Modrow, E., Informatik mit Delphi - Band 1, emu-online, BoD 2001

Schlageter, G. / Stucky, W., Datenbanksysteme, Konzepte und Modelle, Teubner 1983

Wedekind, H. / Härder, T., Datenbanksysteme I u. II, BI 1986

Stichwortverzeichnis

@ 14, 20

- A -

Abfrage 6, 87, 109, 111, 139, 145
Abfrage, geschachtelte 139
Abfragesprache 135
Abgangskontrolle 169
Abhängigkeit, lineare 83
Abhängigkeit, transitive 102
Abrechnung 150
Abschätzung, obere 83
abstract 180, 181
add 90, 92, 118
addIndex 124
addr 14, 20
Adresse 2, 9ff, 14, 49, 69, 71, 72, 178, 179
Adressenverlag 159, 162
Adressoperator 14
ADT 5, 46, 48, 50, 57
Aggregatfunktion 139
Aktensammlung 157
Algorithmus 6, 76, 82, 84
Alias-Name 137, 138
ALL 139
Alltagserfahrung 151
Amperemeter 197
Amtsarzt 154
Amtsgeheimnis 159
Analogvoltmeter 197
Anfangswert 37, 91, 95, 198, 204
Anker 13, 15, 16, 17, 18, 19, 27, 29, 30, 58
ANY 139
Anzeigeelement 7, 189
Apotheke 151
append 99
appendRecord 115, 124
Arbeitgeber 146, 148, 149, 166, 167, 169
Arbeitsplatzdaten 165, 166
Arbeitsplatzrechner 126
Arbeitsunfähigkeit 152

array 10, 40, 49, 53, 61, 78, 94
Artikelnummer 103
Arztbesuch 146
Arztgeheimnis 150, 152
Arztpraxis 146, 148, 150, 166
asDateTime 116
asFloat 116
asInteger 116, 117, 121, 122, 123
assignFile 89, 91, 92, 95, 115
asString 116, 117, 121, 123
Attribut 101ff, 131ff, 174ff
Attributmenge 103
Attributtyp 131
Attributwert 101
Auftragskontrolle 155, 169
Aufzählungstyp 24, 213
Ausbalancieren 67
Ausgang 184
Auskunft 161, 168
Auswählen, direktes 81
Ausweichverfahren 99
AVG 138, 139
Axiom 47, 48

- B -

Baum 3, 5, 46, 58, 59, 60, 61, 64, 66, 67, 86
Baumeigenschaft 48
Baumklasse 5, 62
Baumobjekt 59
Baumstruktur 63, 67
Bausteinkasten 45
BDSG 111, 143, 150ff, 155, 167, 168
Befehlsspeicher 71
Befund 149, 150
beginDoc 120, 121, 122
Begriffsbestimmung 160
Belange, schutzwürdige 151ff, 159, 162ff
Benutzerkontrolle 169
Berechnungsvorschrift, rekursive 75
Bereich, nichtöffentlicher 150
Berichtigung 161, 168

Berufsgeheimnis 152
Berufsgenossenschaft 152
Betriebsrat 167
Betriebssystem 12, 87, 131, 210
Betriebsverfassungsgesetz 167
Betroffener 150, 151, 152, 158, 161ff
Bezirksregierung 155
Bibliothek 57
BigInteger 57
Bildschirmarbeitsplatz 168
Bildschirmausdruck 171, 172
Bildschirmposition 174, 180
Bildschirmsteuerung 15
Binärbaum 58, 86
Bitfolge 87, 88
Bitmap-Datei 38, 39
Block 5, 68
Börse 107
Briefgeheimnis 159
brush 25
bsClear 25
bsSolid 43, 185, 205
Bubblesort 80, 81, 82, 83
Buchse 7, 171ff, 180ff, 200ff
Bundesarbeitsgericht 166, 169
Bundesbeauftragter f. d. Datensch. 157, 168
Bundesdatenschutzgesetz 143, 150, 159
Bußgeldvorschriften 160
Button 15, 24, 26, 56, 64, 181ff

- C -

call by reference 68
call by value 68
call-Befehl 71
canvas 25, 39, 64, 120ff, 171, 194, 196
clear 90, 92, 130
closeFile 90, 91, 92, 95, 96, 97
color 43, 181, 182, 185, 188, 194, 205
Compiler 12, 34, 179
Computerliste 151
constructor 50ff, 175ff
COUNT 139, 141
create 37, 40, 41, 49ff, 118, 181, 183, 189ff
createTable 118, 124

- D -

dataBaseName 118
Data-Definition-Language 128
Data-Manipulation-Language 128
datasource-Komponente 129
Datei 2, 3, 6, 12, 87ff, 112, 118, 131, 214
Datei, typisierte 88, 89, 148
Datei, untypisierte 88
Dateibearbeitung 3, 6, 89
Dateiendung 87
Dateiname 87, 90, 116, 119
Dateityp 6, 88, 89
Dateivariable 88, 89, 90, 91, 95
Dateizeiger 95
Dateizugriff 87, 95, 91
Daten, personenbezogene 146, 150, 155ff
Daten, persönliche 93
Datenbank 3, 6, 87, 106ff, 125ff
Datenbank, relationale 102, 106, 108, 144
Datenbankanfrage 142, 143
Datenbankoberfläche 6, 113, 118, 129, 134
Datendatei 94, 96, 97
Datenfeld 34, 36
Datenfluss 151, 152, 196
Datengestalt 148
Datengitter 109, 116
Datenmodell 148, 154, 156, 163
Datenquelle 109, 111
Daten-Record 88
Datensammlung 161, 168
Datensatz 12, 80ff, 93ff, 115ff, 121, 148ff
Datensatznummer 93
Datenschatten 157
Datenschutz 143, 157, 161, 168ff, 214
Datenschutz, technischer 169
Datenschutzbeauftragter 150
Datenschutzfrage 146
Datenschutzklausel 152
Datenschutzkontrolle 160
Datenschutzmaßnahme 160
Datenschutzvorschrift 111
Datensicherung 112
Datenspeicher 10
Datensteuerung 6, 109

Datenstruktur, dynamische 11
Datenstruktur, generische 48
Datenstruktur, statische 46
Datentyp 12, 14, 22, 46ff, 53, 62, 90
Datentyp, abstrakter 3, 5, 46, 47, 48, 57
Datentyp, primitiver 11
Datenverarbeitung 12, 146
Datenzugriff 6, 109
dateToStr 22, 123
Datumsfunktion 144
delete 116
Delphi-Labor 4, 7, 171, 212
dereferenzieren 13, 37
destroy 37
Detektei 159, 163
Diaprojektor 197
Digitalvoltmeter 177
Diode 212
Direktwerbungsmaßnahme 162
dispose 14, 16, 17, 20, 37
Dritter 151
DROP 133
drucken 6, 120, 121, 124, 143, 195
Drucker 120

- E -

edit 116, 117
Effizienz 82
Effizienzsteigerung 46
Eigenschaft 3, 34, 54, 82, 116ff, 131, 173ff
Einfügen, direktes 81
Einfügen, rekursives 59
Eingabefehler 98
Eingabekontrolle 55ff, 64ff, 95ff, 117, 169
Eingabemaske 124
Eingang 177, 184, 186, 193
Einkommen 163
Einwohnermeldeamt 160
Elektromagnet 196
Elektronik-Labor 171, 214
Empfänger 142
enabled 40, 41
endDoc 120, 121, 123
Endlosschleife 31

Entity 102, 103, 104, 106, 128, 148
Entity-Relationship-Modell 3, 6, 102
Entity-Typ 102ff
eof 89, 90, 92, 96, 115, 121, 122
ER-Darstellung 103, 128
Ereignis 36, 172
Ereignisbehandlungsmethode 31ff, 59, 189
Ereignisbehandlungsroutine 24, 36ff, 180ff
Ergebnismenge 139
Ergebnistyp 59
ER-Modell 102, 105, 106, 107, 125, 148
Event-Handler 171, 180ff, 200, 203ff, 212
event 36
execSQL 130
EXISTS 139
Exzision 154

- F -

Fakultät 75
Familienstand 148
Farbschalter 191, 195, 203
Fehlerbeseitigung 46
Fenster 5, 15, 21ff, 56, 63ff, 111, 124, 130
Fensterliste 5, 9, 30, 52
Fettgewebe 154
fieldByName 116, 117, 121, 122, 123
fieldDefs 118
FIFO 21
Figur 57
fileSize 95
Finanzunternehmen 163
floatToStrF 190
formCreate 24, 41, 55ff, 65, 91ff, 173ff
Forschung, medizinische 152
forward 18, 19, 27, 34
free 37, 42, 52
freeMem 14, 20, 49, 52
FROM-Klausel 136, 138
Funktion 5, 15, 34, 68, 73, 99, 139, 142
Funktion, rekursive 75
Funktionsdeklaration 59
Funktionsgenerator 7, 171, 198, 200ff, 211
Funktionsplotter 197
Funktionstyp 59

- G -

Gebührenordungs-Nummer 149
Geburtsdatum 148
Gehaltsabrechnung 165
Geheimhaltung 150
Geschlecht 148
Gesundheitsamt 151, 152, 154
Gesundheitsdaten 148, 149, 150
Gesundheitswesen 151, 152, 153
getMem 14, 20, 49, 51, 60
getTime 191, 192, 199ff, 209, 210
GOÄ-Nummer 149, 150, 154
Grafikprogramm 38, 45
Grobstruktogramm 154
Großrechenanlage 170
GROUP BY 135, 138, 139, 141
Grundrecht 157, 158
Grundrecht der inform. Selbstbest. 157
Grundschaltung, logische 196
Gruppe, soziale 163

- H -

Halbleiter-Bauelement 212
handle 28, 30
Hardware 87
Hardwaresimulation 23
Hash-Datei 99
Hash-Funktion 99
Haufen 11
HAVING-Klausel 138, 139
Heap 11, 12, 13, 21, 22, 68
Hilfszeiger 16

- I -

Icon 45
Identifikationsdaten 165
Identitätskontrolle 170
image 34, 38, 214
implementation 18, 34, 52ff, 62, 90, 120
Implementierung 32, 46, 47, 181
Import von Daten 87
IN 139, 140, 141
Index 86, 93, 94, 96, 113, 117, 118, 133

Indexdatei 3, 6, 93ff, 97, 99, 113, 118, 124
Indexfeld 95, 96, 97
indexName 117
indizieren 87
Induktionsspannung 209, 210
Information 6, 10, 34ff, 49, 59ff, 87, 100ff
Informations-Broker 143
Informationsgleichgewicht 167
initialization 37, 53
input 88
inputBox 19, 92, 95, 96, 97, 117
Instanz 34, 36, 37
Interesse, berechtigtes 151, 162
interface 52
Internet 4, 86, 109, 111, 126, 143
intToStr 19, 41, 44, 56, 64, 92, 97, 123, 191
invertierend zeichnen 25
ioResult 99

- K -

Kante 58, 102, 103
Karteikarte 146, 148
Kartenklasse 38, 39
Kartenstapel 44
key 80, 93, 96
Kippschalter 196
Klasse 3, 5, 34ff, 100, 111, 117, 124, 174ff
Klasse, generische 46, 48
Klassentyp 34, 35, 213
Knopf 7, 22, 28, 55, 171, 172, 174, 187, 202
Knoten 58, 66
Kollision 99
Komplexität 6, 76, 84, 85, 86
Komponentenliste 35, 213
Kondensator 208, 211
Konstruktor 37, 50, 54, 60, 62, 174ff
Konsumverhalten 163
Kontrollinstanz 168
Kontrollverfahren 98
Kopierbefehl 49, 118
Kraftfahrzeugbundesamt 159
Krankengeschichte 146, 148, 152
Krankenkasse 148, 151
Kreiswehrersatzamt 156, 159

- L -

Labor 148, 149, 150, 171
Lager 67, 106, 148
Landesdatenschutzgesetz 150, 160
Laufzeit 10, 14, 76, 109, 111, 179
LDR 212
Lebensgewohnheiten 152
LED 193, 194, 195, 208, 212
Leitung 45, 172ff, 184, 187, 194ff, 208ff
Lernen, individuelles 3
Lernen, praktisches 3
Leserbefragung 164
LIFO 21
lines-Eigenschaft 88
Lissajous-Figur 171
Liste 3, 5, 10, 13ff, 100, 111ff, 140, 190
Liste, geordnete 66
Listenelement 10, 12, 15, 51, 52
Listenklasse 48, 49, 55, 57, 66
Listenklasse, generische 50
Listenobjekt 5, 49, 52, 54
loadFromFile 39, 90
LocalSQL 3, 6, 87, 127, 128, 131, 133
Löschung 150, 161, 168

- M -

many-one-relation 103
Maus 9, 23ff, 44, 195, 202, 212
Mausereignis 30, 171, 180, 184, 185, 186
Mauskoordinaten 24, 25, 30
Maustaste 9, 24, 26, 44, 186
MAX 139
Meinungsforschungsunternehmen 159
memo-Komponente 67, 89, 92, 130
Memory 5, 33, 38ff, 172
Mensch, gläserner 157
messageDlg 91
Messwert 82, 172, 197
Methode 22, 24, 32ff, 116, 121ff, 172ff
Methode, abstrakte 180
Methode, polymorphe 171
Methode, statische 178
Methode, virtuelle 36, 172, 178, 179
Methodendefinition 35, 213

MIN 139
Mitbestimmungsrecht 167
Mitgliederliste 164
Mittelwert 82, 138, 139, 142, 143
Modell 9, 213
Modellvorstellung 47, 68
Mustererkennung 86
Mutterklasse 36, 38, 48, 174ff, 179ff, 183
Mutterschaftsurlaub 165
mySQL 2, 3, 109, 131, 214

- N -

Nachfolger 28
Nachkomme 36
Nachricht 6, 36, 142
Nachuntersuchung 146
Name, symbolischer 10, 69, 71
Namenskonflikt 68
Namensraum 68, 69, 73
natural join 136
Netzgerät 184
Netzwerk 173, 208, 209
new 14, 17, 20, 37, 122
newPage 120, 123
next 121, 123
nil 13ff, 29ff, 51ff, 119, 184ff
Normalform 6, 100, 101, 102, 106
Notenbuch 156
now 22
NTC 212

- O -

Objekt 3, 5, 9, 11, 34ff, 102, 171, 179, 184
Objektklasse 34, 36, 52, 171ff, 181, 189ff
Objektklasse, dynamische 3
onClick 36, 38, 41, 64, 187, 188
onCreate 36, 37, 40, 91
one-many-relation 104
onKeyDown 36
onMouseDown 24, 181, 182, 186, 188
onMouseMove 25, 181, 182, 186
OOP 3, 4, 9, 34, 46
openDialog 90, 92

ORDER BY-Klausel 139
Organisationskontrolle 169
output 88
override 177, 180, 198
owner 40

- P -

Parameter 14, 30, 53, 59ff, 118ff, 174ff
Parameter, typfreier 49, 59
Parameterliste 59, 68, 69, 70, 179
Parametertyp 49
parent 41, 171, 174, 180ff, 186, 187, 189
Partei 163
Partnervermittlung 145, 156
Patience 44
Patient 22, 147, 148, 149, 151, 152, 154
Patientendaten 148, 151, 152
Patientendatensatz 148, 154
pause 187, 188
pen 25
Personalakte 169
Personaldaten 80, 149, 166
Personaldatenverarbeitung 166, 167
Personalfragebogen 166, 167
Personalinformationssystem 159, 165, 168
Personalstatistik 165
Personalsteuerung 165
Personalstrukturanalyse 165
Personenkennzeichen 107
Persönlichkeitsbild 157
Persönlichkeitsdaten 166
Persönlichkeitsprofil 163
Persönlichkeitsschutz 159
Persönlichkeitssphäre 157, 158, 163, 167
Phasenlage 206
picture 39
Platzbedarf 49, 54, 82
Platztausch 83
pmNotXOR 25
pointer 49, 50, 51
Polygonzug 32
Polymorphie 36
post 116, 117
Preisausschreiben 164

Primärschlüssel 99, 132, 137
printer 120, 121, 122
private 34, 36, 55, 65, 173, 175, 177
Privatsphäre 158
Privatwirtschaft 161
Produkt, kartesisches 101
programcounter 69
Programmcode 69, 178, 179, 180
Programmentwicklungssystem 10
Programmierung, objektorientierte 3, 9, 34
Programmspeicher 69, 72, 73
Projektdatei 87
Projektdaten 100, 101, 102, 112, 121, 124
Projekttage 6, 87, 100, 102, 105ff, 111, 112
public 34, 36, 39, 55, 65, 175, 181ff
pull 47
Punktliste 57
push 47
Puzzle 45

- Q -

Quartalsabrechnung 154
query-Komponente 129
Quicksort 6, 76, 78, 80, 82, 83

- R -

random 26, 91, 212
read 89, 92, 96, 97
readLn 89, 90
Rechte der Betroffenen 160
Rechteckspannung 198
Rechtsanwalt 155
record 12, 18, 23, 27, 34, 94
recordCount 116
rectangle 25, 26, 43, 205
Referenz 5, 9, 10, 11, 59, 68, 71, 214
Referenzparameter 5, 49, 68, 71, 72
Referenztyp 5, 10, 11, 12, 72
Register 68
Reihenfolgeproblem 12
Rekursion 5, 48, 68, 75, 86, 208, 212
rekursiv 51, 52, 61, 64, 86
Relais 196

Relation 101ff, 129, 132, 133, 134, 137
Relationstabelle 102
Rentenversicherung 152
reSet 89, 91, 92, 95, 96, 97
Ressourcenbedarf 76, 84
result 17, 18, 29ff, 52, 55, 59ff, 190ff, 200
return-Befehl 71
reWrite 89, 91, 95, 97
Ringstruktur 31
Rückgabewert 73, 74, 86
Rücksprungadresse 69, 70, 73, 74, 86
Rückversicherung 151

- S -

Sägezahnspannung 198
Schalter 171ff, 191, 195, 196, 204, 208
Schaltzeit 22, 23
Schlange 21, 22, 23
Schleimhaut 154
Schlüssel 93, 94, 97, 102, 103, 107, 125
Schlüsselattribut 102
Schlüsselfeld 80, 99, 101, 102
Schreiber 171, 191, 195, 202ff
Schreibkopf 195, 202
Schule 3, 87, 106, 111, 114, 125, 142ff
Schulleben 100
Schulsekretariat 98, 99
Schulverwaltungsprogramm 111, 114
Schwebung 206
seek 95, 97
Seitenvorschub 120
Sekundärindex 113
SELECT-Anweisungen 143
SELECT-Befehl 135
self 40ff, 118, 174ff
Server 126, 127
setRange 117
Shakersort 81
ShellAPI 118
shellExecute 118, 119
showMessage 19, 92, 96, 97, 115, 117
Sicherheitsmaßnahme 151
Sicherung 196
Sicht 149, 150

Sichtbarkeit 34, 175
Sichtbarkeitszuweisung 35, 213
Siebkette 211
simple types 10
Simulation 4, 172, 208, 210, 214
Sinusgenerator 198
Sinusschwingung 171, 206
Situation, familiäre 163
sizeOf 49, 63
SOME 139, 140
Sortierbaum 58, 67, 99
Sortieren 80, 81, 83
Sortiergrenze 80
Sortierung 82
Sortierverfahren 6, 76, 77, 81, 82, 86
Sortiervorgang 82
Sozialstaat 158
Sozialwesen 152
Spannungsdifferenz 177, 194
Speditionsfirma 155
Speicher 11, 14, 71, 76, 84, 197
Speicherbedarf 12, 86
Speicherbelegung 70, 71
Speicherbereich, referenzierter 20, 49
Speicherkomplexität 76, 84, 86
Speicherkontrolle 169
Speichermanagement 10
Speicherwaltung 5, 68
Speicherzelle 9, 10, 69, 70, 71
Spendensammlung 163
Sperrkreis 211
Sperrung 161, 168
Spieldaten 125, 144
Spielfeld 33
Spielkarte 34, 44
Sportfest 125
Sportverein 107
Sprache, blockorientierte 5, 68
Sprache, deklarative 126
SQL 1, 3, 6, 87, 109, 126ff
SQL-Anfrage 6, 126, 144
SQL-Server 87, 127
stack 5, 10ff, 21ff, 47, 68ff, 86
Stackpointer 69, 70, 71, 74
Stammbaum 67

Stapel 3, 10, 21, 44, 46, 47, 75
Statistik 154
Stelle, öffentliche 161, 162
Steuerelement 109, 111, 124
string 11, 19ff, 37ff, 50ff, 78, 91ff, 188ff
String, nullterminierter 11
Stringliste 5, 53
strToDate 22
strToInt 19, 56, 64, 92, 96, 117
Struktogramm 146, 154
Struktur, dynamische 9
style 25, 43, 185, 205
Suchmaschine 111
Suffix 87
SUM 139
Symbolanzeige 67
Symptom 146
Syntax 35, 131, 133, 134, 135, 138, 139

- T -

Tabelle 6, 87ff, 101ff
Tabellenkalkulationsprogramm 197
tableName 111, 116, 118
Tarifvertrag 159
Taxonomie 66
tColor 23, 177ff
tDateTime 22
Teilbaum 61, 64, 67
Teilsumme, maximale 86
Telefonauskunftsystem 32
Telefonliste 32
Terminplanung 149
Terminüberwachungssystem 23
Textdatei 88, 89, 98, 114, 197
Text, freier 148
Texterkennungsprogramm 98
Textfeld 56
time 22
timePriorityQueue 22
timer 39
Timer-Methode 39
tList 46
TMouseButton 24, 26, 181ff
tObject 36, 39, 40, 177ff, 188ff

Tochterklasse 36, 175, 179, 180, 195
Transistor 45, 212
Transplantation 154
Transportkontrolle 169
Treiber 87
try 91, 92, 96
TShiftState 24ff, 181, 182, 185, 186, 188
Tupel 101, 105
Turboschalter 198
textFile 88, 89
Typ 10, 12, 20, 34, 40, 48ff, 80ff
Typ, prozeduraler 59
Typdeklaration 12, 18, 20
Typumwandlung 49, 59
Typvereinbarung 22

- U -

Übermittlung 150ff, 162, 165, 167, 169
Übermittlungskontrolle 169
Übersetzerprogramm 12
Übersetzung 10, 171, 178
Übertragungsstrecke 142
Uhr 82, 172, 180ff, 205
Umkehrfunktion 83
UML-Diagramme 7, 174, 175, 180, 195
Umschalter 191, 195, 198, 202, 209
Umsortieren 28, 29
UNIQUE 133
Unterprogramm 18, 21ff, 68, 69, 71
Unterprogrammaufruf 68, 69, 73
Unterprogrammblock 69
Unterprogrammkopf 68
Unterprogrammvereinbarung 69
Unterricht, schülerzentrierter 3

- V -

Variable, boolesche 28
Variable, dynamisch erzeugte 13
Variable, dynamische 14
Variable, globale 24
Variable, lokale 69
Variable, statische 10, 13, 20
Variable, typfreie 49

Variablenname 10
Vektor 57
Verbund 12, 34
Vererbung 36
Verfahren, algorithmischen 76
Verfahren, rekursives 77
Vergleichsfunktion 58, 59, 60, 62, 63, 66
Vergleichsoperator 58, 139
Verkabelungsmöglichkeit 172
Versandfirma 163
Verschlüsseln 98
Verschlüsselungsverfahren 170
Versicherung 163
Versorgungsamt 152
Verstärker 211
Vertauschen 82
Vertragsverhältnis 151, 166
Vertrauensarzt 152
Vertrauensverhältnis 151
virtual 177, 180, 181, 193, 203, 209
Virtuelle-Methoden-Tabelle 179
Voltmeter 177
Vorfahr 34, 36, 213
Vorliebe 163

- W -

Wahldatei 121
Wahrheitswert 24, 47
Wartezimmer 22
Wechselspannung 198
Wechselstromwiderstand 7, 208
Werbematerial 162
Werkzeugkiste 7, 173, 177, 180
Wert, boolescher 11
Werteparameter 5, 68
WHERE-Klausel 134, 136, 137, 138, 142
Widerstand 45, 173, 208, 212
width 25, 41, 185, 186, 187, 205
Wohnverhältnisse 163
write 89, 96, 97
writeLn 89
Wurzel 58

- X -

xyt-Schreiber 7, 171, 202, 210, 211

- Z -

Zahlenbaum 5, 62
Zahlenliste 5, 10, 15, 21, 27, 47, 56
Zahlenschlange 21
Zahnarzt 154
Zeichenblatt 202
Zeichenkette 11ff, 21ff, 78ff, 88ff, 114, 131
Zeichenmodus 24, 25, 28
Zeiger 3, 5, 9ff, 40ff, 171, 184, 197
Zeiger, dereferenzierter 10
Zeigerdeklaration 12
Zeigerkette 20, 32
Zeigerstruktur 32
Zeigervariable 27
Zeileneditor 22
Zeilenwechsel 88
Zeitabhängigkeit, quadratische 83
Zeitbedarf 81, 82, 83, 85, 125
Zeitkomplexität 76, 84, 85, 86
Zeitmessung 82, 205
Zeitschlange 22
Zeitschrift 163
Zerlegung 83
Zufallsfarbe 26
Zugangskontrolle 169, 170
Zugriff, wahlfreier 88, 89, 93
Zugriffsart 149, 150
Zugriffskontrolle 169, 170
Zugriffsmatrix 150, 154
Zugriffsmethode 21, 22, 23, 27, 32, 47, 62
Zugriffsoperation 21, 32, 46
Zugriffsrecht 149, 150, 155
Zustandsänderung 187
Zweierlogarithmus 83
Zweierpotenz 83